Die Heldinreise – Weg vom Tun ins (Genug-)Sein
Selbstliebe, Transformation und der Weg in deine
authentisch weibliche Urkraft

Bibliografische Information der Deutschen Nationalbibliothek: Die Deutsche Nationalbibliothek verzeichnet diese Publikation in der Deutschen Nationalbibliografie, detaillierte bibliografische Daten sind im Internet über http://dnb.dnb.de abrufbar.

Die automatisierte Analyse des Werkes, um daraus Informationen insbesondere über Muster, Trends und Korrelationen gemäß §446 UrhG (Text und Data Mining") zu gewinnen, ist untersagt.

Haftung für externe Links

Dieses Buch enthält Verlinkungen zu externen Websites. Für den Inhalt der verlinkten Seiten sind ausschließlich deren Betreiber verantwortlich. Die Autorin/der Verlag hat keinen Einfluss auf deren aktuelle und zukünftige Gestaltung oder Inhalte und übernimmt dafür keine Haftung. Sollte ein Link nicht mehr funktionieren oder gegen geltendes Recht verstoßen, wird um eine kurze Mitteilung gebeten.

© 2025 Alexandra H. Meier
Covergestaltung: Erstellt mit DALL·E (OpenAI) am 6.1.2025, weiterbearbeitet von Alexandra H. Meier
Verlag: BoD · Books on Demand GmbH, Überseering 33, 22297 Hamburg, bod@bod.de
Druck: Libri Plureos GmbH, Friedensallee 273, 22763 Hamburg
ISBN: 978-3-7693-2258-3

FÜR ALLE STARKEN FRAUEN AUF DER HELDINREISE
ZU IHRER WAHREN KRAFT UND BESTIMMUNG

Die Heldinreise
Weg vom Tun ins (Genug-)Sein

Selbstliebe, Transformation und der Weg in
deine authentisch weibliche Urkraft

Ein Reiseführer mit zahlreichen Impulsen
und Übungen.

Von Alexandra H. Meier

REISEROUTE

Über die Autorin:

Alexandra H. Meier lebt die Heldinreise. Sie begleitet Frauen an Wendepunkten – dorthin, wo alte Geschichten enden und neue beginnen. Ihr Ziel: die eigene weibliche Kraft wiederentdecken – nicht als Konzept, sondern als gelebte Wirklichkeit.

Sie kennt diesen Weg. Nicht nur aus Büchern, sondern aus eigener Erfahrung. Ihre Arbeit verbindet tiefes Wissen mit Intuition, Klarheit mit Empathie.

Die Heldinreise ist für sie kein Prozess, sondern eine Haltung: *Sich trauen. Sich lösen. Sich vertrauen.*

„Unsere innere Kraft ist ein Kompass. Wer ihr folgt, kommt nicht nur bei sich an – sondern in einem Leben, das wirklich passt."

Geh in Verbindung:

alexandresk.de

Vorwort

„Eine Reise ist eine Reise ist eine Reise" – dieser Gedanke zieht sich wie ein roter Faden durch die folgenden Seiten und erinnert uns daran, dass jede Erfahrung uns näher zu uns selbst führt.

Alexandra stellt uns dabei konkrete Hilfsmittel und Übungen bereit und lädt uns ein, unbekannte Territorien zu betreten und die Kraft in uns zu entdecken, die lange verborgen lag. Mit tiefem Verständnis und Empathie führt sie uns auf eine Reise zur Entdeckung unseres innersten Wesens.

„Sistas erinnern sich gegenseitig" – dieser Satz verdeutlicht, wie wichtig es ist, in solidarischen Netzwerken zu wachsen und sich gegenseitig zu unterstützen.

Dabei ermutigt sie uns, den archetypischen Initiationsweg einer Frau nicht alleine zu gehen, sondern uns miteinander zu verbinden und die Unterstützung unserer Schwestern in Anspruch zu nehmen.

Alexandras Worte sind ein Aufruf zur Selbstliebe und zur Wertschätzung unserer einzigartigen Geschichten. Sie zeigt, dass wir nicht allein sind auf unserem Weg, sondern Teil eines kollektiven Bewusstseins, das uns stärkt und trägt.

Danke Dir, liebe Alexandra, dass Du uns endlich dieses Buch schenkst! Danke Dir, dass Du Deine Erkenntnisse und Erfahrungen auf unvergleichliche Weise mit so viel Humor und Weisheit teilst. Deine persönlichen Geschichten und tiefen Einsichten ermutigen uns, die eigene Kraft zu erkennen und zu leben.

Dabei müssen wir Dir nichts beweisen. Du nimmst uns ganz liebevoll an die Hand und führst uns wissend durch den Prozess. Möge Dein Werk viele Frauen auf ihrem Weg begleiten und sie dazu inspirieren, ihre eigene Heldin zu werden.

Deine Sista Mia Brummer,
Autorin und Botschafterin des weiblichen Heilwissens

PROLOG

Wie sagte meine Vorrednerin Mia so kurz und knackig – wir saßen gerade in der Mastermind unter kretischer Sonne

☠ *Ach, beim Lieblingsgriechen ...*

„Dieses Buch ist für alle, die nicht mehr an Helden glauben"

Ja, so ist das wohl.

Die Entscheidung zu diesem Buch über „die Heldinreise – Weg vom Tun ins Sein" fiel im Jahre 2022 bei der Rede von Alice Hasters auf der re:publica durch ihren Aufruf zum Perspektivenwechsel: „Was ist, wenn die Revolution zunächst nicht in Aktivierung, sondern in der Erschöpfung liegt?"[1]

Und ja, Göttin weiß, ich war erschöpft. Eigentlich schon arid. Wie eine auszuzelte Weißwurscht.

Ganz einfach gesagt: Ich habe nicht mehr funktioniert. Bis ich auf diese Storyline gestoßen bin: Maureen Murdocks Heroine's Journey, die Reise der Heldin.

Aus dem Studium und meiner beruflichen Erfahrung in Film, Theater und Schriftstellerei kannte ich natürlich die HeldENreise.

---

[1] Vgl. re:publica: **re:publica 2022: Alice Hasters: Die Revolution der Erschöpfung.** 10.6.2022. https://www.youtube.com/watch?v=9hIVuGAqntw (Stand: 27.01.2025)

Die Heldenreise bezieht sich ja eher auf den transformierenden Struggle, die Initiation eines Einzelnen, sich seinen Schatten zu stellen und die Weisheit zurück in die Gesellschaft zu bringen.

Die Reise der Heldin aber ist ganz anders. So – ruhig.

So beschloss ich, sie zu gehen. Immer und immer wieder. In jeder Erfahrung, in jedem Erleben suchte – und fand ich sie.

Ich erfuhr: Die Reise der Heldin bezieht sich zuallererst auf mich selbst. Doch was erwächst daraus? Die Heldinreise führt nicht nur zu dir selbst, sondern auch zu einem Wandel im größeren Ganzen – in einer Kraft, die tief weiblich ist. Und: Erst wenn die Heldinreise endet, fängt die Heldenreise an - und umgekehrt. Hören wir dazu Maureen Murdock:

> „It describes the experience of many people who strive to be active and make a contribution in the world, but who also fear what our progress-orientated society has done to the human psyche and the ecological balance of the planet."[2]

Ich finde mich darin wieder. Und du?

Ich wünsche mir, dass wir alle zusammen den Weg des Genug-Seins gehen. Denn es ist jetzt die richtige Zeit und der richtige Ort dafür.

Selbstverständlich habe ich dieses Buch nicht allein geschrieben. Viele wunderbare Frauen waren daran beteiligt (du findest sie im

---

[2] Maureen Murdock: The Heroine's Journey: Woman's Quest for Wholeness, Boston und London 2013, 2. Auflage, S.4, Übersetzung der Autorin

Nachwort), allen voran meine drei sukkulenten, fruchtig-funtastisch-weirden Omas: Wally, Holly und Mary. Sie sind drei meiner inneren Stimmen, die mich überall hin begleiten – und dabei kein Blatt vor den Mund nehmen (ihre unverzichtbaren Kommentare findest du mit diesem Symbol ☠) und alles Geschriebene mit ihrer ganz eigenen Prise von Augenzwinkern und Humor würzen.

Jetzt bleibt mir nur noch, dich herzlich willkommen zu heißen auf der wohl abenteuerlichsten Reise deines Lebens, die das Verbindende sucht – und dich an deine authentisch weibliche Urkraft erinnert.

Wir starten mit dem ersten Schritt – und zwar mit folgender wahrer Begebenheit:

Wayrua: *Meine liebe Alex, habe die Tage oft an dich gedacht, da mir das Leben gerade eine mächtige Lektion verpasst ... und von dir habe ich gelernt: Die Lektion wiederholt sich, wenn ich sie nicht lerne! Nun bin ich bereit und lerne ...*

Alex: *Lass es durchfließen, gib dich DIR hin ...*

Omas: *Und mache nie einen Schritt, der weiter ist, als deine Beckenmuskulatur hergibt.*

Etwas ist mir absolut wichtig: Dieses Buch und alle Übungen darin ersetzen NICHT den Gang zum Arzt oder Apotheker, auch nicht den zur Ärztin oder Apothekerin. Viele Dinge, die ich in diesem Buch anspreche, gehen tief – und dürfen, jetzt, in sorgsame, eng begleitende Obhut.

Und dann: **Lasset uns spielen!**

Kapitel 0: Einführung

Es war einmal eine Frau. Sicherlich eine hoch ambitionierte, hochintelligente Frau, die ihren Spaß am Fragen nie verloren hat. Eine Wissenschaftlerin.

Die arbeitete bei einem Mann. Einem ebenso klugen Mann, der die Welt hinter der Welt sah, Zusammenhänge entdeckte, und hinter den Zusammenhängen die ihnen allen gemeinsame, einzige Struktur. Der die magischen Bänder in all den seit Abertausenden von Jahren erzählten Geschichten leuchten sah – und sie uns als Landkarte weitergab.

Der Mann war Joseph Campbell und hat uns die Heldenreise nahegebracht.

Es ist unglaublich! Jahrtausende lang ist scheinbar niemandem aufgefallen, dass alle Geschichten, die wirklich richtig gut funktionieren, bämmen, berühren, dass sie alle also immer derselben Struktur folgen.

Ich selbst war mächtig beeindruckt, als sich diese klare und stringente Struktur vor mir auftat. Alles, alles, von den alten Griechen übers Tarot bis zu den modernen Storytelling-Lines – alles war total logisch.

Ich liebte die Heldenreise, zumal sich auch wirklich JEDES Erleben in sie hineinlegen ließ.

Das war für mich wichtig. So sah ich zumindest im Nachhinein, dass es eigentlich alles genau so hatte kommen müssen, wie es kam.

Aber ich wollte ja von der Frau erzählen (wer mehr über Campbells Heldenreise wissen möchte, der möge sich die Abbildung 2 im Anhang anschauen oder durch die boomenden Webseiten zum Thema graben).

Hab' ich schon erwähnt, dass diese Frau nicht nur extrem plietsch war, nee, die hatte wahrscheinlich auch bereits etliche Heldenreisen durch und ihren Teil gelernt. Wahrscheinlich sogar so sehr, dass sie nicht einmal mehr Angst davor hatte, ihrem Meister zu widersprechen.

Also, nee, Widerspruch war es eigentlich gar keiner. Es war mehr so ein Austausch auf Augenhöhe. Von Forscher zu Forscher sozusagen. Genderlos.

„Hey, Jo", hat sie vielleicht gesagt, „hey, Jo, mir ist aufgefallen, dass die Geschichten von den weiblichen Helden ein bisschen anders aufgebaut sind."

Und Jo hat wahrscheinlich geantwortet: „Nee, mein Dirn, Heldenreise ist Heldenreise. Punkt."[3]

– das klingt zwar sehr verlockend und macht uns auch irgendwie stolz – und so kam es, dass seither die Frauen irgendwo abgestellt darauf warten, dass der Held auf dem weißen Pferd kommt und sie rettet – zur Passivität verdammt).

Tja, Punkt.

---

[3] Seine tatsächliche Aussage war: „Women don't need to make the journey. In the whole mythological journey, the woman is there. All she has to do is realize that she's the place that people are trying to get to." Nach: Maureen Murdock (2016): Articles: The Heroine's Journey, https://maureenmurdock.com/articles/articles-the-heroines-journey/ (Stand: 21.12.2024)

Das war das Ende ihrer Zusammenarbeit mit Campbell und der Beginn ihrer eigenen Karriere, ihrer Selbst-ständigkeit. Die Rede ist von Maureen Murdock, die ihr Wissen einfach selbst an die Frau gebracht hat. Selbstverständlich weniger bekannt und durchsetzungsfreudig als ihr männliches Pendant – aber: „this is a man's world", das werden wir noch sehen …

Wie war Maureen Murdock nur auf diese wahnwitzige Idee gekommen, dass Frauen anders zur Heldin werden?
Ganz einfach:
Erstens: Sie hat ihre Geschichten gelesen.
Und es gibt vielzählige von ihnen. Da ist Ariadne, die Theseus hilft, zum Helden zu werden – soweit ist die Geschichte allbekannt – und dafür (von Theseus) auf einer Insel ausgesetzt wird – der unpopuläre Teil der Geschichte.
Da ist Inanna, die in der Welt alles erreicht hat, was man so erreichen kann, und die trotzdem (oder gerade deswegen?) in die Unterwelt steigt, um auch dort den Thron einzunehmen. Da ist Persephone, die einfach mal Revolution macht, indem sie nix macht. Und wesentlich strahlender wieder aus der Starre der Unterwelt auftaucht …

Ich könnte noch so viele weitere aufzählen, starke Frauen, deren Geschichten, deren Heldinreisen im Laufe der Jahrtausende kastriert wurden, damit sie ins männliche Bild passen: hilfreiche, sich aufopfernde, selbstlose Frauen an der Seite von starken Männern.
Selbst vor den Göttinnen hat Mann nicht haltgemacht. Erinnere dich doch nur an die Heiligen Drei Könige! Bevor die katholische Kirche kam (und mit ihr das perfide System von Angst und Schrecken), war dies die dreieinige Göttin Ambeth, Wilbeth und Borbeth

– wiederum einkatholischt in „Margret mit dem Wurm, Barbara mit dem Turm, Katharina mit dem Radl – das sind die drei heiligen Madl". (By the way: Die Verehrung der großen Göttin war trotz aller Bemühungen der Kirche so stark, dass man den Frauen dieses Zugeständnis gemacht und bis heute gelassen hat.)

WHAT IS SHE UP TO NOW???

Wenn ich also sage, Murdock hat ihre Geschichten gelesen, dann meine ich damit: Sie hat sie ganz gelesen. Nachgeforscht. Andere Versionen ausgegraben.

Zweitens: Sie hat nie aufgehört, zu fragen.
Sie hat sich nicht mit dem zufriedengegeben, was da war. Fadenscheinige, oberflächliche Erklärungen, die vor allem dazu da sind, zu beschwichtigen. Alles beim Alten zu lassen. Möglichst nichts zu verändern.
Wir sind es nicht mehr gewohnt, Fragen zu stellen. Ganz leistungsoptimiert wollen wir Antworten. Sofort und effizient.
Doch jede Antwort bringt neue Fragen hervor. Und neue Fragen neue, andere Antworten.
Fragen sind wie ein fieses Bakterium. Einmal losgelassen, vermehren sie sich explosionsartig und verbreiten sich in alle Himmelsrichtungen. Bevölkern die Gehirnwindungen, treiben die Synapsen in den Wahnsinn und finden kein Ende. Fragen dringen in jede noch so gut gehütete Ecke des kugelrunden Universums.
Und das ist gut so.
Denn deine alten Denkstrukturen müssen abgerissen werden. Damit du Neues entdecken kannst.

Wie eine Forscherin wirst du auf diese Reise gehen. Du wirst lernen, Fragen zu stellen, weil du lernen wirst, sie zuzulassen.

Und irgendwann schließlich wirst du bemerken, dass du die Frage bist.

Und dass du dafür da bist, bei anderen nicht mehr Fragen brav zu beantworten (und das am besten mit Ja), sondern sie aufzuwerfen.

Spätestens seitdem ich es nicht mehr geschafft habe, den Drachen zu erlegen, mit 49 nämlich, weiß ich: Die Heldenreise ist nicht für mich gemacht.

Ich hatte die Faxen dicke vom Ausziehen und Schätze in irgendwelchen dreckigen Höhlen suchen, wo nur schleimige Gollums lebten. Nur um nachher mit Narben übersät zurückzukommen, für einen Tag gefeiert zu werden und mich dann für den nächsten Kampf zu wappnen.

Größere Drachen, bessere Drachen, schnellere Drachen und immer noch mehr von ihnen. Man ist mit zunehmendem Alter dafür einfach nicht mehr gemacht. Alternde Helden! Da fallen mir sofort knappe 50 Ideen für Hollywood-Blockbuster ein ..., dir auch?

Ich konnte nicht mehr.

Hatte keine Kraft mehr, um jeden Tag das Schwert in die Hand zu nehmen. Geschweige denn den Staubsauger ...

Und da, plötzlich, entdeckte ich die Heldinreise.

Irgendwie war sie plötzlich da. Stand da ganz unschuldig rum und tat so, als habe sie schon ewig auf mich gewartet.

„Bist du also auch schon da?"

„Äh, ja, sorry, hab' ein paar Umwege gemacht. Und stand im Stau."

Tja, und dann hat sie mich an der Hand genommen und wir sind zusammen abgetaucht. Einmal, zweimal, viele Male!

Mittlerweile ist der große Ozean des Urmeeres, durch den jede Heldinreise unweigerlich führt, meine Heimat geworden, ich plansche (zumindest meistens) darin rum wie ein Baby in der Wanne.

Ich liebe die Heldinreise. Durch sie bin ich zur ur-kräftigen Frau geworden.

EINE REISE IST EINE REISE IST EINE REISE

Die Heldinreise ist eine Reise, die ins Innen geht, während die Kerls, so erzählt man uns, ja immer mit irgendwelchen Abenteuern im Außen befasst sind, wovon „die Welt retten" das wohl häufigste ist.

Wohlgemerkt: Auch der männliche Held durchläuft die Heldinreise, streift sie aber nur! Sie ist in seiner Gefühlswelt versteckt, seinem inneren Erleben, das ihn wachsen lässt (blöd ist nur, dass die meisten uns bekannten Helden in der Hauptsache mit Schießereien beschäftigt sind und das Gefühlsleben meistens grauenhaft zusammengestrichen wird).

Wir waren bei der Reise nach Innen.

Wenn es also eine Reise nach innen ist, wirst du unweigerlich irgendwann an Orte in dir geführt, die schon lange im Dunkeln liegen.

In manche mag vielleicht noch manchmal ein Lichtschein dringen, wieder andere reißen für einen kleinen Moment die Tür auf, um Licht und frische Luft reinzulassen, aber du bist schwer bemüht, diese Türen so schnell wie möglich wieder zu verschließen.

Ganz viele Orte jedoch sind verwaist. Spinnweben hängen überall und seit Jahren hast du schon keinen Fuß mehr reingesetzt. Wenn du mal ganz still bist, dann kannst du ihr Weinen hören, ganz leise, fast nur noch wimmernd.

Sie sind es, die Teile deiner Persönlichkeit, die du da eingesperrt hast. Du hast sie reingesetzt, um sie zu schützen, und dann vergessen.

„Ich sehe eine Höhle vor mir. Durch einen kleinen Spalt scheint Licht, ich höre das Rauschen des Meeres und schmecke die salzhaltige Luft. Der Lichtstrahl fällt auf eine durchgelegene, ranzige Matratze, auf der lieblos hingeworfen eine Decke liegt. Ich nehme die Decke auf, falte sie schön zusammen, streiche liebevoll das Laken glatt. Mehr kann ich nicht tun. Ich weiß nicht, wer hier wohnt, aber ich möchte, dass er es schön hat."[4]

Hast du auch solche Höhlen?

Die Heldinreise wird dich zu ihnen führen. Und vertrau mir: Wenn du erstmal Licht reingelassen hast, dann sind es die wunderschönsten und wundervollsten Orte, die du je gesehen hast.

WIESO HEIßT DAS REISE?

Die Heldinreise kann eigentlich auch Prozess oder irgendwas verschwurbelt Psychologisches heißen, tut es aber nicht. Es ist eine Reise.

Und was für eine abgefahrene!

Ich kenne Reisen.

---

[4] Ahurewas Fantasiereise an den Ort, der ihre Seele ruft

Meist finden sie bei mir, dem Kind der Leistungsoptimierung, des Kontrollwahns und der Perfektion schon lange statt, beVOR ich auch nur einen Fuß auf die Straße gesetzt habe.

Ich suche nach den perfekten Wegen, den sicheren Stellplätzen, den nährenden Orten, über die mein Weg mich zum Ziel führen könnte.

Und noch während ich suche, träume ich bereits.

Träume tagsüber davon, wie schön dieser und jener Ort sein könnte – und nachts davon, was alles passieren könnte (was meist dazu führt, dass ich noch mehr suche – vorzugsweise nach Dingen, die mir vorgaukeln, die Ängste vermeiden zu können, die in der Dunkelheit in mir hochkriechen).

Und wenn die Reise schließlich in echt beginnt, sitze ich doch wieder festgezurrt im Auto auf breiten ausgetretenen Straßen und versuche, mein Ziel so schnell wie möglich zu erreichen. Immerhin brauche ich jetzt, nach all dem Stress, nach all der Sucherei, dringend Erholung.

Selten, dass ich mal tatsächlich einen der Orte besucht habe, die, in der digitalen Karte grün bepinnt, an meinen Wegen lagen[5].

Am besten ist es doch, so denke ich dann oft, man bucht sich eine Pauschalreise, möglichst all inclusive, da weiß man, was man hat. Guten Abend. Da kann einem nix passieren. Man wird ernährt, hat einen sicheren Ort, man ist wenigstens ein ganz kleines bisschen am Wasser, die Freiheit weht einem als Wind um die Nase – und das Unsichere, weil Unbekannte, wird von hohen Mauern draußen gehalten.

---

[5] „Da möchte ich hin" – mittlerweile ist Deutschland von solchen Punkten so übersät, dass ich vom großen Rest fast gar nichts mehr sehen kann …

Und man kann sich ein ebenso ganz kleines bisschen wie einer der großen Forscher und Entdecker fühlen. Alexandra von Humboldt. Ja, ich seh' sie schon, da aufm Oberdeck, wie sie auf der Liege liegt und ihre Erkenntnisse darüber, dass alles mit allem verbunden ist, ins Notizbuch kritzelt.

BULLSHIT.

Weil: Diese Reise ist anders.

Diese Reise lebt.

Im Sinne von: Diese Reise ist ein Wesen, das lebendig ist und sich ebenso lebendig entwickelt.

Diese Reise hat Fixpunkte, ja, die beschreibe ich dir hier. Aber diese Punkte gibt es nur, damit du inmitten des Unbekannten nicht die Orientierung verlierst.

Die Orte aber, an die sie dich führt, sind immer die, die DU gerade brauchst (und damit meine ich Orte in deiner inneren Natur, wie auch in der äußeren).

Und glaub mir, die große Göttin (weil ein anderes Wort fällt mir dazu nicht ein, völlig egal, ob du an das Konstrukt Gott glaubst oder nicht), die große Göttin also ist unerschöpflich in ihrem Reichtum an heilenden Orten.

Und sie, als deine wahre Mutter, weiß genau, was du jetzt brauchst.

Und das bedeutet: Jeder Ort, an den deine Reise dich führt, ist genau so richtig, wie er ist. Daran gibt es nichts zu rütteln. Das ist Gesetz.

Und wenn du das nicht glaubst, dann solltest du deine eigenen Gedanken überprüfen.

Wer ist das, der das sagt?

Was ist das, das dich daran hindert, diesen Platz so anzunehmen, wie er ist?

Und (Achtung, jetzt kommt eine böse Frage):

Ist es derselbe, der dich daran hindert, auch dich anzunehmen, so wie du gerade da bist?

Mich annehmen, so wie ich gerade da bin? Mit all den störenden Nebengeräuschen, den überfüllten Mülltonnen, den unangenehmen Zeitgenossen?

Oh, shit. Denn die Antwort ist „ja" …

Lass mich dir gleich zu Beginn eines einschärfen: Mutter Natur liebt dich.

Und zwar bedingungslos. Denn du bist ihre Tochter.

Zurück zur (K)reise.

Im Gegensatz zu den „Von A nach B"-Konzepten der linearen Erfolgsentwicklungscoaching-Strategien geht die Heldinreise im Kreis. Nein, besser in Spiralen. Schritt für Schritt wirst du in dein Inneres vordringen und dich gleichzeitig erweitern.

Du wirst Grenzen sprengen – vornehmlich die deiner bisherigen Komfortzonen, die ja eh schon zu eng geworden sind und überall zwicken und zwacken.

Aber ich will ja auch gar nicht mehr weniger.
Ich will mich nicht mehr mit den Nischen begnügen, die die zivilisierte Welt mir zugesteht.

Die Freiheit von diesen Nischen ist mein Geburtsrecht!
Ich will spielen. Ich will meine Grenzen erfahren, will sie sprengen.

Ich will fühlen und forschen, denken. Und ich will träumen.
Mich von meiner Intuition führen lassen und wieder spielen.

Hast du Lust, den Kreis zu betreten und in den Spuren all der großen Heldinnen vor uns auf die große Entdeckungsreise zu gehen? Unseren Raum zu erforschen? Neue Lebensformen entdecken. Und unsere Schätze heben.
Ich weiß, du bist bereit.

SPIEGLEIN, SPIEGLEIN AN DER WAND ...

Das ist ein Buch, in dem das „SELBST"[6] eine große Rolle spielt.
Große Worte wie Selbstwert, Selbstvertrauen, Selbstliebe kommen damit einher wie sanfte oder auch nicht so nette Wellen.
Damit du sie schon mal untersuchen und dich an sie gewöhnen kannst, schreib sie auf. Nagle sie auf Papier. Schwarz auf weiß. Oder farbig. Oder meisle sie in Stein.

1. Welche Wörter, die mit Selbst beginnen, kennst du? Lass sie wirken, schmecke ihnen nach wie einer teuren Praline oder einem sauren Drops. Führe diese Liste im Laufe deiner Arbeit mit diesem Buch unbedingt weiter! Es werden noch

---

[6] Zum Begriff des Selbst siehe Anhang

andere Selbst-Wörter auftauchen, denen du nachschme-
cken möchtest. Halte dich bloß nicht davon ab!

2. Forsche dem Selbst selbst nach. Wofür steht das S aktuell in deinem Da-Sein? Wofür sollte es stehen? Wofür steht das E? Usw.

Am Ende jeden Kapitels gibt es das **Resonanzraumflüstern:** Lass die Fragen in dir nachklingen und lausche auf das, was in dir antwortet. Heute:

Woran spürst du, dass etwas in dir nach Veränderung ruft? (Ist es ein körperliches Signal wie Unruhe, Druck oder Leichtigkeit? Ist es eine Emotion wie Sehnsucht oder Widerstand? Oder eher ein gedankliches „Das passt nicht mehr"?)

Welche Aspekte deines Lebens fühlen sich stimmig an – und welche nicht mehr?
(Denke an Situationen, Orte, Beziehungen, innere Überzeugungen. Gibt es ein „Ja"? Gibt es ein „Nicht mehr"?)

Kapitel 1: Die Trennung vom Weiblichen[7]

So schaut's aus

„This is a man's world".

Das wissen wir von James Brown, Marla Glen, ja sogar von ABBA (die das gleich als „rich man's world" spezifizieren). Wir singen fröhlich und ausdrucksstark mit – aber wissen wir es denn auch?

Als ich in meiner Schreibcommunity meinen Pitch zu diesem Buch vorstellte („Kann das weg oder wirst du noch gebraucht? 50 Jahre hast du dem Patriarchat gedient, jetzt funktionierst du nicht mehr …"), erntete ich folgenden Kommentar:

„Braucht's das mit dem Patriarchat eigentlich? Das schreckt eher ab …".

Ja, kann ich verstehen. Geht mir genauso. Es schreckt. Erschreckt. Verbreitet Furcht und Schrecken.

Vor strafenden Göttern, vor Waffen, vor Händen und Füßen, vor denen „da oben".

Vieles wird über Gleichberechtigung erzählt – aber die Realität sieht oft anders aus.

---

[7] Die Überschriften sind allesamt von Maureen Murdock übernommen und von mir übersetzt. Vgl. Murdock: The Heroine's Journey, a.a.O.

Für mich gibt es einen tiefen Zusammenhang zwischen der Unterdrückung des Weiblichen und der Ausbeutung unseres Planeten. Das große Außen und wir, wir sind eins.

Lass mich es dir erklären:

Vor 5000 Jahren gab es riesige Naturkatastrophen. Menschen wurden dazu gezwungen, ihre Heimat zu verlassen, um woanders ihr Überleben zu sichern.

Unter diesen wandernden Völkern waren reitende Krieger dabei, die in die Gebiete einfielen, sie unterwarfen, missbrauchten, Frauen vergewaltigten, zur Beute machten und auslöschten. Die Eroberer zerstörten die Kultur und die Tradition der Ursprungsvölker und etablierten gleichzeitig eine höhere Instanz, die dafür sorgte, dass auch ja keinerlei Zweifel an der Berechtigung ihrer Taten aufkam. Sie löschten den Glauben an eine weibliche, lebensschöpfende und lebensbejahende Instanz einer weiblichen Göttin auf, zugunsten des strafenden, lebensverachtenden männlichen Gottes[8].

Von da an ging's bergab. Es war die Zeitenwende zum Patriarchat und damit zu einer der zerstörerischsten dominatorischen Epoche überhaupt.

Alles Weibliche, alles Natürliche wurde mit unnachgiebiger Gewalt ausgelöscht und ganz tief vergraben. So tief, dass bald jeder vor diesem teuflischen[9] Zeug Angst haben musste. Das Unkontrollierbare, Impulsive wurde unterdrückt, in Zwänge gepackt, in Kanäle gelegt. Bald waren wilde Weiber Hexen und Hexen mit dem Teufel im Bunde.

---

[8] Vgl. hierzu: Riane Eisler: Kelch und Schwert. Von der Herrschaft zur Partnerschaft. Weibliches und männliches Prinzip in der Geschichte, München 2005.

[9] Ganz tief unten vergraben = abgeteuft. Abteufen (Bergmannssprache) = einen Schacht in die Tiefe treiben – Merkste was?

Man duldete keine Ausbrüche des Lebens. Hexen, Vulkane, Erd-beben – alles unkontrollierbar, alles zerstörerisch, alles eins.

Wir halten uns für fortschrittlich und zivilisiert – aber in vielen Bereichen ist das schlicht eine Illusion. Über mittlerweile fünf Jahrtausende führen wir diese dominatorische Gesellschaftsform weiter fort.

Viele Errungenschaften, die als Fortschritt gelten, hatten einen hohen Preis – und einige Muster davon bestehen bis heute. Scheinbar kann nur das Ende der natürlichen Ressourcen, die unwiederbringliche Auslöschung des Lebens diesem patriarchalischen Streben ein wahrhaftes Ende setzen.

Hexenverbrennung, Inquisition, Sklaverei und Kolonialismus wähnen wir nur in der Vergangenheit. In Wahrheit ist alles JETZT. Wir nutzen nur andere Wörter dafür.

(Meistens geht es in diesen Wörtern um Leistung, Fortschritt und Effizienz …)

Noch immer ist das Weibliche (und damit im Besonderen gerade wir Frauen) von Unterdrückung und Ausbeutung in geradezu unglaublichem Ausmaß betroffen!

Noch immer sind wir Frauen Beute, Besitz des Mannes – und dürfen deshalb, genau wie die Erde, folgerichtig ausgebeutet werden, ganz gleich, ob in der Ehe oder im Arbeitsleben oder der Natur.

Wir wissen es.

Und was geschieht?

Mit einer uns seit Jahrhunderten eingeimpften Selbstverständlichkeit, die sogar „intellektuelle" Frauen und Männer unfiltriert nachplappern, vertreten wir noch immer das lebensverachtende Recht des Stärkeren. Wir leben es.

Wir glauben an Evolution, die beständige Weiterentwicklung, den ewigen Fortschritt zugunsten des Einen, der stark genug ist.

Wir glauben auch an die Re-volution, wir glauben daran, dass immer, immer der Stärkere Recht hat.

Schauen wir uns den Stärkeren an.

Er besitzt. Er besitzt sogar das, was eigentlich anderen gehört. Er ist der Dominator und nimmt es sich. Und weil er es sich genommen hat, darf er es ausbeuten. Leben, Wasser, Tiere, Pflanzen, Luft, Erde … alles gehört ihm. Bis es leer ist – und das ist bald.

Er ist der Patriarch, denn er ist es gewohnt, dass seinen Aufforderungen Folge geleistet wird.

Er ist dominant und beweist das, wo immer er kann.

Durch Taten, Worte und Verachtung.

Der moderne Patriarch scheut Verantwortung, wo sie unbequem wird. Ja, er verab-scheut Verantwortung zutiefst.

Niemals trägt er Schuld. Oft wird die Schuld sofort ins Außen verlagert.

Dabei ist unser Wort „Schuld", ursprünglich „skuld"[10], nichts anderes als eine Verbform von „Sollen". Denn sie drückt aus, was unausweichlich ist – das „Noch-offene" – etwas, was geschehen wird,

---

[10] Skuld ist übrigens eine der drei Schicksalsweberinnen der nordischen Mythologie. Ihre Schwestern heißen Urd und Verdandi. Der Name „Urd" stammt vom germanischen „wurdiz", das „das Geschehene" oder „das, was geworden ist" bedeutet. Sie steht für die Vergangenheit, also das, was bereits feststeht und nicht mehr verändert werden kann. „Verdandi" ist ein Partizip Präsens von „werþan", dem altgermanischen Wort für „werden" oder „geschehen". Sie repräsentiert die Gegenwart, das „im Werden befindliche", also den fließenden Moment zwischen Vergangenheit und Zukunft.

weil es aufgrund der Vergangenheit nicht anders geschehen kann – wir sagen dazu heute Kausalität.

Es ist also zum Beispiel nur folgerichtig und daher gesellschaftlich genehm, wenn ein Besitzer seinen Besitz gegen dessen Entwendung verteidigt. Die Schwere der Schuld im richterlichen Sinne dürfte also gering ausfallen, da der Besitz die Verantwortung für die Tat schmälert.

Du bist auch dieser Meinung? Dann lass uns das mal anschauen.

Alle drei Tage wird eine Frau Opfer einer sogenannten „Trennungstötung". So nennt mann das, wenn ein Mann seine Frau, die ihn verlassen will, ermordet. Es ist „die Verteidigung seines Besitzes"[11]. Wenn eine Frau aber ihren Peiniger im Schlaf ermordet, weil sie sich nicht mehr anders zu helfen weiß, dann ist dies Heimtücke und es droht lebenslange Haft.

Das Wort „Trennungstötung" hat fast ein bisschen den Nachgeschmack von „Kavaliersdelikt" und ist ähnlich wie „letale Entnahme" ein verabscheuenswürdiger Euphemismus, den wir unberührt hinnehmen.

Beide Worte, also Trennungstötung und letale Entnahme, klingen fast sanft und weich im Gegensatz zu Heimtücke.

Verstehst du?

---

[11] Vgl. BUNDESGERICHTSHOF Urteil vom 29.10.2008, 2 StR 349/08, besonders Zeile 9,
https://juris.bundesgerichtshof.de/cgi-
bin/bgh_notp/document.py?Gericht=bgh&Art=en&Datum=2008-
10&Seite=0&anz=309&pos=21 (Stand: 29.12.2024)

Jahrtausende patriarchaler Strukturen haben unser Denken so geprägt!

Wir durchleben tagtäglich patriarchale Sprache und patriarchales Denken, ebenso wie patriarchale Ökonomie, Politik, Religion und Erziehung.

Ich möchte mich gleich an dieser Stelle bei all den wunderbaren Männern entschuldigen, die den weiblichen Weg bereits kennen. Ich weiß, ihr leidet ebenso wie wir.

Ja, ich schreibe er, der Patriarch – ich könnte hier aber genauso gut auch gendern, denn es gibt auch sie, die Patriarchin. Frauen in Führungspositionen, die sich ihren Platz hart erkämpft haben, jetzt ihren Mann stehen – und schlimmer sind als ihr männliches Pendant. Frauen, die ihre Weiblichkeit beim Prinzen bewusst einsetzen, um sich den Vorteil zu verschaffen, den sie benötigen. Doch im Grunde folgen auch sie dem Credo des Patriarchats: Mach dir die Erde untertan – und das so ökonomisch wie möglich, an Humankapital mangelt es ja nicht …

Du merkst, ich hole weit aus. Und vielleicht fragst du dich auch, warum. Und warum vor allem mit dieser Wut?

Nun, die Heldinreise ist keine lustige Kutschenfahrt im Pulverschnee. Sie ist eine Seefahrt durch die Landschaft der menschlichen Psyche mit all ihren gebirgigen Höhen und den matschigen Tiefen.

Ich habe versucht, deinen Blick zu weiten, damit du entscheiden kannst.

Ich glaube, wir leben in einer Welt, die durchwegs von patriarchalen Denk- und Handlungsweisen geprägt ist. Das männliche Gesellschaftssystem ist dominant und kontrollierend. Es ist stärker, lauter, mächtiger.

Und auf dieser Welt gibt es auch noch uns. Die Heldinnen.

Wir sind allesamt Töchter, die entweder ihre Väter oder die vorherrschende männliche Kultur idealisiert und sich mit ihnen identifiziert haben. Mitgespielt haben in diesem Ränkespiel.

Um in die Höhen der väterlichen, männlichen Wertschätzung und Vorherrschaft aufzusteigen, haben wir so ziemlich alles getan. Währenddessen sind unsere Mütter, und damit einhergehend unsere weibliche Natur, quasi in den schlammig-ekligen Tiefen der Selbstentwertung gestrandet und versickert.

Warum ist das so?

Das Weibliche wird durch die vorherrschende kulturelle Brille gesehen. Es wird als passiv, abhängig, manipulativ und schwach, kurz: als schlechter wahrgenommen.

Wenn wir Töchter also erfolgreich durch dieses Leben gehen wollen, was bewegen wollen, dann müssen wir, so scheint es, die Eigenschaften, die wir mit dem Weiblichen verbinden, ablehnen.

Doch dabei fliegt leider auch die wichtige weibliche Natur mit über Bord (darüber später mehr). Eigenschaften wie Fürsorglichkeit, Intuition, emotionale Ausdruckskraft, Kreativität und Spiritualität waren für lange Jahre in den Tiefen dieser Ozeane verschwunden, hatten keinen Platz in der Evolution und Leistungsoptimierung, und tauchen erst jetzt wieder langsam auf – als hätte man sie jetzt eben erst erfunden …

Und so ist es kein Wunder, dass die Degradierung des Weiblichen laut Murdock in der Beziehung zur Mutter beginnt. Die Heldin kämpft mit sich selbst: Sie muss sich von ihrer Mutter lösen – und von dem, was sie kulturell als das typisch Weibliche verinnerlicht hat. Das ist vordergründig nicht besonders schwer, denn dieser Kampf wird befeuert durch die Verklärung des Männlichen in unserer Gesellschaft.

Blöd ist nur, dass hier plötzlich ein entweder-oder aufgemacht wird, das im weiteren Erleben fatale Folgen haben wird. Dieses entweder–oder nötigt zur Entscheidung. Und zwar zur Entscheidung hin zum vermeintlich Stärkeren, dem Allgemeingültigen. Und damit weg von der schwachen Mutter, dem Weiblichen schlechthin.

☠

Frau zu sein wird zur Urschuld, die die Heldin durch bigger-better-faster-more, kurz: durch beständige Leistungsoptimierung zu deckeln versucht.

Und doch ist da diese Stimme, kaum hörbar und doch dringlich. Was ist das nur?

Wer weiß, vielleicht strebt die Heldin ja insgeheim danach, diesen Bruch mit der Mutter auf einer höheren Ebene zu heilen, indem sie sich mit Göttinnen, Heldinnen oder zeitgenössischen kreativen Frauen identifiziert. Vielleicht auch mit Sternchen und Stiefmüttern. Letztlich wird sie ihre Heilung in der Ur-Mutter finden, indem sie die Kluft zum Weiblichen überwindet und eine erneuerte Bindung zu den weiblichen Aspekten ihrer Identität aufbaut.

Alexandra an Mia: Führ mich zur großen Göttin.
Mia an Alexandra: Okay.

DAS KÜMMERGEN
ODER: „MÖCHTEST DU, DASS ICH DEINE MUTTER ANRUFE?"

☠

Meine Hypothese[12]: Während das Weibliche punktuell zwar geschätzt, erkannt und auch genutzt wird, wird es gleichzeitig, quasi im selben Atemzug, großflächig mit Füßen getreten, übergangen und ausgenutzt.

Das impliziert zum einen, dass das Weibliche geschätzt wird.

Und tatsächlich scheint es genügend Menschen in der sog. zivilisierten Welt zu geben, die sich wenigstens einmal im Jahr an die heilenden Kräfte der Weiblichkeit erinnern.
Nämlich dann, wenn's ihnen schlecht geht. Dann erinnern sie sich daran, wie es war, als Mama ihnen jeden nur erdenklichen Wunsch von den Augen abgelesen hat, die heiße Stirn gekühlt, die schmerzende Schramme verarztet hat. Dreimal draufgeblasen – und bämm! magisch schnell war die Gesundheit wieder da.
Gut so. Wir haben das Weibliche genutzt und können ja jetzt so weitermachen wie bisher.

Ich weite mal den Blick, okay?
Gerade habe ich beim Warten aufs Essen die Motorrad Formel Eins schauen müssen. Zwanzig Männer legen sich bei 180 Sachen in die Kurve. Wenn einer stürzt, stürzen zehn.

---

[12] Und du weißt, eine Hypothese gilt solange als unbewiesen, bis sie verifiziert oder falsifiziert wird.

Vielleicht fehlt mir die Empathie – aber mit den Gestürzten habe ich kein Mitleid. Sollen sie sich doch alles brechen. Blasen werde ich jedenfalls nicht.

Stattdessen sitze ich da und rechne. Ich frage mich, wie viele Schadstoffe bei dieser Art von „Sport" wohl in kürzester Zeit in die Luft geblasen werden[13], und komme zu dem Ergebnis: Ich müsste 2000-mal um die Erde fahren, um diese Menge zu erreichen.

Auf der einen Seite werde ich also angehalten, Schadstoffe einzusparen, um die Erde zu retten, auf der anderen Seite wird der Rennsport in vielen Ländern subventioniert. Austragungsorte zahlen zwischen 20 und 50 Millionen US-Dollar pro Rennen, um im Rennkalender aufgenommen zu werden. Und auch wir machen mit. Mit dem Verkauf von Medienrechten erwirbt etwa die Formel 1 bereits 50 % ihrer Gesamteinnahmen. Hinter diesem Sport steckt also unglaublich viel Geld. Nein, das richtige Wort ist Reichtum.

Und dann erinnere ich mich an meine Zeit als Lehrerin.

Ständig sind die Klassenstärken gewachsen, teilweise in viel zu kleinen Zimmern zusammengepfercht wie die Rinder, weil „gerade kein Geld da ist", für neue Gebäude, mehr Lehrer, mehr Gehalt …

Und dann frage ich mich schon: Wenn ein Staat 50 Millionen US-Dollar für ein Formel-1-Rennen ausgibt, könnten diese Mittel nicht stattdessen für den Bau von Hunderten von Wohnungen oder die Modernisierung von Schulen genutzt werden?

---

[13] Mit Logistik, Infrastruktur, Anreise etc. werden hier pro Rennwochenende zwischen 5000 und 30000 t CO_2 produziert. Quelle: OpenAI's ChatGPT Sprachmodell 3.5, Antwort auf den Prompt „Schadstoffemissionen bei einem F1-Rennen", 23.12.2024 10.31 Uhr

Habe ich meine Hypothese dadurch falsifiziert oder verifiziert? Entscheide du.

Lass uns noch ein anderes Beispiel unter der Lupe betrachten:

Fußball ist der Gigant unter den Sportarten. Hier werden jährlich ca. 50 Mrd. Dollar eingenommen. Da schwirrt mir der Kopf.
Nehmen wir die Peinlichkeit des DFB (Einnahmen 2022: 275 Millionen €), der den Weltmeisterinnen zu Beginn ihrer erfolgreichen Karriere (im Gegensatz zu den schwächelnden Herren) ein Porzellangeschirr geschenkt hat. Ganz genau: „1-b-Ware" von Villeroy & Boch mit zarten blauen und roten Blüten.
Da können wir ja noch drüber lachen, vielleicht lassen wir auch noch einen Spruch ab zum Thema Fußballer im Allgemeinen und die Verbände im Besonderen. Aber das war's dann auch schon. Es versinkt in den Sumpf des Vergessens.

Jetzt habe ich's mal wieder rausgeholt: Wie denkst du darüber? Wundert dich so etwas? Und wenn dir sowas Schräges auffällt, sagst du's dann?
Meistens gehen wir wieder zur Tagesordnung über.

Was meinst du, habe ich meine Hypothese falsifiziert, weil da das Weibliche eindeutig geschätzt wurde, wenn auch von extrem einfallslosen Männern?

Wenn da nicht ...

Vor gar nicht allzu langer Zeit wurde eine Gruppe lautstark und medienwirksam als besonders systemrelevant betitelt, der man bisher kaum oder wenig Beachtung geschenkt hat – auf gar keinen Fall aber monetär: Es waren die Frauen und wenigen Männer in den Pflegeberufen.

Scheinbar hat man in der Krise erkannt: Es geht nicht ohne sie.

Erinnere dich!

Was war hier der Lohn?

Noch nicht einmal mehr ein Geschirr.

Der Lohn war ein fünfminütiges Klatschkonzert auf vereinzelten Balkonen.

Das war's.

Wir haben geklatscht, anerkannt – und jetzt geht's back to business as usual. Ohne Gehaltserhöhung.

Wie zum Henker kann jetzt das noch schöngeredet werden? Welche perfiden Knöpfe wurden und werden da in uns gedrückt, damit wir das einfach weiter so hinnehmen?

Ganz einfach. Indem die jahrhundertealte gesellschaftliche Auffassung dadurch festzementiert wird, dass das Pflegen und Hegen und Sorgen gewissermaßen in der Natur der Frauen liegt. Und deswegen sollten sie sich freuen, dass sie so einen passgenauen, ihre Berufung erfüllenden Beruf haben und sich nicht darüber beschweren, dass sie zu wenig verdienen. Schließlich kann Liebe nicht bezahlt werden ... Unser aller Lob ist Lohn genug.

(Vielleicht sollten wir im Zuge dessen gleich überhaupt darüber nachdenken, ob wir nicht die Pflegekräfte dafür zahlen lassen sollten, dass wir ihnen so großzügig erlauben, in diesem schönen Beruf der Menschheit dienen zu dürfen ...)

Meine Hypothese[14]: Während das Weibliche punktuell zwar geschätzt, erkannt und auch genutzt wird, wird es gleichzeitig, quasi im selben Atemzug, großflächig mit Füßen getreten, übergangen und ausgenutzt.

Jetzt mit den Fakten – wie würdest du es bewerten?

Wir wissen jetzt also: Die Natur der Frau ist fürsorglich, hübsch, spült Geschirr und ist reproduktionsfähig. Wie schön!

Die Natur der Frau.
Das bringt mich zur Verbindung zwischen DER Natur und Frau.
Wenn wir uns erlauben, genau hinzusehen, dann könnten wir wissen, was die herrschenden kapitalistischen Systeme mit ihr machen. – Die Frau, ach quatsch, die Natur ist nämlich dazu da, ausgebeutet zu werden.

Wir machen das Weibliche zur Natur. Und wenn das Weibliche wie Natur erscheint, deren Ressourcen ausgebeutet und deren kulturelle Identität verfälscht werden dürfen,

---

[14] Und du weißt, eine Hypothese gilt solange als unbewiesen, bis sie verifiziert oder falsifiziert wird.

dann wird die Weiblichkeit auf jeden Fall ebenso erfolgreich zurückgewiesen. Als altmodisches Relikt, als versteinerter Dinosaurier.

In patriarchalen Erzählungen wurde die Frau oft mit Natur gleichgesetzt – und der Mann mit Fortschritt und Zivilisation.

Und wenn wir die Natur in einem Atemzug mit der Frau nennen, dann ist der Mann …?

Zivilisiert.

Ich möchte dich nur daran erinnern, dass im Namen der Zivilisierung, im Namen des einen Gottes, im Namen des Patriarchats die Natur untertan, zu Besitz gemacht wurde. Geraubt. Geklaut. Unterworfen.

Zahlreiche Menschen wurden und werden behandelt wie die Natur selbst: Als Sklaven, als Human Ressource, als unzivilisierte Wilde, die es zu bekehren galt und gilt.

Man stelle sich das vor: Nackte Frauen und Männer, die nicht mal sowas wie Seife kannten, geschweige denn Kultur und Moral! …

Auf unserer Seite also stand die durch die hehre Zivilisation entstandene Kultur – auf der anderen Seite die primitive, unterentwickelte Natur.

Aber ich rede jetzt nicht nur von unserer denkwürdigen Begegnung mit den Herero oder Völkerschau-Zoos in Anno dazumal.

Noch immer treffen wir ganz selbstverständlich die uralte Unterscheidung, trennen Naturvölker von den Industriestaaten. Und es ist klar, wer dabei noch immer der Bessere ist.

Und diese Unterscheidung ist fatal:

Wenn Natur also primitiv ist, dann müssen Fortschritt und Entwicklung sich unbedingt von diesem Klotz am Bein abgrenzen.

Was für ein grenzenloser Irrsinn, welch ein unendliches Dilemma, das sich auftut, sobald wir anfangen, ein bisschen an den Enden des doppelten Knotens zu ziehen.

Wir haben angefangen damit, dass das Patriarchat uns die passive Rolle der festgehaltenen, untergebenen Natur zuweist und doch gleichzeitig alles daran setzt, uns in ihr leistungsaktives, immer weiter fortschreitendes System zu zwingen. Wenn das mal keine Bewusstseinsspaltung ist … Dem einen dürfen wir nicht entsprechen, dem anderen können wir nicht entsprechen.

So, aber nun genug geredet. Fangen wir an.

Und zwar beginnen wir damit, deine Werkzeugkiste zu befüllen.

Diese Werkzeugkiste ist ein bisschen wie ein Multifunktionstool, das sowohl leicht als auch wirksam ist. Du kannst es überall mit hinnehmen und hast es dann auch da, wenn du es benötigst. Deswegen: Fülle deine Werkzeugkiste mit Bedacht. Fülle sie weise. Du wirst sie brauchen.

Weder dieses Buch noch die Heldinreise an sich ist dafür gemacht, mal schnell durchlaufen zu werden. Und die Übungen, die ich dir anbiete, können dir dabei helfen, sicher durch den Prozess zu kommen.

Du erkennst sie an diesem Symbol: .

Ob du sie anwendest, das darfst du entscheiden.

Ebenso darfst du selbst entscheiden, welche Fragen du beantworten und wie weit du dich dir gegenüber öffnen möchtest.

Diese Übungen erkennst du an diesem Symbol: .

Sie sind nicht ohne und es gibt keine Fleißpunkte auf richtige Antworten. Aber sie werden dir helfen, deine Wahrheit zu entdecken. Falls eine Frage starke Emotionen auslöst, gib dir Zeit und schreibe nur, was sich gerade richtig anfühlt.

Und dann gibt es noch die: .

Sie gehören zur Amal-a-Ruh-Geben-Challenge und du wirst bald verstehen, warum.

Eines ist absolut wichtig: Auch wenn ich hier im Buch tief tauche – die Übungen im Buch ersetzen NICHT den Gang zum Therapeuten. Und zwar gehst du da so lange hin, bis du dich in dir und mit dir safe fühlst und weißt, wie du dieses Gefühl jederzeit wieder herstellen kannst.

Spieglein, Spieglein an der Wand ...

Bevor du diese Fragen beantwortest, nimm dir einen Moment. Setz dich bequem hin, leg eine Hand auf dein Herz und atme dreimal tief ein und aus. Du kannst auch die Augen schließen. Spüre deinen Atem. Hier bist du sicher. Hier bist du gehalten.

1. Was zählt für dich und was zählt für dich, weil andere es sagen?
2. Wie hast du dich als weibliches Kind gefühlt?
3. Welche Teile deiner Selbst durftest du ausleben als Mädchen? Welche wurden unterdrückt?
4. Wann hast du zum ersten Mal bemerkt, dass es für Mädchen Grenzen gibt (körperlich, intellektuell …)?
5. Durch welche weiblichen Charaktere wurdest du beeinflusst (in Familie, Medien, Literatur, Politik …)? Wie haben sie dich beeinflusst?
6. Wie war die Beziehung zu deiner Mutter? Was hat sie dich über das Frau-Sein gelehrt?
7. Wie war die Beziehung zu deinem Vater? Was hat er dich über dein Sein gelehrt?
8. Was sagt die Stimme deines Vaters in deinem Kopf?

FINDE BEWEISE UND SCHREIBE SIE AUF

… damit du dich daran erinnerst, wenn es soweit ist

Ich muss ein bisschen ausholen, lies mit oder springe gleich zu der Aufgabe.

Wenn ich mich so durch die Nachrichten scrolle oder zappe, vermittelt sich mir mit Absicht und Vorliebe vor allem ein Eindruck: Die Welt, in der wir uns befinden, ist abgefahren. Abgefahren und böse.

Und tatsächlich können wir es schönreden und psychologisch erklären, wie wir wollen, es bleibt dabei: Leben tut weh.

Wir sind umgeben von psychopathischen Narzissten, von denen ich eigentlich überhaupt nicht wissen möchte, was sie in der Kind-

heit Schlimmes erlebt haben. Das interessiert mich null. Und trotzdem muss ich mit ihnen leben.

Ich persönlich finde ja, sie sind JETZT erwachsen und müssen sich
auch an das halten, was man gemeinhin so Moral und Ethik nennt.
Tun sie aber nicht.

Wie die Sonne stellen sie sich in jedes verfügbare Zentrum und
erwarten, dass man ihnen huldigt.

Aktuell stellt sich wirklich jeder auf einen Stuhl, hat sowohl die
Wahrheit als auch das Recht für sich allein gepachtet; und so lässt
es jeder natürlich auch hör- und fühlbar verlauten.

Doch statt Verzweiflung macht sich in mir eine Frage breit.
Und diese Frage lautet:
Ist das auch wirklich wahr, was sie postulieren?
Halten sich die großen glänzenden Macher denn an ihre eigenen
Regeln?
Widersprechen sie sich?

Das sind drei winzig kleine Fragen, die aber zu mächtigen Bewegungen im Gefüge führen könnten. Probier es mal aus – wenn du
Lust hast. Vielleicht fällt dir dann etwas auf, das du vorher nicht
gesehen hast.

Zuallererst schau auf das Weltgeschehen. Die Politiker machen es
dir gerade so schön vor. Mitten auf der Bühne, im grellen Schein-
werferlicht geben sie dir einfache Lektionen, wie sie die Illusion
bauen: Sie machen dir Angst und nehmen dir die Sicherheit.

Nimm zum Beispiel das Wort Klimaterrorist.

Faktisch hat es nichts mit der Realität zu tun, denn die, die so genannt werden, verbreiten keinen Terror, wenn sie sich auf die Straße kleben. Es fließt kein Blut, es fliegen keine Streudrohnen.

Und dennoch ist die Wirkung dieser paar Buchstaben real! Sie halten dich im Zaum. Sie verbieten dir zu denken. Ganz einfach, weil du starr bist vor Angst.

Hier wird dir mit voller Absicht vermittelt, dass Menschen, die sich aus lauter Verzweiflung und Angst um die Zukunft für die Natur einsetzen, in Wahrheit Monster sind, die vor nichts zurückschrecken.

Und dann schau gar nicht so weit weg von dir. Nimm mal deine engste Umgebung und entdecke da, wer seinen eigenen Gesetzen, seinen eigenen Prioritäten folgt. Und wer nicht.

Mit der Zeit wird Folgendes passieren: Dinge werden dir seltsam vorkommen. Irgendwas stimmt nicht an ihnen.

FINDE BEWEISE

Schreibe alle Beweise auf! Es gibt genügend Indizien dafür, dass dies „a man's world" ist. (Und ebenso viele, die das Gegenteil beweisen, doch dazu später mehr, wenn du gelernt hast, den Kopf schief zu halten, um besser sehen zu können …).

Diese Übung wird dir dabei helfen, die große Illusion zu zerstören.

Am besten ist, du legst dir ein kleines Büchlein an. Dein BEWEISE-BUCH.

Das kannst du dann mit Bleistift in deiner Hosentasche tragen und wie eine Detektivin immer dann zücken, wenn du es brauchst. Es kann aber auch einfach nur eine Abteilung in deinem Journal sein.

Ich habe da mal ein kleines Beispiel für dich:

Eine Frau bittet um Unterstützung: „Kannst du mir mit dem IT-Tool helfen?" – Antwort: „Ach klar, kein Problem, ich mache das schnell für dich!"

Ein Mann bittet um Hilfe: „Kannst du mir mit dem IT-Tool helfen?" – Antwort: „Klar, ich erklär's dir, dann kannst du es beim nächsten Mal selbst."

Viel Spaß beim Detektivin Spielen!

DIE GROSSE ILLUSION I

> „Die Wirklichkeit ist eine Hypothese, die, wenn sie wahr wäre, die Phänomene erklärt, die wir zu sehen bekommen."[15]

Jeder lebt in seiner eigenen Illusion, in seiner eigenen Wahrheit, auch du.

Wir sind dazu erzogen, unsere Wahrheit als die einzige Wahrheit zu präsentieren. Zu unserem Vorteil zu verwenden.

---

[15] Fritz B. Simon, systemischer Organisationsberater, Psychiater, Psychoanalytiker und systemischer Familientherapeut

Wir lügen bereits als Kinder, um schmerzliche Erfahrungen zu vermeiden. Wir lernen im System, die Wahrheit so lange zu beugen, bis sie uns Vorteil, Mehrwert bringt.

Kurz: Wir erzählen die Geschichten, in denen wir am besten (hörst du das patriarchale „bigger, better, faster, more"?) wegkommen.

So verstricken wir uns immer mehr in die Illusion, von der wir dann überzeugt sind, dass sie die Wahrheit ist.

Und zwar nicht mehr nur meine eigene, sondern DIE allgemeingültige. Die, für die ich auch kämpfe. Wenn's sein muss, bis aufs Blut.

Höre genau hin und finde die Lüge! Finde sie und schreibe sie auf! Beweise dir selbst das Gegenteil.

JOURNAL

Gerade in der Anfangszeit der Heldinreise wirst du von allen Grollmastern[16] heimgesucht, die du je in deinem Leben hattest, sogar von denen, von denen du sicher warst, dass sie schon längst im Land des Pfeffers weilen.

Denen kannst du gut den Wind aus den Segeln nehmen, indem du mal all das aufschreibst, was du ihnen gerne sagen würdest: „Sehr geehrter Herr Grollmaster! Ich wollte Ihnen schon immer mal sagen, dass ich Sie fürchterlich doof, ignorant und arrogant finde …"

---

[16] Der **Grollmaster** taucht noch öfter im Buch auf. Er ist sowas wie ein Grillmaster, der ständig alte Wunden wie Steaks auf dem Feuer der Erinnerung schmort, bis sie schwarz daherrauchen und uns die Sicht auf die Gegenwart vernebeln, kurz: die plärrende (innere) Stimme, die ständig alte Verletzungen und Selbstzweifel wiederkäut, um uns kleinzuhalten und uns davon abzuhalten, mutig nach vorne zu gehen.

Schreibe mal zehn Minuten! Und dann fühl nach, wie's dir gerade geht. Hat das gutgetan oder hat das gutgetan?

Ahurewa[17] litt, seit sie denken konnte, unter einem ziemlich verdrießlichen Grollmaster, Typ pingeliger Rechthaber im Büro. Der tauchte vor allem immer dann auf, wenn sie sich endlich dazu durchgerungen hatte, einen Mini-Schritt in ihr Selbst-Bewusstsein zu machen, womit eben immer auch nicht kalkulierbare Risiken einhergehen – ebenso groß wie die Schritte übrigens.

Dann kam er immer und rechnete ihr vor, was bei ähnlichen Aktionen vorher bereits schiefgelaufen war und in welcher Relation zu den möglichen Eventualitäten und Wahrscheinlichkeiten das stand. Ahurewa rauchte der Kopf von diesen „Aufzählungsprügeln", wie sie sie nannte.

Eines Tages kam sie mit folgendem Brief ins Basecamp:

„Sehr geehrter Herr Grollmaster,

Bezugnehmend auf unser unfruchtbares Gespräch heute Nacht zwischen 2.33 Uhr und 4.45 Uhr, möchte ich Ihnen mitteilen, dass ich ganz und gar nicht an einer Kooperation interessiert bin. Sollten Sie weiterhin solche lebensverachtenden Forderungen an mich stellen, hetze ich Ihnen den Gerichtsvollzieher an den Hals und lasse sie pfänden!"

---

[17] Die Namen meiner Mentees habe ich durch maorische Namen ersetzt. Ich wähle dazu gerne Namen aus der Kultur der Maori. Sie sind uns extrem fremd und haben magischen Charakter. Und zwar nicht nur, weil ihre Bedeutung das Selbst meiner Mentees beschreibt.

Doch ins Journal gehören nicht nur die bösen Briefe. Halte alle deine Gedanken, Erkenntnisse, Emotionen und Träume während deiner Heldinreise fest.

Schreib überhaupt am besten alles auf, was dir in den Sinn kommt. Alle Stimmen, die in deinem Kopf sind und unorchestriert durcheinanderreden, gehören da hinein.

Schreib sie auf! Lass sie dadurch wissen, dass du sie (endlich) wahrnimmst. Verleihe du ihnen die Stimme, gib du ihnen die Hand! Du wirst sehen: Sie werden sich beruhigen, wenn du ihnen erst mal deine ganze ungeteilte und vor allem unvoreingenommene Aufmerksamkeit und die Wertschätzung schenkst, die IHR verdient.

Führe schreibend Gespräche mit dir. Sag dir, was du auf dem Herzen hast, und höre, was dein Inneres dazu zu sagen hat.

Trotz all der Lügen, von denen wir bisher gesprochen haben, zu denen wir uns genötigt gefühlt haben, wirst du von jetzt ab lernen, die Wahrheit auszusprechen.

Zuerst nur vor dir – und glaub mir, das ist kein Kindergeburtstag! Der Tag, an dem die Wahrheit und nichts als die Wahrheit im Journal steht, wird nicht morgen sein …

Doch du wirst wachsen.

Wort für Wort, Buchstabe für Buchstabe, Tintenklecks für Tintenklecks wirst du zu der werden, die du wirklich bist. Und du wirst froh sein, dass du das Journal an deiner Seite weißt. Es schenkt dir die Sicherheit einer Festung, in der alles in Sicherheit ausgesprochen werden darf.

Mach das jeden Tag! Möglichst am frühen Morgen, vielleicht mit deinem ersten Kaffee, noch bevor die Welt um dich erwacht und alles Mögliche von dir will.

Nur du und du und das Journal. Dieses Buch wird zu deinem Reisebegleiter werden, ein treuer Gefährte auf den Wegen, die noch folgen.

Jedes Journal ist so einzigartig wie du, seine Reiterin.

Wie, Reiterin? Das will ich dir erklären:

Seit einiger Zeit bin ich dazu übergegangen, passende Journals für meine Mentees zu craften.

Zuerst nur für ganz besondere Sistas, um es mal zu probieren, und später nach persönlichem Auftrag.

Sobald ich mich dazu entschlossen hatte, mit einem Journal anzufangen, kam irgendwie vollmagisch Leben in das Leder und in das Papier. Das ging so weit, dass mir das Papier ganz genau sagte, welches ich nehmen sollte (und jetzt fang mal an Elefantendungpapier zu suchen … oder wasserfestes …). Das Leder wollte in einer ganz bestimmten Farbe, mit einem ganz besonderen Symbol bestickt werden usw.

Da sind Journals rausgekommen, die bitzelten schon beim Anfassen, so sehr waren sie mit eigener Persönlichkeit gefüllt!

Aber warum Reiterin?

Irgendwie erschienen mir die Journals wie junge Pferde (besser junge Drachen), die schon ganz ungeduldig darauf warteten, endlich mit der ihnen zubestimmten Reiterin zu verschmelzen, aufzubrechen zu den vorherbestimmten Abenteuern.

Und tatsächlich ist das Führen eines solchen Journals nicht immer einfach. Das Journal will nicht immer so, wie du eben willst.

Schreib auf, was kommt – und wenn nichts kommt, dann schreib das auf und darüber, was es gerade im Moment mit dir macht.

Sei ehrlich!

Du wirst diese Eigenschaft noch brauchen.

Lass mich dir beispielhaft von meinem ersten Journal, von seiner Reiterin liebevoll Tarzan genannt, erzählen. Wenn dir das gefällt, dann schau mal unten auf den QR-Code, ich habe nämlich auch für dich dein ganz besonderes, magisches Journal.

„Ach, ich bin ganz aufgeregt, weil heute darf ich euch mein Journal Nummer 3 zeigen. Jetzt, wo ich es schon bei seiner Besitzerin abgeliefert habe.

So fing das überhaupt alles erst an. Eine Freundin erzählte mir von ihrer Idee, ein Wanderbuch zu schreiben, und dass dieses Buch sprechen könnte, und davon, dass dieses Buch es auch mal aushalten müsste, total heldenhaft zwischen Felsspalten im Regen zu klemmen oder total unelitär zwischen Klopapier und Kaffee im Van.

Daraus entstand die Idee, dieses Journal selbst herzustellen. Es musste eines sein, das erstens gut aussah (denn vielleicht würde es eines Tages auf die Promofotos kommen) und zweitens tatsächlich auch eine eigene Persönlichkeit besaß (klar, sonst könnte es ja nicht sprechen).

Im Gespräch mit ihr über ihr Projekt konnte ich förmlich spüren, worum es in Wahrheit ging – und ich machte mich an die Arbeit.

Das ist er jetzt also! Büffelleder, randvoll gefüllt mit himmlisch duftendem Graspapier in einer Decke aus Büttenpapier mit Urweizen-Stückchen.

Wenn ich ihn mir so anschaue, dann weiß ich, wo er herkommt. Aus den Great Plains nämlich, wo freie, wilde, starke Büffelherden über weite Ebenen streichen, auf denen kraftvolles, dem Wind trotzendes Gras aufrecht in der Sonne glänzt. Fast kann man auf den noch leeren Seiten bereits die Geschichten von Freiheit lesen, von der Sehnsucht nach der eigenen ursprünglichen Kraft – auf die diese Autorin selbst gehen wird. Sich selbst darin freischreiben wird. Ich freue mich riesig, dass sie in diesem Journal einen echten Freund an ihrer Seite hat, der sie sowas wie beschützen wird ;-)

(Und, um die Wahrheit zu sagen: Bei unseren zahlreichen Spaziergängen durch den unberührten Isar-Urwald habe ich ihm schon von den wahren Abenteuern berichtet, die ihm bevorstehen, weil so bereitet man HeldInnen auf ihr Sein vor: Indem man ihnen die Geschichten der Vergangenheit und damit der möglichen Zukunft erzählt, Geschichten von Weisheit, Mut und Glauben).

Gute Reise, mein Freund! Grüß mir die Welt! Sei stark! Sei weich! Sei du! Und erzähle deine Geschichte – denn so werdet ihr Heldinnen kreieren!"

Weirde Journals.

Ja, weird[18] oder seltsam magisch sind sie. Durch sie wirkt die weibliche Natur in männlicher Kraft. Tier und Pflanzen wirken ineinander

---

[18] Das ist ein guter Moment, um gleich mal über das Wörtchen „weird" zu sprechen. „Weird" heißt eigentlich „seltsam", gleichzeitig haftet ihm die Bedeutung „magisch" an. Ich war lange auf der Suche nach einem Synonym für „magisch", eine, die besser greift. Eine, die sofort klarmacht, was hier wirklich geschieht. So habe ich tiefer gegraben und bin im 8.Jh. rausgekommen, in dem das Adjektiv noch ein Nomen war und „wyrd" lautete. Klingelt da was? Wahrscheinlich bei allen Englisch-LK-Absolventen, denn Shakespeare benützt es in Macbeth, um die drei Hexen als „weyward Sisters" zu betiteln. Und die wiederum sind nichts anderes als die drei Nor-

und durch und durch – und unterstützen den Schreibreise-Prozess sehr stark. Gibst du dich ihnen hin, trittst du ihnen AUF AUGENHÖHE gegenüber, so entwickeln sie durchaus ein Eigenleben, zumindest wird mir davon berichtet.

Du möchtest auch so ein personalisiertes magisches Journal nur für dich? Das geht ganz einfach: Scanne den QR-Code, schau dich auf der „Journal-Weide" um und schreib mich an. Wir machen einen  Termin, reden – und bald hältst du es putzmunter und aufgetankt (und bereit zu allen Taten mit dir) in deinen Armen.[19]

Vision Board

---

nen, die Schicksalsweberinnen Ambeth, Wilbeth und Borbeth. So kommt es zu diesem Eintrag im Oxford English Dictionary (OED): „The principle, power, or agency by which events are predetermined; fate, destiny.". Jetzt hat es mich am Haken, ich spüre, wie ich meinen Kopf schiefhalte. Ich grabe noch tiefer: „Wyrd" selbst deriviert aus dem urgermanischen Wort „wurdiz" (und jetzt wird's echt weird, fast spooky), das sowas wie eine Schwester von „Werþan" ist. Die gemeinsame Wurzel, ihre gemeinsame Mutter also, ist „Wer". Und die, die kennen wir heute noch: in „wer-den" oder auch „wur-den" (und auch in unserem – und das ist besonders pikant – Wort „Wort"). Die Verbindung liegt in der Idee des Geschehens oder des Werdens: „Wurdiz" beschreibt das, was geschehen wird, also das Zukünftige oder Bestimmte, „Werþan" beschreibt den Prozess des Entstehens oder Werdens.

[19] Das Playbook: Manchmal, wenn es was Außergewöhnliches zu tun oder zu lassen gibt, findest du einen QR-Code zum Playbook mit dem Bonusmaterial. Den Schlüssel kannst du dir abholen, indem du dich mit deiner Mail-Adresse anmeldest. Speichere dir den Link zum Playbook am besten ab, dann musst du dich nicht jedes Mal neu anmelden.

Das erste Mal, dass ich mit meinem Journal auf Du und Du war, war der Beginn meiner Vision.

Schon ein paar Tage lang hatte ich das Thema „Vision 2051" von Mia Brummers Blogparade im Hirnkastl hin und her geschoben, war aber nix draus geworden außer ein paar Schlieren mehr im schönen Parkett.

Und wieder einmal saß ich überm Journal und wollte nix schreiben, na ja, und wenn man da schon so rumsitzt, bevor man sich anschweigt, gell, plötzlich stand da „Vision 2051" auf dem vormals weißen Blatt Papier. Dann tauchte eine tanzende Oma auf und mit ihr alles andere – und schließlich stand sie da, meine Vision.

Ganz ehrlich?

An das, was da aufgetaucht war, hatte ich im Leben nicht gedacht! (Mal ganz abgesehen davon, dass mich die Omas seitdem nicht mehr aus ihren Fingern gelassen haben und mein Leben und Schaffen bestimmen.) Das, was da stand, war viel größer, als ich jemals gedacht hätte!

Und vor allem: Es war völlig verrückt!

Warum?

Weil der Moment, in dem die wahre Vision sich endlich Bahn brechen durfte, genau der Moment war, in dem's eh scho wurscht war. Da stand kein Leistungsdruck mehr hinter mir und feuerte mich an, möglichst hochtrabend möglichst weltverbessernde Ideen zu haben!

Nee, da waren nur ich und meine Seele. Und wir haben beschlossen, zusammen einfach nur mal ein bisschen Spaß zu haben. Ein bisschen rumzuspielen. Quatsch denken und weiterspinnen.

Zu meiner Vision 2051 geht's hier lang!

Warum gehst du nicht auch ein bisschen im kreativen Bällebad spielen?

Erstelle dir dein buntes, abgefahrenes, kreatives, schäumendes, explodierendes, empowerndes, schönes, tröstendes Visionboard, das deine Ziele, Träume und Wünsche symbolisch darstellt.

Du kannst Bilder, Wörter und Symbole ausschneiden und auf einem Poster oder einer Pinnwand anordnen, um deine Träume zu visualisieren. Vielleicht wird es dich jeden Tag daran erinnern.

Du kannst dich auch mit einem Satz bunter Stifte gemütlich hinsetzen und damit beginnen, dich in Farben auszudrücken. Lass dich überraschen von dem, was da an Idee, Inspiration oder Vision aus dir herausplätschert wie eine frische Quelle.

Sei absolut ehrlich!

Wenn da ein Ding klebt, das nicht (mehr) deines ist, dann mach's ab! Lass es los!

Das ist ein bisschen wie beim offenen Joghurt im Kühlschrank. Den habe ich zwar mit Euphorie gekauft, aufgerissen und halb gegessen, aber dann steht er tage-, wochen-, monatelang bedeutungslos rum. Manchmal entwickelt er dann sogar ein Eigenleben, das ich eigentlich gar nicht will. Dann hilft nur eines: Schmeiß weg! Schaffe wieder sauberen Platz am Board!

UUUUUUUUUNNNNNNNNNNDDDDDDDD:

Fang an zu spielen!

Frag deine Seele, was sie da gerne draufkleben oder dazu malen möchte. Dann prangen halt mal bunte Gänseblümchen zwischen Dollar-Zeichen und Porsche, wen sollte das stören?

Und das Wichtigste: Lass dir bloß von niemandem all die Sachen sagen, die du vielleicht früher schon immer gehört hast, a la wie schlecht das geschrieben oder gemalt ist.
Lass dich schon gar nicht von jemandem stören, dem jetzt gerade nicht passt, dass du so ganz in dich versunken bist. Sperr ab!
Das ist dein Visionboard, das darf so sein, wie es ist. Du darfst so sein.

Resonanzraumflüstern: Lass die Fragen in dir nachklingen und lausche auf das, was in dir antwortet. Heute:

Welche alten Strukturen unterstützen dich noch, welche halten dich klein?
(Gibt es Muster, Überzeugungen oder Gewohnheiten, die dir Stabilität geben? Und welche engen dich ein, obwohl du sie vielleicht noch festhältst?)

Wie fühlt sich dein erster Schritt ins Unbekannte an? (Eher aufregend oder beängstigend? Wie zeigt sich das in deinem Körper? Gibt es einen Moment, in dem du spürst, dass du wirklich gehst?)

Kapitel 2: Identifikation mit dem Männlichen

Wir werden zum Patriarchat erzogen.

In meiner Zeit als Lehrerin an Grund- und Mittelschulen durfte ich mitspielen in dem großen Machtgefüge Erziehung.

Und was habe ich da für Dramen miterleben müssen! Das Recht des Stärkeren wird Kindern bereits in der dritten Klasse eingeimpft, wenn es darum geht, aufs Gymnasium zu wechseln.

„Ich geh' aufs Gymnasium. Du hingegen bist dumm und schaffst es nicht."

Das ist die Botschaft, die im Mief der Klassenzimmer wabert und jeden kleinen Fortschritt unmöglich macht. Nur die großen Schritte zählen. Damit man auch noch die nächste Probe und die nächste und die danach auch wieder gewinnt.

Ich habe nicht nur eine Seele gesehen, die dem eiskalten Wettbewerb nicht gewachsen war, die es leid war, alles zu geben und doch wieder nicht zu genügen, die sich einfach verabschiedet hat, nach ganz tief drinnen.

Aber wer sich nicht anstrengt, wer nicht bereit ist, mehr zu geben, als er geben kann – der bleibt halt unten.

Auf die wenigen Auserwählten warten die grenzenlose (Bein)Freiheit in Form von SUVs für das Stadtabenteuer und uner-

messliche Summen an Geld, mit dem sie sich all das kaufen können, was „die da unten" für sie zusammengebaut haben.

Und ja, diese Oben-Unten-Überzeugung von der Zukunft hing auch
mit drin im Mief. Das Schlimmste: Sie wurde und wird real umgesetzt. Von den MitschülerInnen, die in erwachsener Manier den
Zeigefinger erheben.

Von den LehrerInnen, die, selbst gegängelt, immerwährenden
Tests und willkürlichen Experimenten unterworfen werden, denen
sie selbst zu genügen haben. Vom System.

Schule ist zum Kriegsgebiet geworden. Und Bildung die Waffe.

In allen Epochen des Patriarchats ist Bildung bzw. ihr Fehlen zur
Waffe geworden. Jedes Terrorregime zeichnet sich dadurch aus,
dass es Bildung entzieht. Der Zugang zu bestimmten Informationen
wird stark zensiert. Bücher, Lehrmaterialien und wissenschaftliche
Arbeiten, die als subversiv oder gefährlich gelten, werden aus
Schulen und Universitäten entfernt. Gleichzeitig werden Schulen in
autoritären oder totalitären Regimen, in denen Gewalt und Zensur
weitverbreitet sind, oft zur Instrumentalisierung genutzt, um die
Macht des Regimes zu sichern und die Gesellschaft zu kontrollieren.

Du meinst, das wäre Mittelalter? Nein.

Du meinst, das wäre zu weit weg? Auch nein.

Ich kann auch näher dran:

Nehmen wir heute. Im bayerischen Lehrplan für Geschichte ist der
Aufstand der Herero, das Sinnbild für all die grausamen und egoistischen Gemetzel des Kolonialismus – und mit ihm die Möglichkeit
zur Infragestellung des herrschenden Systems – gestrichen worden
zugunsten der Zeit nach der Wiedervereinigung: Aussitzen, Duck-
mäusern und großartig inszenierte Erfolge.

Macht bestimmt, welche Geschichten erzählt werden – und welche nicht. Was dem Herrschenden nicht gefällt, redet er klein.

Damit raubt er uns allen damit die Möglichkeit, die Dinge zu erklären, die daraus entstanden sind, die Heute geschehen.

Die von uns heute als übermächtig empfundene Migration ist (auch) zurückzuführen auf die lang anhaltenden politischen und wirtschaftlichen Instabilitäten in den früheren Koloinalländern. Die Instabilitäten, die wir heute in diesen Ländern erleben, sind ein direktes Ergebnis von kolonialen Praktiken und der Art und Weise, wie die Kolonialmächte ihre politischen, sozialen und wirtschaftlichen Systeme in den Kolonien etablierten und nach dem Ende der Kolonialherrschaft zurückließen.

Aber wie gesagt, diese Geschichte kommt raus.

Sollen wir unseren Anteil daran nicht erkennen?

Sollen wir nicht mehr selbst denken? Kritisch denken? Und dadurch Dinge ändern.

Selbstverständlich ist eine „Schuld"[20], die womöglich dazu führt, Menschen aus früheren Kolonien (wobei der Ausdruck „frühere Kolonien" faktisch Quatsch ist, denn der Kolonialismus heißt heute einfach nur Marktwirtschaft) nun bevorzugt oder wenigstens auf Augenhöhe zu behandeln, eine Schuld ist, die unattraktiv ist. Womöglich müsste man dann am Ende noch alle Menschen auf Augenhöhe betrachten …

Die Schuld, die hierzulande gut gefällt, ist eine, die so lange wiederholt und suggeriert wird, bis wir alle starr vor Angst und Unterwürfigkeit sind – „... durch meine Schuld, durch meine Schuld,

---

[20] Erinnere dich: Das althochdeutsche Wort für das, was aufgrund des Jetzt in der Zukunft werden soll, heißt skuld, woraus unser Wort Schuld wurde.

durch meine große Schuld …" – und deswegen nicht mehr selbst denken. Aus Angst[21].

Wir äußern nicht mehr, was wir denken, weil wir sofort bestraft und diffamiert werden. Wir denken nicht mehr, weil wir schon zu sehr damit beschäftigt sind, auf diesem dünnen Eis der trügerischen Sicherheit zu laufen, um ja nicht anzuecken, aufzufallen.

Weil das ist es doch, was wir wollen: Wir wollen gefallen.

In der zweiten Etappe der Heldinreise geht es darum, dass sich junge Mädchen mit dem äußeren patriarchalen Männlichkeitsbild identifizieren, das einzig von Macht und Erfolg angetrieben wird.

Diese Identifikation mit dem Männlichen ist für Frauen allgegenwärtig, da wir Frauen, so haben wir bereits gesehen, entweder biografisch oder kulturell Vatertöchter sind.

Das bedeutet: Wenn wir uns von unserem Vater (oder dem Außen ganz allgemein) akzeptiert fühlen, haben wir das Vertrauen, auch von der Welt akzeptiert zu werden.

Und dann geht's ab! Wir entwickeln eine extrem starke Beziehung zu unserer männlichen Seite, die uns in unserer Leistung, unserem gesellschaftlich hoch angesehenen Potenzial unterstützt und uns dieses (größtenteils un)gesunde „Wettbewerbsgefühl" verleiht.

---

[21] Im Ganzen lautet das Schuldbekenntnis: „Ich bekenne Gott, dem Allmächtigen, und allen Brüdern und Schwestern, dass ich Gutes unterlassen und Böses getan habe – ich habe gesündigt in Gedanken, Worten und Werken durch meine Schuld, durch meine Schuld, durch meine große Schuld. Darum bitte ich die selige Jungfrau Maria, alle Engel und Heiligen und euch, Brüder und Schwestern, für mich zu beten bei Gott, unserm Herrn." Es wird in der Heiligen Messe nach der Eröffnung gesprochen und nach altem Brauch durch Klopfen auf die Brust unterstrichen, was, wenn man ein Stückchen höher klopft, seltsamerweise die Thymusdrüse stärkt.

Aber was für eine Amplitude für die junge Frau, die gerade ins Leben tritt!

Auf der einen Seite wogt das übermächtige Meer des patriarchalischen Männlichkeitsideals von Sieg und Niederlage, ständig sturmgepeitscht, kämpfend und mächtig, das einen immer weiter in seine gierigen Strudel reißt, weitertreibt. Immer noch größer, immer noch besser, immer noch mehr, immer noch schneller.

Hinter dem stürmischen Meer, da am Horizont locken strahlend und sonnenbekränzt die Gipfel der Erfolge – die es natürlich zu erklimmen gilt – zumindest, wenn man der Werbung auf SM glauben darf (a la „wie generierst du 1000K in einer Woche?").

Dummerweise fällt mir dazu dieses Foto vom Gipfel des Mount Everest ein. Einmal am Mount Everest zu stehen und von da ein Beweis-Selfie in alle Welt zu posaunen, scheint eines der Top-Ziele auf den Bucket Lists der Menschheit zu sein. Zumindest stehen da gefühlte 250 Menschen an und warten in Eiseskälte und mit wenig Sauerstoff bis zu 12 Stunden lang auf ihre 10 Sekunden am Gipfelkreuz.

Die Frage, die sich mir stellt, ist „What the fuck?" und sie betrifft die vielen Leichen, die da links und rechts neben der Menschenschlange im Schnee liegen. Zu Tode erschöpft. Im Freeze. Erfroren. Was macht das mit denen, die da stehen und warten? So etwas wie „na, jetzt, wo ich schon mal da bin, kann ich auch noch warten. Bin ja nicht ich …"?

Und dann steht die schlimmste Frage wieder da: Inwieweit ist dieses real existierende Foto die Metapher für unsere Zeit?

Statt Empathie lehren und lernen wir Kalkül. Wir benutzen unseren Verstand (männlich) und nicht unsere Körperwahrnehmung (weiblich).

Wir verlernen so schnell wie möglich, den Körper zu Wort kommen zu lassen, der natürlich seine authentische Wahrheit verkündet. Stattdessen eilen wir im männlichen Bewusstsein sofort herbei, um dem Weiblichen die Worte abzunehmen. Wir analysieren blitzschnell, haben sofort Lösungen parat und überstimmen diese weibliche Stimme. Wir ergreifen ohne zu zögern die Zügel und „retten".

Alles andere würde auch viel zu lange dauern. Reden, schweigen, abwarten, aushalten … Lieber vermitteln wir den einzig gültigen Lösungsweg und verunsichern damit die Seele, die sich gerade auf einen anderen Lösungsweg gemacht hat, mit nur einem vernichtenden Wort: Falsch.

Vielleicht setzen wir gnädigerweise das unendlich motivierende „das kannst du besser" dazu. Gott, heute habe ich wieder eine Schülerin/eine Klientin/eine Freundin glücklich gemacht …

Das Wort, das dieses Verhalten beschreibt, heißt übrigens Bevormundung …

Und so kämpfen und wurschteln und wurschteln und kämpfen wir noch mehr vor uns hin. Immer mit der Angst im Nacken, auf dem Weg zum Gipfel von der Konkurrenz links im Schnee liegen gelassen zu werden, in den Abgrund der weiblichen Unsicherheit gestoßen zu werden, wieder nicht zu genügen.

So streben wir nach absoluter Perfektion, vielleicht sogar als Leuchtturm in einer rauen See. Was wir leisten, ist nie genug, wir sind nie genug. Und das „wenige", was wir tun, ist in unseren Augen selbstverständlich. Nicht der Rede wert. Diese andauernde Entwertung unseres Selbst durch uns, die Entwertung der Frauen und der Weiblichkeit in der äußeren Welt jedoch tröpfelt stetig wie ein vernichtendes Gift in unser inneres Selbst und deformiert unser Wissen um das Weibliche.

Was wäre, wenn unser Stresslevel uns mehr beeinflusst, als wir denken? Die Natur zeigt uns faszinierende Parallelen …

DER CLOWNFISCH

Du kennst doch Nemo, den lustigen, heldenhaften Fisch aus dem gleichnamigen Film? Wusstest du, dass er nach bestandenen Abenteuern und Heldenreise zur Nemine wurde? Geht gar nicht anders. Clownfische sind Hermaphroditen und wechseln das Geschlecht, wenn es nötig ist.

Die leuchtend bunten, ach so süßen Fische leben in sozialen Gruppen, in denen es normalerweise ein dominantes Weibchen gibt, das den Harem leitet, und dann gibt es noch das ranghöchste Männchen – und wie immer das Fußvolk. Wenn das dominante Weibchen stirbt oder entfernt wird, rückt das ranghöchste Männchen in der Hierarchie auf und entwickelt sich zu einem funktionalen Weibchen.
Für die Clownfische ist diese Welt völlig okay, denn der Wechsel des Geschlechts soll die Fortpflanzungsmöglichkeiten der Gruppe garantieren, auch wenn das dominante Weibchen abwesend ist. Da geht's also ums Überleben der Sippe.

Aber warum ist das so?
Hier kommt das Hormon ins Spiel, das wohl das am häufigsten anzutreffende ist, das es in unserer Zeit gibt: Cortisol.

Die, die da oben am Mount Everest stehen, sind wahrscheinlich vollgepumpt damit. Sie brauchen das für den langen und beschwerlichen Aufstieg, die Todeskälte, denn Cortisol wird eigentlich ausgeschüttet – und zwar in Massen –, um Energiereserven zu mobilisieren, wenn z. B. der Säbelzahntiger hinter einem her ist (oder man eben aus einem völlig unerfindlichen Grund mal eben für zehn Sekunden auf den höchsten Berg der Welt muss – aber jetzt geb ich damit a Ruh …).

Es gibt heute keine Säbelzahntiger mehr, ich weiß nicht, ob du das schon wusstest. Die heutigen Menschenfresser heißen Deadline, Output, Effizienz, Perfektion und eben wieder dieses Gefallen. Nee, ich sag' besser: Die Angst davor, NICHT zu gefallen.

Ganz einfach zusammengefasst: Mit steigendem Stresspegel schwindet der Verstand.

Druck schafft Stress. Stress schafft mehr Druck. Mehr Druck schafft mehr Stress usw.

Das Cortisol vernebelt die Großhirnrinde, die eigentlich für unser rationales Denken und auch für die Kreativität zuständig sein sollte, das ist dann schon mal weg …

Stattdessen bleiben die beiden Teile unseres Gehirns übrig, die am ältesten sind und deswegen beim Einschalten auch immer am schnellsten dran sind: das limbische System (Gefühlshirn) und die Amygdala, das Angsthirn. Und die wird fett!

Jetzt haben wir uns durch den Stress also eine Amygdala gemästet wie die Martinsgans, und dann kommt da so ein Problem, dann sagt die in bedrohlichen Situationen „Uaaaaa!" und schreit rum und zwingt uns dazu, uns in Sekundenschnelle zu entscheiden, ob es besser ist, zu kämpfen oder zu flüchten.

Wie ein Kalmar auf der Flucht setzt sie dann wiederum Nebelbomben in der Großhirnrinde, was aus ihrer Sicht durchaus verständlich ist, weil Denken beim schnellen Rennen eher hinderlich ist. Die Angst wird übermächtig, es wird noch mehr Cortisol produziert ...

So kommt es zu einem Teufelskreis, den wir schon gar nicht mehr wahrnehmen können, weil unser rationales Denken ja gerade im Nebel steckt – und damit nicht genug: Wir selbst werfen ständig weitere Nebelbomben.

Wenn die Amygdala Alarm schlägt, fällt es uns oft schwer, bewusst zu agieren – wir rutschen schneller in reaktive Muster, re-agieren auf Autopilot. Sie ist es, die uns steuert, unsere Wahrnehmung vernebelt und Problemlösung unmöglich macht.

Wir wundern uns dann, wenn wir trotz aller Anstrengung eben nicht mehr wirklich etwas leisten. Wir versuchen auf Teufel komm raus, dieses seltsame Problem zu analysieren und suchen immer wieder nach neuen Lösungen für alte Probleme, nach neuen Coaches, nach dem rettenden Prinzen auf dem weißen Pferd. Wir probieren eine Strategie nach der anderen aus – aber es ist sinnlos. Auf dieser Gedankenschleife verheizen wir uns, mehr ist da nicht.

Dabei wissen wir ganz genau, was wir tun müssten: Uns aufraffen und den Mut finden, etwas anderes bzw. etwas gänzlich anders zu tun. Unser Denken und unser Verhalten zu ändern. – Aber ich schwöre es dir: So 'ne fette Amygdala ist echt 'ne träge Masse ...

Doch zurück zu den Clownfischen.

Clownfische sind Männer, weil das einzige Weibchen ihnen permanent Stress macht (bitte spart euch an dieser Stelle die sexistischen Witze ...).

Indem sie also ständig dafür sorgt, dass ihr alle Männer gehorchen, dass sie ständig unter Druck stehen und genug zu tun haben, dass sich niemand aufmuckt, hält sie sie in diesem Kreislauf gefangen.

Der extrem hohe Cortisolwert im Körper der Fische führt dazu, dass sie Männer bleiben.

Wenn das Weibchen stirbt, entspannen sich alle, bis (dadurch angeregt) eben der ranghöchste Kerl zum Weibchen wird – und das ganze Spiel von vorn losgeht. Wahnsinn, oder? Clownfischwelt.

Du fragst dich, warum ich dir das erzählt habe? Weil ich mir eine Frage stelle:

Was wäre, wenn wir in Wahrheit auch in so einer Clownfischwelt leben? Nur eben anders?
Wenn dieser ganze Stress und Druck und das Erzeugen von Angst nur dazu dient, uns ebenso in einer männlichen Denke und Fühle gefangenzuhalten?

Und was wäre, wenn wir aus dem Karussell aussteigen würden? Das Cortisol sich wieder beruhigt und die Nebel sich lichten? Was würden wir dann sehen?

„DIE WELT IST VOLLER …" – DER ALERT-STATUS

Wenn ich dich bitten würde, den Satz „Die Welt ist voller …" zu vervollständigen, was würdest du wählen?

Laut der fantastisch-fruchtig-weirden und gänzlich wunderbaren Vera Birkenbihl ist die meistgewählte Antwort darauf „Idioten" oder „Probleme". Merkste was?

Wir denken ungefähr 60.000 Gedanken am Tag, wovon die meisten einfach nur bla-bla sind, nur etwa 3 % sind positiv und konstruktiv, satte 22 % sind NEGATIV. Diese Gedanken beeinflussen unsere Gefühle und auch unsere Taten. Meistens bleiben wir an diesen 22 % hängen – wir geben ihnen zu viel Gewicht. Sie werden schwerer und schwerer.

Dazu kommt, dass wir täglich 20.000 Entscheidungen treffen, und zwar blitzartig. Und dann kommen dazu nochmal all die Gedanken darüber, ob wir die richtige Entscheidung getroffen haben ...

Aber jetzt mal ganz ehrlich: Nur, weil du einen Gedanken hast, heißt das ja nicht, dass er auch wichtig ist. Vielleicht ist das ja auch nur ein irrtümlich entkommener elektrischer Impuls?

Gedanken sind in allererster Linie nur Gedanken, also größtenteils harmlos.

Die Frage ist, ob wir diese elektrischen Impulse festhalten und ihnen Signifikanz verleihen – oder ob wir sie beobachten, ohne ihnen Wert zu verleihen, wie etwas seltsam Interessantes – und sie dann in den großen Mülleimer fließen lassen können.

Der psychologische Nebel, dieses permanente Geschrei von widersprüchlichsten Gedanken im Kopf lässt sich nicht durch altbekannte Strategien des TUNS lösen, das ist ja Quatsch. Denn es war ja dieses fortwährende Tun, was uns erst in diesen Nebel gebracht hat. Wir brauchen also das Gegenteil von Tun.

Und das Gegenteil von Tun ist SEIN.

Du weißt also jetzt, dass deine Amygdala dir bisher bei welchem Stress auch immer gesagt hat, wie du dich zu verhalten hast, da kannst du ja jetzt mal die Ansagen machen!

Fangen wir beim Atem an.

Wenn die Amygdala im Alert-Status ist, dann atmest du flach und schnell.

In der Entspannung atmest du tief und langsam.
Dann mach das doch mal, atme ganz bewusst tief und langsam ein – und tief und langsam aus. Komm, gleich nochmal: ganz langsam ein – und ganz langsam aus.
Durch deinen Atem signalisierst du deinem System, deiner Amygdala, dass sie etz amal a Ruh gehm soll, weil ja alles in Ordnung ist.

A WENIG BLEED SCHAUA UND A RUH GEHM-CHALLENGE

Am besten geht das, wenn du dich einfach nur hinstellst und schaust. So heißt die Übung aus dem Bambus-Stock-Qi-Gong übrigens auch: Stehen und Schauen.
Da geht es um nichts anderes, als sich einfach mal in die Natur zu stellen, den Blick geradeaus zu richten, OHNE den Zoom einzustellen und sofort wieder analysieren zu wollen. Lass den Blick leer werden. Du musst nichts weiter tun, als zu stehen und zu schauen.

Zuerst wird da jede Menge Gegenwehr in dir aufkommen, weil ja immer alle Zellen in dir aufm Sprung sind und immer glauben, etwas leisten zu müssen.

Und heute, liebe Zellen, heißt die Challenge: Tue nichts.

Mit der Zeit (und der Übung) wirst du feststellen, dass dein Atem langsamer und das Geschrei in deinem Kopf ruhiger wird.

Sehr gut! Du bist gerade deine erste Welle erfolgreich getaucht und hast den parasympathischen Shift[22] erfolgreich gemeistert! Das wird von nun an immer passieren, wenn du dich – in einer Situation der Angst und Anspannung – wieder im Außen orientierst.

Denn irgendwo in diesem Koordinatensystem genannt Welt stehst du ja.
Wo? Was siehst du? Bäume? Dächer? Ampeln? Was hörst du?
Nimm es wahr, ohne zu werten (also ohne gleich wieder darüber nachzudenken, dass du den Schlotfeger auch mal wieder buchen oder den Rasen auch mal wieder schneiden müsstest).
Diese Gedanken (und noch viele mehr) werden kommen, aber sie werden auch wieder gehen. Erinnere dich an deine Challenge: Nichts tun!
Glaub mir, es tut allen in dir gut, wenn ihr euch sozusagen wieder einnordet, den hüpfenden Kompass wieder gen Norden dreht.

---

[22] Der parasympathische Shift ist das Raustreten aus der Anspannung und der Aktivität des Sympathikus und ein Reintreten in die Ruhe des Parasympathikus. Dieses Einnorden, dieses Sich Umschauen, ist ein super Tool, um z. B. bei einer Panikattacke wieder Sicherheit zu schaffen. Sicherheit entsteht immer dann, wenn wir uns umschauen, unsere Sinne für das Hier und Jetzt aktivieren und wieder wissen, wo wir sind, nämlich in Sicherheit.

WENN DIE SCHEIßE VON GESTERN ZUM DUNG VON MORGEN WIRD

Stell dir mal vor, du könntest die ganze Scheiße, die an dir haftet, einfach an dir runterschwemmen lassen und daraus Dung für dich gewinnen?

Jetzt lachst du. Wir alle wissen, dass das im wahren Leben durchaus möglich ist. Kühe und Fledermäuse tragen maßgeblich dazu bei, dass deine Geranien auf dem Balkon strahlen und blühen.

Nur mit den eigenen Problemen, damit geht das natürlich nicht. Die gehören mehr so in die Kategorie Hundekacke, die klebt auch ewig am Schuh … Ist das so?

Ich lade dich ein, dich mithilfe einer jahrhundertealten Übung aus der Q'ero-Tradition vom Gegenteil zu überzeugen. Sie nennt sich Sami-Chakuy – Saiwa-Chakuy.

All das, was so schwer auf uns lastet, können wir mit dieser Übung von uns abwaschen lassen – und erhalten dafür im Gegenzug Nahrung. Kraft, die uns nährt und füllt.

Gleichzeitig erfährst du in dieser Übung vielleicht zum ersten Mal in deinem Leben etwas, was dir neu ist: Du erfährst, dass du nicht getrennt bist von der Natur. Du erfährst, dass du mit dem, was „über" dir ist (Vater Kosmos) und mit dem, was „unter" dir ist (Mutter Erde) verbunden bist. Getragen und gehalten.

Dass dieses Sami-Chakuy – Saiwa-Chakuy so extrem gut funktioniert, liegt wohl daran, dass es sich so krass am richtigen Leben orientiert, und zwar eben wirklich an diesem Guano-Dung-Ding.

Wenn ich meine schwere Energie abgebe an Mutter Erde, dann wird sie sie zu feinem Humus verarbeiten, denn Mutter Erde steht auf schwere Energie. Und weil ich ihr etwas gegeben habe, wird sie mir auch etwas dafür zurückgeben. Ich lasse mich füllen, und was mir zu viel ist, gebe ich nach „oben" weiter (schließlich habe ich ja vorher Sami bekommen). Die Q'ero nennen dieses Geben und Nehmen Ayni[23], wenn man also etwas gibt, so hat man im Gegenzug das Recht, etwas zu erhalten. Umgekehrt: Wenn man etwas empfängt, so hat man die Verpflichtung, eine Gegenleistung zu erbringen und etwas zu geben.

Willst du's nicht mal ausprobieren? Es fühlen, dass du Teil bist?

Wie fühlst du dich jetzt?

Was hältst du davon, dieses Gefühl jetzt SOFORT in dein Journal zu meißeln, damit du es nie mehr vergisst?

SCHNITZ DIR DEINEN GROLLMASTER

Unsere ursprüngliche Ganzheit, unser Potenzial, ist im Sein verankert. Da kommen wir zumindest her, bevor wir ins Tun gepresst wurden.

Doch auch unser Handeln ist normalerweise im Sein verankert, denn im Sein finden wir die Impulse für unser Tun.

Allerdings sind wir Vatertöchter da determiniert. Das, was uns Impulse zum Handeln gibt, sind unzählige Stimmen in unserem Kopf, die uns andauernd Ansagen machen, anspornen, kritisieren, demütigen, loben und was auch immer sie noch so sagen, manchmal auch schreien. In unserem Kopf sitzt ein Tyrann, der innere

---

[23] Zum Prinzip von Ayni findest du mehr im letzten Kapitel.

Kritiker. Und der einzige Satz, den dieser Kritiker draufhat, egal welche Worte er benutzt, heißt: Du bist nicht genug.

Eigentlich ist so ein Grollmaster ja ein rasend kämpfender Mann, vielleicht im Wolfsfell, der kämpft, ohne Rücksicht auf Verluste zu nehmen, der ekstatisch rumschreit und Angst und Schrecken verbreitet. Du kennst ihn. Er brüllt am lautesten. Er verletzt am tiefsten. Wenn er mit der Keule ausholt und trifft, dann tut es sauweh, raubt dir den Atem, zwingt dich in die Knie. Hey, und ich rede da nicht von Menschen in deiner Umgebung, ich rede da von einer Stimme in dir! Wir selbst sind die besten Spezialisten und Experten, wenn es darum geht, uns niederzumachen.

Es wird Zeit, dass du dich mit ihm bekannt machst. Ihm Auge in Auge gegenübertrittst.

Deswegen frage dich: Wenn mein innerer Kritiker (oder meine innere Kritikerin), mein zerstörender Grollmaster eine Gestalt wäre, wie sähe sie aus?

Schließe die Augen, rufe ihn her zu dir und schau ihn dir an. Ist er groß, klein, dick, dünn, muskulös? Welche Farbe hat er? Was hat er an? Welche Waffen trägt er? Wie sieht sein Gesicht/Hände aus? Schau ihn dir so gut wie möglich an, denn

du wirst ihn malen.

Nimm Papier und Stifte und zeichne ihn auf. Groß! Es spielt überhaupt keine Rolle, ob das ein Kunstwerk ist, das du da malst – kann es ja auch gar nicht sein. Weil es ein hässlicher Grollmaster ist. ÜBERTREIBE UNBEDINGT! Der darf richtig schlecht werden.

Wenn du ihn mit all seinen Waffen gemalt hast, allen scharfen Zähnen und allem, was er sonst noch so bei sich hat, dann schneide ihn aus und pinne ihn irgendwo hin, wo du ihn nicht immer, aber immer mal wieder siehst (meiner lag zum Beispiel als Lesezeichen im Journal). Gib ihm Halt und Wertschätzung, indem du ihn so gewissermaßen an deinem Leben teilhaben lässt. Ihr müsst euch ja nicht unterhalten, ein „Guten Morgen", das man sich zubrummt, reicht fürs Erste vollkommen aus.

Irgendwann wird es sowieso soweit sein. Irgendwann auf dieser Reise wirst du den Mut haben, ihm Raum zu geben, dann wirst du ihn vielleicht sogar modellieren – aus Ton, aus Knete, aus Stoff und Filz, vielleicht sogar aus Salzteig ;-).

Was hältst du davon, deinen Grollmaster mit mir und allen anderen Grollmaster-Besitzerinnen zu teilen? Schick ihn mir, schreib vielleicht was dazu oder auch nicht, und ich füge ihn zur World's famost Grollmaster-Galerie hinzu unter dem Titel „sexiest Grollmaster alive", dann können wir sehen, dass es Sisters da draußen gibt, denen es ebenso geht wie uns.[24]

---

[24] Falls du das Gefühl hast, dass das Malen deines inneren Kritikers gerade zu viel ist, dann fang sanfter an: Setz dich für einen Moment hin und beobachte, wie diese Stimme klingt. Hat sie ein bestimmtes Timbre? Ist sie laut oder leise? Welche Sätze sagt sie am häufigsten? Schreib einfach nur ein paar Stichpunkte in dein Journal. Wenn du dich bereit fühlst, kannst du weitergehen.

SPAZIERGANG MIT DIR

Eigentlich hatte ich mich auf eine produktive Sitzung mit meiner Mentee Atawhai vorbereitet, da wurde die Tür aufgerissen und hereinkam – quasi mit wild verstrubbelten Haaren und vertrocknetem Rotz unter den Nasenlöchern ein kleines, verzweifeltes Mädchen.

Tja, das hatte ich nicht erwartet.

Was war geschehen? Es hatte Streit gegeben. Hm.

Eigentlich ist Atawhai ein unerschöpflicher Quell kreativer Ideen, die sie lieber in den Dienst anderer steckt als in sich selbst.

Ein Jahr durcharbeiten und keine Ruhe gönnen, als krönender Abschluss noch eine Covid-Erkrankung, hatten sie schließlich in die Horizontale gezwungen.

Es kam, wie es kommen musste, wenn der Kopf nicht hört: Die Seele verbündet sich mit dem Körper und setzt sich durch.

Ihre Nerven lagen also blank und jetzt ging es auch dem lang ersehnten und erträumten Urlaub an den Kragen.

So viel geleistet und doch kein Erfolg …

Wie immer in solchen Situationen lege ich den Kopf schief, um besser zu sehen. Was sah ich also?

Ich meine, abgesehen vom Offensichtlichen, das ich bereits genannt habe?

Ich sah ein kleines Mädchen, das völlig ungeschützt und offen und vielleicht auch etwas zu weich in ein offenes Messer statt in ein offenes Ohr hineingelaufen war.

Jemand war dem Mädchen über den Mund gefahren und hatte seinen scheußlichen, dünn-spitzigen Zeigefinger in das kleine Herz gebohrt.

Und plötzlich leuchtete da in goldenen, glitzernden Lettern ein Schild über dieser tief verzweifelten Situation auf, auf dem blinkend „Spielen" stand.

Mit einem Mal war Stille im Raum. Mit einem Mal hatte die Zeit angehalten, also die innere und die äußere auch. Mit links griff ich zum Taschentuch, mit der anderen nahm ich Atawhai die schwere Last von den Schultern, an der noch immer eine ganze Menge der zerstörenden Energie haftete.
Und dann nahm ich sie bei der Hand und zog sie auf den nächstbesten Spielplatz.
Dort hing eine uralte Schaukel.
Mit großem Schwung setzte ich mich selbst auf die Schaukel und hob ab.

Zugegeben, es kostete Atawhai einige Überwindung und diverse verstohlene Blicke über den menschenleeren Platz, bevor sie es mir gleichtat. Und dann schaukelte auch sie. Ganz sachte nur, als wäre es ein unendlich tragendes Meer …
(Dieser Ausflug führte dann weiter in einen Wald mit super Kletterbäumen und endete an einem sehr seltsamen Brunnen, der uns mit seiner Wassershow – es sprudelte nämlich mal mehr, mal weniger – zum Staunen und Planschen brachte. Danach war Atawhai zwar nass, aber glücklich. Ich auch.)

Was ich dir, geschätzte Leserin, damit sagen will:
Liebes, du musst unbedingt mehr Zeit mit dir verbringen!
Und zwar liebende, wertschätzende, sanfte Zeit. Anders als all die Zeit, die du bisher in Bezug auf dich erlebt hast.

Unsere zarten kreativen Seelen sehnen sich so sehr danach, endlich mal wieder sie selbst sein zu dürfen. Rauszukommen aus dem miefigen Studierzimmer, in dem sie immer hocken und langweilige Lateinvokabeln lernen oder die Steuer machen muss (dass unsere Seele viel lieber und viel besser AM Steuer stehen und dich durch deine Heldinreise führen möchte, steht bisher noch auf einem anderen Blatt).

Deswegen hol sie raus, kleidet euch in eure wildesten Klamotten und geht auf den großen Abenteuerspielplatz Welt.

Ich stehe hier mit meinem Camper gerade genau neben einem, deswegen höre und sehe ich, wie geil das sein muss! Lauter fröhlich juchzende Kindergesichter!

Und ich sehe auch die Mütter, die rettenden Arme immer ganz leicht ausgestreckt, wenn sie unter ihren Kindern hergehen, die gerade den Fünftausender namens Klettergerüst bezwingen und dann stolz wie Bolle sind, wenn sie das Klettergerüst gemeistert haben.

(Ich gebe ehrlich zu: Ich habe das Klettergerüst auch ausprobiert – und es ist echt fett!). (Die Schaukel konnte ich nicht ausprobieren, dafür bin ich einfach zu üppig). (By the way: Es ist übrigens ein weiteres Privileg der Heldinreise, dass du nicht mehr ins gesellschaftlich aufoktroyierte Barbie-Bild passen musst, nur noch in das, in dem DU dich wohlfühlst – oder wie meine Kollegin Mia Brummer sagen würde: „Scheiß dir nix, dann fehlt dir nix").

Ich sehe Mut und Vertrauen gleichzeitig. Ich sehe Spaß und Konzentration. Wagnis und Achtsamkeit.

Ist das nicht wunderschön?

Mal wieder wie ein Engel zu fliegen, gehalten, getragen?

Mal wieder ein kleines großes Abenteuer zu bestehen?

Ein kleines großes Wunder zu bestaunen, wie den blauen Schmetterling, der da sitzt? Den Kiesel mit dem Grinsen im Gesicht? Oder die Blüte, deren Geruch dir schon gestern, auf dem Weg in die Arbeit aufgefallen ist?

Nur gestern konntest du ja nicht einfach anhalten, um daran zu riechen und dich in ihrer Fülle zu verlieren …

Mach's jetzt!

Verabrede dich zu einem Spaziergang mit deiner Seele und dann lass dich von diesem kleinen Kind führen.

Wenn sie schaukeln will, schaukle! Wenn sie in Pfützen springen will, springe!

Ich spreche hier ganz absichtlich von „ihr", deiner Seele, so als wäre sie eine andere, abgetrennt von dir.

Das ist natürlich Quatsch. Nie, nie, niemals ist deine Seele abgetrennt von dir! Du und deine Seele, ihr seid eins.

Was ich damit erreichen möchte, ist, dass du sie von deinem jetzigen Standpunkt aus, als Erwachsene nämlich, wahrnimmst. Es dient dazu, sie dir wieder nahezubringen. Zu lange war sie zu weit weg und du hast verlernt, wie es ist, mit deiner Seele zu kommunizieren.

Deswegen tu jetzt einfach mal so, als wärst du die Tante und gehst auf Spaziergang mit deiner Nichte-Seele.

Etwas Seltsames wird geschehen: Du wirst auf sie aufpassen. Das liegt in deinen Genen. Und du wirst an ihrem Mut und ihrer Kreativität wachsen.

Du wirst feststellen, dass du dir eine gute Mutter bist. Du wirst stolz auf dich sein, weil du bemerkst, dass du nicht nur „ihr", sondern in

Wahrheit dir selbst die absolut bedingungslose Liebe entgegenzu-bringen fähig bist. Wertschätzend. Aufmerksam. Fürsorglich.

Was ist jetzt? Haste euren Termin schon fix im Kalender geblockt? (Lass das bloß nicht ausfallen, weißt ja, wie zickig Kinder werden können, wenn man Versprechen nicht einhält und dann noch so blöde Ausreden wie „die Steuer ist jetzt wichtiger" bringt ... – ganz ehrlich: Den Impetus, den du hast, wenn's ums Finanzamt geht, den brauchste für deine Seelentermine!!!).

P.S. Niemals vergessen zu spielen! Jaaaaaa!

P.P.S. Falls du gerade nicht weißt, wo du anfangen sollst – ich hab' da was für dich!

🐾 Du glaubst, dass alle Kiesel grau sind? Vielleicht deswegen, weil du glaubst, dass du auch nur eine uninteressante graue Maus in der großen grauen Masse bist?
Dann nimm diese, Grollmaster X: Findet auf eurem Spaziergang fünf Steine in fünf Farben. Einen schwarzen, einen braunen, einen gelben, einen weißen und einen grünen.
Es wird dir gelingen. Weil es keine DIN-genormten Kiesel gibt. Weil jeder von ihnen einzigartig ist.
Weil du einzigartig bist!

Noch eine?

🐾 Finde fünf Dinge, die dir ins Auge fallen, deine Aufmerksamkeit wecken. Beschäftige dich mit ihnen. Fasse sie an, betrachte sie genau, mach ein Foto oder nimm sie mit (wenn du Müll findest, dann heb ihn bitte auch auf und nimm ihn mit zur nächsten Mülltonne, ich habe dafür immer 'ne Tüte dabei).

Auf einer Bank machst du halt und breitest deine Schätze vor dir aus. Fünf Dinge liegen nun vor dir, die eigentlich nichts miteinander zu tun haben, nur das eine: Du hast sie bemerkt und für wertvoll befunden. Nun füge sie zusammen, indem du eine Geschichte erfindest, die sie miteinander verbindet. Hebe die Trennung auf!

(Und ja, schreib die Geschichte auf. Vielleicht magst du sie sogar lauthals erzählen und sie auf deinem Profil posten, damit sie in die Welt strömt und sich die Magie in ihr vervielfältigt …?)

Spieglein, Spieglein an der Wand

1. Das Buchstabenspiel kennst du bereits aus Kapitel 1. Nur, dass es heute um dich geht. Du trägst einen Namen. Wofür steht der erste Buchstabe in deinem Namen? Wofür sollte er stehen? Wenn du dir was wünschen dürftest, welche Eigenschaften stecken da in jedem einzelnen kleinen Buchstaben? Wofür steht der zweite Buchstabe? Usw.

2. „Ich bin die Frau, die …" Sei mal ehrlich: Wer bist du? Vervollständige mindestens zehn Minuten lang diesen Satzanfang! Mehrmals!

3. Nimm dir ein großes Blatt Papier und schreibe an jedem Tag dieser Woche einmal darauf: Ich bin genug.
   Dabei spielt es überhaupt keine Rolle, ob du das glaubst oder nicht. Glaub mir! (Glaub mir vor allem, dass Monsieur Grollmaster da jede Menge Einwände dagegen finden

wird, aber halte ihm dagegen, dass es ja gar nicht um den Inhalt geht, sondern das ja nur ein Kalligrafie-Kurs ist – da steht er voll drauf, wirst sehen).

Resonanzraumflüstern: Lass die Fragen in dir nachklingen und lausche auf das, was in dir antwortet. Heute:

Welche deiner Ängste gehören wirklich zu dir – und welche hast du von außen übernommen?
(Gibt es Befürchtungen, die sich eher nach anerzogenen Erwartungen anfühlen? Welche Ängste sind tief in dir verwurzelt und wollen wirklich gesehen werden?)

Wo kämpfst du noch gegen dich selbst, anstatt mit dir zu arbeiten?
(In welchen Bereichen deines Lebens zwingst du dich in eine Richtung, die sich nicht stimmig anfühlt? Wo könntest du stattdessen Kooperation mit dir selbst üben?)

Kapitel 3: Der Weg der Prüfungen

„Und wenn es den Platz gäbe, an dem ich richtig bin, so, wie ich bin"[25]

Es folgt: der Aufstieg.

Du hast sie also gesehen, die Gipfel. Du hast sie bestiegen, dich kurz gefreut – nur um festzustellen, dass hinter ihnen noch weitere Gipfel liegen.

Du wirst das mühsam erreichte Basislager verlassen müssen, die nächste Gratwanderung zum nächsten Gipfel entlangzittern müssen, wenn du zu ihnen gehören willst. Zu den „Aufrechten", „Unabhängigen", „Verändernden".

Wenn da nicht die Tiefen wären. Jenseits des Erfolgs wartet eine Herausforderung: der Zweifel. Die Angst vor Versagen, die Unsicherheit über den nächsten Schritt. Und dann die Frage: Wer bin ich wirklich?

Deine erste Welle liegt bereits hinter dir[26]. Du kennst ihn also bereits, deinen inneren Ozean.

---

[25] Sanne in Alexandra H. Meier: Ein Buch, ein Gebirge und der Fluss der Schöpfung, Norderstedt 2022

[26] Du erinnerst dich? Der parasympathische Shift?

In den Tiefen der inneren Ozeane der Heldinreise liegt deine wahrhafte Herausforderung:

Die scharfen Klippen der Abhängigkeiten von all den Masken, die du wählst.

Die eisigen Sturmböen des Zweifels an der eigenen Leistung.

Die sich aufbäumenden Wellen der weiblichen Unsicherheit und Angst.

Welche Frau hat schon ihre ureigenen Träume?

Wie viele Träume einer Heldin gelten einem anderen?

Wie viele Träume versauern im Keller?

Ganz schön frostig hier. Wo ist die Sprache des Herzens, der Intuition?

Für sie ist kein Platz in den Zeiten des beruflichen Aufstiegs, des Struggles um deinen Platz in der Gesellschaft. Das, was dein Herz, deine Seele sagt, ist hier, zwischen diesen donnernden Rufen der Gipfel, diesem majestätischen Crescendo der Stärke und Entschlossenheit, eigentlich nur das ferne Echo eines kleinen, unbedeutenden Hügels. Oder etwa nicht?

Und trotzdem. Wenn es ein Echo gibt, dann war da auch ein Ruf. Vielleicht sollten wir mal in Richtung dieses „kleinen, unbedeutenden Hügels" wandern …

GEH IN DEINEN EIGENEN SCHUHEN

„Urteile nie über einen anderen, bevor Du nicht einen Mond lang in seinen Mokassins gelaufen bist", ist ein Spruch, der gerne den Lakota in den Mund gelegt wird.

Ich würde diesen Satz gerne verändern, in Bezug auf dich setzen, dein Innen. Es geht gerade nicht ums Außen, das ist viel zu oft dran.

Ich würde gerne sagen:

> „Urteile nie über dich, bevor du nicht einen Mond lang in den Schuhen gelaufen bist, die dir maßgeschneidert wurden."

Was heißt'n das? Heißt das, ich kann mir erst dann sicher sein darüber, wer ich bin, wenn ich ich bin?

Aber wie finde ich das heraus?

Woher weiß ich, wer ich bin?

Woher weiß ich, ob ich das, was ich wirklich bin, bereits erreicht habe?

Woher soll ich eigentlich wissen, was oder wer ich wirklich bin?

Oh, Göttin, ich spüre schon, wie die Amygdala sich gerade wieder aufplustert wie eine Henne kurz vorm Ei, wie Cortisol durch die Venen rauscht und sich bereit macht, das Abenteuer der Antwort zu bestehen. Stress! Schweißausbrüche, Gedankennebel.

Erstens: Alles ist gut.

Zweitens: Du brauchst ganz kleine Schritte. Ganz kleine Schritte und Magie.

MOTHER EARTH: I WILL CATCH YOU IF YOU FALL.

Jetzt mal ganz ehrlich: Gibt es etwas, wonach wir uns mehr sehnen, als danach, aufgefangen zu werden, wenn wir fallen?

Wir wünschen uns, dass da Arme sind, die uns halten, hochziehen, Taschentücher reichen, die Wunde wegblasen. Die uns umarmen, festhalten, drücken. Arme, in denen wir sicher sind.

Ist dir eigentlich schonmal aufgefallen, dass die einzige, die dich immer auffängt, die echt immer da ist, wenn du fällst, Mutter Erde ist?

Klar, jetzt denkst du „Schwerkraft". Stimmt. So nennt man das wohl. Doch du weißt bereits, dass Mutter Erde alle schwere Energie, die du ihr gibst, absolut liebt. Und das bedeutet ja, das bedeutet ja …!

Ja. Es bedeutet, dass sie dich liebt.

Verquerer Gedanke. Lass das mal so stehen.

Vielleicht hast du die Sicherheit, die dir Mutter Erde schenkt, beim Stehen und Schauen, beim Sami-Chakuy – Saiwa-Chakuy bereits gespürt. Du kannst also auf eigenen Füßen stehen.

Dann ist es jetzt an der Zeit, erste Schritte zu machen. Es wird Zeit, dass du lernst, auf eigenen Füßen zu laufen.

KOMM, LASS UNS LEDERMOKASSINS NÄHEN

Hast du beim Wort „Nähen" gerade aufsteigende Übelkeit gespürt? Kenn' ich.

Deswegen zuallererst für alle einsame Wölfinnen unter uns: Nähen klingt mehr nach dem verhassten weiblichen Handarbeitsfach, als es ist. In Wahrheit ist es voll martialisch: nämlich Büffelhaut schneiden und Nägel einschlagen. Very cool.

Ich würde dir raten, lade dir die Bastelanleitung herunter und beginne damit, deine Füße auszumessen.

♀ Wie groß ist dein Fuß?
Welchen Raum nimmt er ein?
Welchen Impact hat ein Schritt von dir?
Welchen Fußabdruck hinterlässt du?
Welchen Abdruck möchtest du hinterlassen?

Dein Fuß ist dein Fuß. Du kannst ihn nicht ändern.
Er ist genau so richtig, wie er ist.

Was wäre, wenn diese Perfektion auch in dir bereits existieren würde?

Was wäre, wenn du auch schon perfekt wärst?

Du zweifelst?
Was wünschst du dir?

Du wünschst dir Freiheit?

Dann frage dich jeden Morgen im Journal oder jeden Abend beim Gebet: Wo bin ich bereits frei?

Sei ein Detektiv! Durchforsche und rekonstruiere wirklich jede Minute deines Tages, drehe jeden noch so schweren Stein um und finde heraus: Wo bin ich bereits frei?

Frage dich: Wo ist das, was ich will, bereits da? ☠

Und dann: Geh einkaufen!

Raus aus der Komfortzone!

Suche dir ein Handarbeitsgeschäft oder von mir aus auch den anonymen Baumarkt, wo du die Werkzeuge herbekommst.

Such dir unbedingt ein analoges Geschäft, wo du dein Leder bekommst. Im Ernst jetzt, das ist wichtig: Im Internet kannst du zwar Leder bestellen, weißt aber nie, welches genau das Leder ist, das du willst und das an deine Füße gehört. Leder musst du fühlen, anfassen, riechen.

Und sammle auf diesem Miniabenteuer gleich mal noch ein paar Eigenschaften, von denen du bisher nicht wusstest, dass du sie besitzt. Solche wie Mut. Kommunikationsfähigkeit. Intuition. Neugierde.

Weißt du, auch bei so ganz simplen Aufgaben wie Nähen kann man ganz hervorragend über so Fragen wie „Wo ist das, was ich will, bereits da?" nachdenken. Das Schöne aber ist: Du kannst dich nicht in diesen Gedanken verzetteln, dich aufpumpen oder runterziehen, weil, schwups, haste dich vernäht und darfst alles nochmal auftrennen. Du wirst eine andere Denkmethode finden müssen, eine, die dem Gedanken folgt wie einem roten Faden, und zwar ohne zu fest daran zu ziehen.

Wo ist das, was ich will, bereits da.
Ich verspreche dir: Du wirst dir diese Frage beantworten können.
Bestimmt musst du anfangs ganz genau hingucken müssen, weil der Grollmaster ja noch mitredet, aber du wirst die Momente finden können, in denen du bereits bist, was du sein möchtest.
Und wenn du sie entdeckt hast, dann sei stolz auf dich.

Das geradezu Magische daran ist, dass diese Momente, die du da unterm Stein vordrehst, sich so darüber freuen, dass du sie entdeckt hast, dass sie sich vervielfachen. Du wirst also im Laufe der Zeit viel mehr solcher freien, reichen, starken, mutigen Momente entdecken. Und sie werden sich summieren. Bis du sie eines Tages nicht mehr verleugnen kannst.

So. Fertig ist dein erstes eigenes Paar selbstgemachte Schuhe. Barfuß.
Komm, zieh sie sofort an und lass uns raus auf die Wiese gehen und ein bisschen Stehen und Schauen!
Was fühlst du, spürst du da unter deinen Fußsohlen?
Wie ist es, in solch einem direkten Kontakt zu Mutter Erde zu sein?
Wie fühlst du dich?

Was sagst du? Du willst deine eigenen Schuhe, deine eigenen Füße, dein eigenes Ich gleich so richtig ausprobieren? Vielleicht noch tiefer gehen? Noch mehr erforschen?
Mehr wissen von der Verbundenheit mit der Natur, der Sicherheit in dir und der Sicherheit, die du in ihr findest? Okay.

DIE HELDIN WANDERT I

Das Zweite, was du jetzt brauchst, Darling, ist Magie. Und jemanden, der das perfekt beherrscht.

Die Rede ist nicht von der wahnsinnig abgefahrenen Magic-Light-Show aufm Rummel. Die Rede ist von der Natur.

Vielleicht hast du schon einmal magische Momente mit der Natur erlebt. Erinnerst du dich?

Was hast du gesehen?
Was hast du gerochen, geschmeckt?
Was hast du gefühlt?
Und: Wie hast du dich gefühlt?

Ich finde ja, dass das unglaublich intime Momente sind, fast ein bisschen wie bedingungslose Berührung zwischen zwei Liebenden.

Das weiche, ein bisschen erdig riechende Moos, auf dem ich liege.

Der warme Regen, der auf mich runtertröpfelt wie eine sanfte Dusche (okay, manchmal auch wie ein Wasserfall, aber dann war ich wohl dreckig 🦝).

Kennst du solche Momente?
Das sind magische Momente!

Ganz im Gegensatz zu Tom Peters „Moment of Excellence".
Hier der Chatbot zum Thema:

„Der Moment der Exzellenz bezieht sich auf einen bestimmten Zeitpunkt oder eine bestimmte Situation, in der eine Person oder eine Gruppe von Menschen außergewöhnliche Leistungen erbringt. Es ist ein Augenblick, in dem jemand sein volles Potenzial ausschöpft und herausragende Ergebnisse erzielt. Dieser Moment kann in verschiedenen Bereichen auftreten, wie im Sport, in der Kunst, im Beruf oder in persönlichen Beziehungen. Es ist ein Moment, in dem alles perfekt zusammenkommt und die Person oder Gruppe ihr Bestes gibt."[27]

„Außergewöhnliche Leistungen!", „Volles Potenzial ausschöpfen!", „Herausragende Ergebnisse!", „Das Beste geben!"
Hammer, oder? Is this a man's world?
Aber sowas von!!!
Bigger, better, faster, more. Und dann klappt's auch mit der Exzellenz?

Da stellen sich mir gleich jede Menge Fragen (und vielleicht auch dir, jetzt, wo du den Wörtern schon genauer unter die Soutane schaust …). Los, lass uns diese Superlative ein bisschen zerrupfen!

„Das Beste geben" – fällt dir da nicht sofort auch der Spruch ein: „Sie wollen nur unser Bestes, das kriegen sie aber nicht!"?
Sehr schöner Spruch! Du solltest ihn dir an den Spiegel kleben, damit du ihn nicht wieder vergisst.

---

27 OpenAI's ChatGPT Sprachmodell 3.5, Antwort auf die Frage „was ist der Moment of Excellence", 2.9.2023 18.26 Uhr.

„Potenzial ausschöpfen". Das ist tricky, weil eigentlich klingt das doch gut, oder?

Ersetzen wir das Subjekt, um das Prädikat zu untersuchen:

Einen Eimer ausschöpfen.

Was bedeutet das?

Der Eimer ist zuerst voll, dann kommt jemand mit einer großen Kelle, nimmt, was er kriegen kann, und schöpft ihn aus.

Danach ist der Eimer leer.

Das kennst du auch?

Jemand hat dich gebeten, dein Bestes zu geben, dein volles Potenzial auszuschöpfen?

Was ist übrig geblieben?

Ein leerer Eimer. Eine ausgezuzelte Weißwursthaut.

Und diese Ausbeutung, diese Erschöpfung soll der Moment der Exzellenz sein?

Die einzig wichtige Frage ist:

Wenn du leer bist, wie füllst du dich dann wieder auf?

Gibt's da 'ne Tankstelle?

Die Antwort lautet Ja.

Einige Möglichkeiten hast du bereits kennengelernt, die sehr freundlich anzuwenden sind, ganz einfach von zu Hause, deiner Komfortzone aus, deiner Couch.

Aber jetzt hast du schon Schuhe. Das heißt also, du hast Füße. Und das heißt wiederum: Du kannst alleine laufen.

Was also kannst du tun, um magische Momente in dein Leben zu holen?

MAGIC MOMENTS

– war da nicht was mit Schokolade? So kleine, fiese, zartschmelzende Dinger, die einem auf der Zunge zerfließen und zuerst am Gaumen und später auch im Hirn eine wahre Geschmacksexplosion auslösen, wo man schlagartig erkennt: Das muss Fülle sein. Göttin, muss das geil sein, wenn man sowas immer haben dürfte ...

Dann komm doch mal mit mir auf Heldinwanderung, da haste mehr als üppig davon!

Aber jetzt im Ernst ...

GLAUBE NICHT SCHON ALLES ZU WISSEN

Wenn wir so durch die Welt laufen, dann laufen wir meist nicht durch die Welt. Wir durchqueren sie nur. In Wahrheit berühren wir sie nur mit unseren Füßen. In Wahrheit sind wir mit unseren Gedanken ganz woanders. Im Büro, in der Küche, beim nächsten Buch ... die Fluchtorte sind mannigfaltig.

Was soll das auch?
Wir kennen den Weg, sind ihn schon tausendmal gegangen, wir wissen schon alles. Zumindest glauben wir, schon alles zu wissen. Und sollte der Extremberührungsfall doch einmal vorkommen, dann sagen wir „ah!" und „oh!", machen ein Foto und fragen Google Lens nach der Bedeutung. Damit wir wieder alles wissen.
Dann nehmen wir es und setzen es schön geordnet in unser Hirnregal – um es bald darauf wieder zu vergessen.

Wenn wir aber einen Magic Moment wollen, dann müssen wir ernsthaft die Möglichkeit in Betracht ziehen, dass es etwas gibt, wovon uns die Welt erzählen will. Und das wird etwas Neues sein. Und selten in Google zu finden.

AS SLOW AS POSSIBLE

Die effektivste Art der Flucht vor diesem neuen Wissen ist die Eile.
Wenn du auf gar keinen Fall einen magischen Moment erleben willst, dann hetze am besten den ganzen Wanderweg entlang! Reiße die Kilometer runter, damit du dir nachher stolz auf die Schulter klopfen kannst, weil du Tausende von Joule verloren hast!
Bleibe bloß nirgendwo stehen, um durchzuatmen oder wie ich gerade den frechen Spatzen zu bewundern, der die Körner aufpickt, die von meiner Semmel gefallen sind. Nee, geht nicht. Denn der würde entweder von meinem Wissen als tollwütig eingeordnet werden oder mir was von Mut erzählen. Und davon will ich gerade nichts hören ...
(Sorry, muss kurz den Stift weglegen und ihn einfach nur bewundern).

Eigentlich sind wir mit unserer Schnelligkeit ganz schön vermessen.
Was glaubst du, wer du bist, Mensch mit deiner kurzen Lebenserwartung?
Glaubst du, dass die Millionen Jahre alte Welt jetzt extra schneller spricht, nur wegen dir?
Die Welt spricht in ihrem Tempo, nicht in unserem. Das gilt es anzuerkennen. Und, was viel, viel schwieriger ist, das gilt es zuzulassen.

HINGABE – THE HOLY THREE

Tatsache ist, dass das bestechend Einfachste an dieser Frage nach den Magic Moments gleichzeitig auch das Schwerste ist: Es ist die Hingabe.

Was soll das sein – Hingabe?

Falls du es jetzt tatsächlich geschafft haben solltest, mir bis hierher gefolgt zu sein, die Wissensbibliothek zugesperrt und dich auf jede Bank am Weg gesetzt hast, dann kommt der schwierigste Teil.
Ich gebe zu, den schaffe ich auch nicht immer. Es geht nämlich nach der Wahrnehmung um die Berührung. Ich darf mich nämlich von dem, was ich wahrnehme, auch berühren lassen. Und damit meine ich nicht nur die brummende Hummel, die meinen Lieblingshoody gerade mit einer wohlschmeckenden Blüte verwechselt und vorsichtig durch den Haarwald auf meinem Unterarm stackst. (Gott sei Dank ist die o.g. Bib zu, sonst müsste ich nachschlagen, ob Hummeln ernsthaft stechen können).
Die Berührung, von der ich spreche, die geschieht nicht im Kopf oder im Körper. Diese Berührung passiert im Herzen. Plötzlich macht sich ein warmes und wohlbekanntes Gefühl breit. Wohlbekannt? Ja. Wir kennen es alle, wir haben es nur vergessen. Es ist das gefühlte Wissen, angebunden zu sein. Genährt. Getragen. Gehalten. Eins zu sein mit allem, was ist. Das ist eine Gefühlsexplosion, auf die weder Pfunde noch Zahnarzt folgen. Das ist wahre Fülle.

Dann geschieht er, der Magic Moment. Immer und überall. Draußen. Drinnen. In der wilden Natur genauso wie im Großstadtdschungel.

Probier's aus!

Nur einmal am Tag!

Einmal nur die Hirnbib verlassen und dich in die Langsamkeit setzen. Nix wissen, dich einfach nur berühren lassen.

Manchmal gibt es aber auch besonders brennende, zwickende Fragen. Fragen, die nicht still sein wollen. Es sind so Fragen, die weder unser Wissen, noch Google, noch das Journaling uns in einem Umfang beantworten konnten, der den Zweifel mit einem Schlag ausrottet.

Was nun tun?

Wären wir körperlich krank, würden wir jetzt in die Apotheke laufen und uns vom Apotheker unseres Vertrauens die passende Medizin empfehlen lassen. Aber es ist nichts Körperliches. Es ist mehr so was Gefühlsmäßiges oder (noch schlimmer) was Seelisches. Was macht man da jetzt?

Na, man läuft in die große Apotheke und lässt sich von der Apothekerin unseres Vertrauens die passende Medizin empfehlen!

Walking spooky

Wir treten ein in die große Apotheke Natur, schildern unser Wehwehchen, bitten um die Medizin und laufen los. So wie wir das halt auch in echt in einer Apotheke machen würden.

Und von diesem Moment an ist alles spooky! Denn von diesem ersten Schritt an, bis zum letzten Schritt, wird die Natur dich begleiten. Alles, was dir von nun an passiert, wird eine Bedeutung haben.

Und wenn ich alles sage, dann meine ich das auch so.
So wie der Apotheker wird auch die Natur dich befragen, versuchen abzuklären, was genau dein Problem ist, wo es herkommt, warum es nicht weg will, wo die Stagnation steckt oder was man halt so fragen würde, um die Ursache genau einzugrenzen.

RISIKEN UND NEBENWIRKUNGEN

Mit allem, was dir auf dem Weg passiert, wirst du selbst dein Wehwehchen besser kennenlernen, es ausziehen – Schale für Schale.
Die Natur hilft dir dabei, indem du dich in ihr immer wie in einem gigantischen Spiegel betrachten kannst, um auch die verstecktesten Stellen zu erkennen (und ja, manchmal ist es auch so ein Badezimmerspiegel, der wirklich jeden Mitesser fett vergrößert).

Was soll ich sagen?
Sie ist da ziemlich unerbittlich.
Aber auch sehr sanft. Denn sie überlässt dir die Entscheidung, das Erkannte anzunehmen oder wieder unters Make-up zu verbannen – bis zum nächsten Mal … (und das wird kommen, Schwester).
Auf dieser Reise können schier unglaubliche Dinge geschehen. Dinge, die schon tausendmal geschehen sind und die du plötzlich verstehst. Ich habe einmal zum Beispiel plötzlich erkannt, dass ich auf diesem Weg, den ich schon oft gegangen bin, doch tatsächlich über sieben Brücken gehe. Du weißt, was das bedeutet …
Plötzlich siehst du es in einem anderen Licht.

Es können auch Dinge geschehen, die dir noch nie passiert sind. Da kann es wirklich sein, dass du an einem Baum lehnst, um dich an irgendwas festzuhalten, und plötzlich erfüllt eine Aussage deine Wahrnehmung, die – und das könntest du beschwören – nicht von dir ist.

Beruhige dich: Das ist kein Dämon in dir. Es ist tatsächlich der Baum, der spricht. Und sich darüber freut, dass du endlich da bist, endlich dazu bereit bist, um zu hören, was er dir schon die ganze Zeit sagen wollte.

Du wirst bemerken, dass alle, die du triffst, sich so unglaublich darüber freuen, dass du sie endlich, endlich wahrnimmst, sie nach dem fragst, was sie dir zu geben haben. Und sie werden geben. Mehr, als du verlangt hast.

Heilung geschehen lassen

Mit jedem Schritt, den du auf diesem Weg gehst, wirst du besser zuhören lernen. Mit den Ohren, den Augen, den Händen. Und du wirst lernen, das Gehörte mit dem Gefühl und der Weisheit deines Herzens zu übersetzen. So tröpfelt die Medizin langsam und stetig in jede deiner Zellen, bis sie dich ganz erfüllen.

Dabei ist es unerlässlich, dass du dich an die drei Punkte von oben hältst:

- Glaube nicht schon alles zu wissen,
- gehe im Tempo der Natur, also laaaaangsaaaaam, und
- gib dich ihr hin.

Wenn du das alles beherzigst, wird es magisch werden. Jeder Schritt wird magisch sein.

Wenn du zurückkommst, dann vergiss nicht dich zu bedanken, wie du es auch in echt in der Apotheke machen würdest.

Und wenn du kannst, dann erzähle einer Schwester von deiner Wanderung. Damit sie bezeugen kann, dass es wahrhaft geschehen ist. Damit sie dich daran erinnern kann, wenn du es wieder zu vergessen drohst. Damit sie – und das ist das Geilste an der Wanderung – damit sie das Gehörte in menschliche Worte fassen kann, die bei ihrer Wiederholung endlich auch dein gemartertes Hirn einbalsamieren.

Mich rührt das jedes Mal zu Tränen, wenn ich aus dem Mund eines anderen höre, wie wundervoll das war, was mir zuteilwurde. Weil ich es dann erst wirklich glauben kann.

So eine echte Sis sieht auch durchaus mal was ganz anderes als du. Etwas, was du partout nicht aufm Schirm hattest, aber trotzdem so klar ist wie ein frischgeschlüpfter Gebirgsbach.

Jaja, wir können das gut, das Dran-vorbei-Schauen – und das ist meistens auch gar keine Absicht. So passt die Sista gut auf, dass du nix verpasst.

DIE HELDINWANDERUNG

Für Listenliebhaber hier der genaue Ablauf (an dessen Regeln du dich halten solltest, um erfolgreich die Grollmaster zu zügeln):

1. Welche Frage beschäftigt dich gerade? Welche Antwort kannst und kannst du nicht finden, trotz aller Meditation, Journaling, Therapiesitzung? Werde dir ganz klar darüber und dann biege sie in einen Fragesatz: „Wie kann ich …" – es geht um dich, und zwar ausschließlich um dich. Fragen wie „wie kann XY sich verhalten, damit ich …" haben hier nix verloren.

2. Finde deine Schwelle. Ich nehme dazu gerne direkt die Haustür, das erleichtert das ganze ungemein. Das kann aber auch der Bürgersteig, deine Autotür oder ein sorgfältig am Start- und Zielpunkt deiner Wanderung ausgelegter Ast sein.

3. Mach dir deine Frage noch einmal ganz klar. Fühle sie! Spüre, wie eklig sie dir im Nacken sitzt. Und damit verbunden: Spüre, wie sehr du die Antwort herbeisehnst, die heilende Medizin.

4. Bitte Mutter Natur darum, dich auf deiner Wanderung zu begleiten und dir die Frage zu beantworten.

5. Tritt BEWUSST über die Schwelle und lass dich führen.

6. Folge deiner Eingebung, lass dich von deiner Seele nach rechts oder links ziehen. Und zwar auch dann, wenn das bedeutet, dass du durch Matsch oder durchs Gebüsch musst. Du weißt nicht, was dich dahinter erwartet. Viel-

leicht DER Schatz? Wenn du die breite Straße noch nicht verlassen kannst, ist das auch okay. Es gehört zu deinem aktuellen Prozess. Nimm das wahr!

7. Nimm wahr. Lass dich berühren. Das, was du explizit wahrnimmst, hat (meist) eine Bedeutung.

8. Auf deiner Wanderung wirst du alles unterlassen, was dich von dir ablenkt: Du wirst nicht Google fragen, du wirst nicht rauchen, du wirst nicht essen, du wirst dich nicht mit Menschen unterhalten („Grüß Gott" gehört zum guten Umgangston, das sagste bitte trotzdem), du wirst nicht am Handy hängen (wie sagte ich mal zu einem Mentee, nachdem er mir von seiner Heldinwanderung berichtet hatte? „Und als er dann sein Handy in den Flugmodus geschaltet hatte, da war er selbst bereit zu fliegen").

9. Wenn deine Wanderung zu Ende geht (das sollte aber schon erst so nach drei Stunden sein!!!), dann tritt wieder über die Schwelle und bedanke dich anständig bei der Natur und dir. Ihr habt einen nährenden, fülligen Tag miteinander verbracht!

10. Ruf eine Schwester an, verabredet euch zur Sistertime und erzähle deine Geschichte, damit du sie nie mehr vergisst.

DIE GROßE Illusion II

Es wird Zeit, einen nächsten Blick hinter die Schleier zu werfen, die mann so Realität nennt.

Du glaubst, dass diese Realität, die dich umgibt, genau so geschieht, wie du sie wahrnimmst. Schließlich kannst du sie fühlen.

Die Wahrheit allerdings ist anders. In Wahrheit sitzt du in deinem Kopfkino und projizierst permanent Bilder auf deine innere Leinwand, die durch deine Geschichte und Erfahrungen geprägt sind. Den größten Teil deines Wachlebens bist du damit beschäftigt, dir selbst den abgefahrensten Hollywood Blockbuster zu erzählen!

Wie geht das?

Wir sind permanent Reizen ausgesetzt. Alle Reize erhalten von uns eine Reaktion, die meistens Sinn macht. Wenn ein Säbelzahntiger auftaucht, ist es durchaus von Vorteil, darauf mit Wegrennen zu reagieren. Wenn ich vor einem Marienkäfer wegrenne, dann ist da schon was im Argen. Irgendwann scheint in meinem Leben eine Prägung stattgefunden zu haben, die den harmlosen Marienkäfer wie einen gefährlichen Tiger wahrnimmt – und reagiert. Und zwar immer, wenn es einen Marienkäfer sieht.

Dein Gehirn hat daraus also bereits ein immer wieder anwendbares Konzept gemacht und bald wird es dieses Konzept in einen Glaubenssatz packen, den du dann, unbewusst, da eingeübt, zur Basis deiner Handlungen machst.

Lass mich dir das am Beispiel der Posttraumatischen Belastungsstörung (PTBS) erklären. Die steht im ICD 10 und ist deswegen so schön strukturiert. Außerdem durfte ich mit ihrer Hilfe quasi am eigenen Körper lernen, wie Bewusstsein funktioniert[28].

Bei der PTBS handelt es sich um eine psychische Störung, die nach dem Erleben eines traumatischen Ereignisses auftreten kann (und

---

[28] Und ich wiederhole gerne noch einmal: Die Heldinreise geht tief, aber nicht jede muss so tief tauchen wie ich.

mehr als die Hälfte der Menschheit hat bereits ein traumatisches Erlebnis erfahren). Symptome können Flashbacks, Albträume, Angstzustände, Schlafstörungen und emotionale Taubheit sein. Auch Vermeidungsverhalten steht im Ranking ganz oben: Besonders traumatische Reize werden generalisiert und dann auf alles übertragen, was dem ähnelt, z. B. werden öffentliche Räume generell gemieden – aufgrund der Erinnerung an den einen öffentlichen Raum, in dem das Trauma geschah. Das können auch andere Sinnesreize sein, Gerüche, Geräusche, Berührung. Sie triggern, das heißt, sie lösen sofort Alarm aus, obwohl objektiv keine Gefahr besteht.

The tricky trigger-thing is, dass dabei Gefühle im Spiel sind, die sich nicht nur echt anfühlen, sondern auch echt sind[29]. Auch ich habe, jetzt beinahe zehn Jahre nach dem Trauma, noch immer Angstzustände, wenn ich getriggert werde. Ich falle noch immer fast automatisiert ins Freeze, also in die Schockstarre. Dazu gesellen sich dann auch körperliche Symptome, denn der Körper spielt da ja mit, Schweiß bricht aus, Muskeln spannen sich an.

Da bin ich froh um das neue Wissen, dass alles nur in mir, auf meiner Leinwand geschieht. Ich schaffe mir Zeit zu atmen. Und wenn es nur diese eine Sekunde ist, die ich mir verschaffe, denn diese eine Sekunde der Achtsamkeit ermöglicht es mir, aus dem Film

---

[29] Ja, so ist es, unser „implizites Gedächtnis". Es speichert neben unbewusst erlernten Fähigkeiten und Verhaltensweisen, die ohne bewusstes Nachdenken abgerufen werden können (wie Fahrradfahren) auch emotionale Reaktionen, die unbewusst mit bestimmten Erlebnissen oder Reizen verknüpft sind. Diese Emotionen können unwillkürlich auftreten, etwa Angst in einer bestimmten Umgebung, ohne dass man sich an die auslösende Situation bewusst erinnert. Solche emotionalen Erinnerungen entstehen häufig in Verbindung mit frühen Erfahrungen oder Traumata.

auszusteigen. Aktiv und selbst-bestimmmt zu sein, statt einfach nur weiter zu re-agieren auf das, was da „von Außen" auf mich ein-prasselt.

Es ist möglich, aus dem Film auszusteigen, der da in Dauerschleife läuft! Es erfordert Übung, und es gelingt. Es gelingt.

Wenn wir sagen, dass Menschen „im Film sind", meinen wir ja, dass sie sich in einer subjektiven, emotional aufgeladenen Wahrnehmung befinden, die nicht immer mit der Realität übereinstimmt. „Aussteigen" ist dann der Versuch, wieder Bodenhaftung zu gewinnen und objektiver zu sein, sowas wie ein Realitätscheck.

Du musst keine PTBS haben, um einen „Film zu schieben", sowas passiert häufiger als du denkst. Da reicht es schon, dass du einen wichtigen Termin hast und keinen Parkplatz findest. Über diesen Film hat Grönemeyer recht erfolgreich ein ganzes Lied gesungen.

Oder eine kleine Meinungsverschiedenheit mit einem Freund, die sofort als Ende der Freundschaft interpretiert wird. Auch der Kollege, der glaubt, dass ein kleiner Fehler bei der Arbeit dazu führen wird, dass er gefeuert wird, ist in seinem Film. Du siehst, das Sujet dieser Filme ist mannigfaltig wie in Hollywood und die Emotionen, die in jedem Beispiel stecken, brodeln gefährlich hoch. Und tatsächlich: In den meisten Fällen sind diese inneren Filme dystopische Heldenreisen, die was mit Kampf und dem Erlegen von grausamen Drachen zu tun haben.

Und, bitte, lass es mich an dieser Stelle noch einmal wiederholen: Auch wenn ich hier im Buch tief tauche – die Übungen im Buch ersetzen NICHT den Gang zum Therapeuten. Und zwar gehst du da so lange hin, bis du dich in dir und mit dir safe fühlst und weißt, wie du dieses Gefühl jederzeit wieder herstellen kannst.

♀

Spieglein, Spieglein an der Wand …

Wie kommst du nun aus dem Kino?

Fangen wir mit einer anderen Frage an:
Wie oft beSCHWERst du dich?
Hast du mal beobachtet, wie oft du dich beschwerst?
Probier doch stattdessen mal Folgendes: Statt dich zu verurteilen, schau einfach nur zu. Immer wenn du dich beschwerst, sag innerlich: ‚Aha, interessant!‘ – und lass es weiterziehen. Keine Bewertung, einfach nur Beobachtung.

Was, wenn du die Geschichte, die du dir bisher über dich und alles andere erzählt hast, verändern kannst? Es ist Zeit dafür.

Es ist Zeit dafür, die Geschichte zu ändern, die du dir normalerweise so erzählst.

Was glaubst du, was passiert, wenn du dich nicht mehr über Dinge und Menschen beschwerst, die du nicht verändern kannst?

Wenn du aufhörst damit, dir täglich mehrere Stunden lang zu erzählen, dass XY ein absolutes A ist, weil er … und dann würdest du … und wenn er nicht … dann könntest du … Das führt zu nichts außer zum Gedankenkarussell, in dessen Mitte der Beschwerdeführer mit dem Megaphon steht und rumschreit.

Ich meine damit nicht, dass du den Beschwerdeführer in deinem Kopf den Mund verbieten sollst. Ganz im Gegenteil, lass ihn reden! Es ist absolut okay, wenn er in deinem Kopf mal wieder so richtig auf den Putz haut.

Lass ihn da sein. Unterdrücke ihn nicht.

Er wird von selbst weiterziehen, wenn er sich Luft verschaffen DURFTE.

Ich würde dir ja raten: Habt Spaß miteinander!
Ihr werdet so viele tolle neue Schimpfwörter erfinden …

Danke, Bloody Mary, du hast absolut recht.

Und dann

HOL DIR DEINE VERANTWORTUNG ZURÜCK

Wie geht's dir jetzt, nachdem du den Inhalt deines aufgewühlten Gefühlslebens an die frische Luft gebracht hast?

Besser? Gut so. Und jetzt atme kurz durch – denn nun wirst du die **Verantwortung zu dir zurücknehmen.**

Du verstehst schon, du schiebst sie nicht auf andere, sondern du HOLST SIE DIR ZURÜCK!

Verantwortung bedeutet nicht, dass du schuld bist. Verantwortung bedeutet, dass du die Zügel in die Hand nimmst. Ein einfaches Beispiel: Wenn du einen Fehler machst, kannst du dich verurteilen – oder einfach sagen: „Okay, das gehört mir. Und ich kann es ändern."

Selbstverantwortung ist wie eine hohe Auszeichnung, ein fetter Pokal, der in deine Arme gehört! Den du stolz in die Höhe streckst!

♀ Okay, und natürlich habe ich da wieder eine Frage an dich: Übernimmst du eigentlich Verantwortung für dein Jetzt?

Verantwortung zu übernehmen, heißt nicht, Schuld auf dich zu nehmen!
Es ist ganz praktisch gedacht:
Wenn dir ein Glas runterfällt, gibst du dann zu, dass es in deiner Verantwortung liegt, dass es runtergefallen ist, oder schiebst du die Schuld auf die Schwerkraft?
Wenn du einen Strafzettel bekommst, weil du zu schnell gefahren bist, trägst du dann die Verantwortung oder schiebst du die Schuld auf den depperten Autofahrer hinter dir, der so gedrängelt hat?

Ich glaube, du merkst schon, worauf ich hinauswill. Achte im Alltag mal darauf und dann übernimm Schrittchen für Schrittchen die Verantwortung für DICH. Und zwar nur für dich.

ACHTSAMKEIT IM KREATIVRAUM

Dein Kreativraum ist ein hervorragendes Übungsfeld, um Verantwortung für dich zu übernehmen.
Gerade auch deswegen, weil viele der Filme im Kreativraum starten. Deswegen ist es immens wichtig, dass wir deinem Kreativraum nun ein paar Worte schenken.

Dein Kreativraum ist dein absoluter safe space! Hier lernst du, dich zu öffnen.
Deswegen ist es wichtig, dass du die Maxime „Kreativraum = safe space" unbeeindruckt von allem, was im Außen passiert, umsetzt.

Stell dir das vor wie bei der Queen's Guard vor dem Buckingham Palast, du weißt schon, die mit der roten Tunika und dem hohen schwarzen Bärenfellhut. Stell sie vor deine Türe! Denn …

Die Kritiker, die immer gleich pauschalisierend ALLES schlecht machen, was du bist, saugen deine Kreativität aus. Sie bewerfen dich mit ihren pauschalisierten Abwertungen und du stehst dann da mit Augen, die sich im Kreis drehen, wie bei Mogli nach der Begegnung mit der Schlange Ka. Gedankennebel …
Sie erzählen dir völligen Quatsch! Denn …

In dem Moment, wo du etwas erschaffst, bist du die kreative Schöpferin.
Du bist diejenige, die produziert, die im Zentrum der Handlung steht.
Du bist diejenige, die deine Sicht auf die Dinge erzählt, die Wahrnehmung offen interpretiert.

Was wäre, wenn wir alle diese Fähigkeit in uns hätten?
Die Fähigkeit, unsere Welt zum Ausdruck zu bringen, um sie zu verstehen, und dieses Verständnis in die Realität umzusetzen?
Die Fähigkeit, den Raum der Interpretation überhaupt freizugeben und wieder zu öffnen?
Es würde die Nebel lichten, meinst du nicht?

Was geschieht denn, wenn wir ein Kunstwerk betrachten?
Unsere Augen sehen, unsere Ohren hören, unsere Sinne sind aufmerksam und gleich mehrere Bereiche des Gehirns werden akti-

viert und entschlüsseln den Rhythmus, die Melodie oder die durch das Zuhören verursachten Emotionen des Kunstwerks.

Gleichzeitig bewegt sich das Auge beim Betrachten eines Kunstwerkes strategisch nach präzisen Punkten, versucht es zu erfahren. Die neuronalen Prozesse, die bei der visuellen und auditiven Wahrnehmung am Werk sind, stellen dann den ersten Schritt zur ästhetischen Erfahrung dar. Wir schreiben also unser Gehirn neu, ist das nicht irre?

Werde kreativ

Ich finde, du solltest dich mit dem Gedanken anfreunden, Künstlerin zu werden.

Geh doch einfach mal in einen Laden für Künstlerbedarf und schau dich dort um. Was reizt dich? Was würdest du gerne ausprobieren? Aquarell? Speckstein? Häkeln?

Lass zu, dass du dich ausprobierst!

Das Erste, was dir ins Auge fällt, muss nicht das sein, was dir auch tatsächlich entspricht. Mein Weg führte von Aquarellfarbe über Dispersionsfarbe über Ton zu Speckstein.

Es war ein Weg von Trial-and-Error, bis ich erkannt habe, dass es für mich um Entspannung in der Anspannung geht. Ich liebe es, den Stein sachte und doch fest in meiner Hand zu halten, während ich ihn schleife. Ich muss ihn fest genug halten, damit ich mit der Feile nicht abrutsche, darf ihn aber auch nicht zu sehr drücken, da er sonst bricht.

Geh auf Forschertour! Probiere aus! Fühle! Was passiert da mit dir? Wo fühlt es sich falsch an, wo richtig? Womit fühlst du dich wohl? Und vor allem: Wo fühlst du dich?

Resonanzraumflüstern: Lass die Fragen in dir nachklingen und lausche auf das, was in dir antwortet. Heute:

Welche unbewussten Muster zeigen sich jetzt, die dich bislang unbemerkt gesteuert haben?

(Welche wiederkehrenden Verhaltensweisen oder Gedanken fallen dir jetzt auf? Wo wiederholst du etwas, ohne es bewusst zu wollen?)

Welche inneren Stimmen klingen wie „Wahrheit", aber gehören gar nicht zu dir?

(Gibt es Überzeugungen, die sich unumstößlich anfühlen, aber nicht wirklich deine sind? Wo hast du Meinungen übernommen, die dich begrenzen, statt dich zu stärken?)

Kapitel 4: Der illusorische Lohn des Erfolgs

„Nichts mehr war von ihrer Angst übrig geblieben als ein Mückenschiss"[30]

Ach, schau mal, was da so am Straßenrand liegt. Scheint wohl jemand verloren zu haben – oder nicht mehr gebraucht, was meinst du?

☠ Die Trockenhaube

Weißt du, dass Männer toll sind und schon immer alles drangesetzt haben, uns Frauen das Leben zu erleichtern – auch wenn das eigentlich bei dem bisschen Haushalt gar nicht nötig wäre? Weil keine Säbelzahntiger in der heimischen Küche (ja ja, aber draußen …).

Männer haben Frauen das Leben erleichtert, zum Beispiel durch die Erfindung der Schwebehaube. Erinnerst du dich? So ein Plastikhut, den frau aufsetzt und der sich dann mit warmer Luft aufbläst?

---

[30] Geena nach überstandenem Abenteuer in AlexAndresk: Geena und der Mückenschiss, Norderstedt 2022

Warum das toll ist? Na, vorher musste frau regungslos unter der unflexiblen Trockenhaube aushalten, war also quasi zum *Dumm Rumsitzen* verdammt, während die Wäsche vor der Waschmaschine verschimmelte und der Braten im Rohr roh blieb.

Aber jetzt, mit der Schwebehaube, da konnten Frauen sich plötzlich *beim Haaretrocknen bewegen*! Diese Erfindung war quasi ihr Aufstieg in den *Multi-Tasking-Himmel*![31]

Et voila, I proudly present: *der illusorische Lohn des Erfolgs!*

Lass uns wieder hierher schauen.

SUPER-FRAU: NICHT PERFEKT, DAFÜR ABER SOWAS VON GENUG

Die Heldin hat sich ihren Platz im männlichen Himmel also erkämpft.

Und auf dieser Reise zu den Gipfeln des Erfolgs, hat die Heldin wider unser besseres Wissen, wider unsere Intuition, wider jegliche Vernunft, gelernt und Trockenhaubendankbar praktiziert, Treppen-

---

[31] Dieser Aufstieg begann effizient und leistungsorientiert im Jahre 1930 durch die Erfindung von Vorwerks „Kobold", eines kombinierten Staubsauge-Trockenhaube-Fellpflegegerätes. Dass er überhaupt erfunden wurde, lag daran, dass Grammophone damals sowas von out waren, man aber jede Menge Motoren rumliegen hatte … - kleiner Fun Fact am Rande: Loriot hat sich dieses Gerätes in seinem Sketch „Der Vertreterbesuch" angenommen und hat den Werbeslogan „es saugt und bläst der Heinzelmann, wo Mutti sonst nur saugen kann" geprägt. Der Kobold jedenfalls führte zu zahlreichen „Penisverletzungen bei Masturbation mit Staubsaugern" - im Ernst jetzt, gibt's sogar ne Diss drüber … vgl. dazu Wikipedia: Vorwerk (Unternehmen) – Kulturelle Rezeption von Produkten und Kontroversen. In: *Wikipedia.*
https://de.wikipedia.org/wiki/Vorwerk_(Unternehmen)#Kulturelle_Rezeption _von_Produkten_und_Kontroversen (Stand: 07.01.2025)

stufe für Treppenstufe in eine zutiefst schmerzhafte und oft verletzende Phase von Ängsten, Tränen und Traumata einzutreten. Hier oben weht ein kalter Wind, hier wird nicht lang gefackelt. Wenn nicht du, dann eben eine andere.

Und so kämpfen wir gegen die Stimmen, die in uns immer lauter werden und damit beginnen, sich anzuplärren.

Auf dem Schlachtfeld stehen unsere Abhängigkeiten (etwa von vermeintlichen Sicherheiten), unsere Glaubenssätze (wie eine Frau von heute zu sein hat), die Überzeugungen (ob das wirklich deine sind, werden wir noch klären) und Unsicherheiten (ja ja, so ein unterwürfiger Augenaufschlag a la Betty Boop schafft fürs Erste mehr Sicherheit als klare Worte ...).

Wir kämpfen gegen alle, um beruflich erfolgreich zu sein, wir gründen eine Familie, um den gesellschaftlichen Erwartungen gerecht zu werden. Kurz: Wir werden Superfrau!

Doch diese Rolle erfordert einen hohen Preis!

Erstens mal, weil Frauen das nicht haben, was unsere Väter und Vorväter einst als selbstverständlich betrachteten – Unterstützung und Wertschätzung durch einen liebevollen Menschen, einen Beschützer im Hintergrund, jemanden, der sich um sie kümmert, der kocht, wäscht, ihre ermüdeten Kämpferarme massiert und ihre Triumphe zu schätzen weiß. Ist doch so: Hinter jedem erfolgreichen Mann steht seine Frau. Tolles Lob, vielen Dank dafür.

Zweitens, weil der Druck, produktiver und unabhängiger als Männer zu sein, uns in die absolute Selbst-Miss-Achtung führt, bis hin zu Selbstverleugnung und der Entfremdung von uns selbst.

Wir verlernen regelrecht, „Nein" zu sagen. Wir vernachlässigen unsere eigenen Bedürfnisse – immer getrieben von diesen unermüdlichen Galeeren-Trommelschlägen, immer getrieben vom Irrglauben, nie gut genug zu sein.

Frau müsste den Mut finden, ihre Grenzen zu erkennen. Und zu lieben.

Frau müsste den Mut finden, sich selbst zu ermächtigen, und zuzugeben, dass sie vollkommen ausreicht, so wie sie ist: nicht perfekt, dafür aber genug.

ARIADNE UND DER MINOTAURUS

Ich kann mir diesen Hollywood-Schinken so richtig gut vorstellen. Opulent, strahlend, gigantisch! Riesig und unübertrefflich!

Großaufnahmen von markantem Männerkinn in der dunklen, spinnwebenverhangenen Höhle und später inmitten des Runds der Akropolis, gefeiert von Tausenden von Menschen, die auf den Rängen jubeln. Männern gehört auch im Bildformat die Welt[32].

Und dann selbstverständlich der Kuss, perfekt, um zu zeigen, welcher Zelluloid-Raum der Frau zugestanden wird: das Close-up eines ebenmäßigen, weichen Gesichts vor unscharfem, nichtssagendem Hintergrund. Da darf man die Welt nicht sehen. Weil die Frau darin nichts zu suchen hat.

Gut. Das Set ist klar. Kamera auch. – Müsste nur ganz kurz geklärt werden, wer da eigentlich spielt.

Theseus ist Richard Burton, er hat sie alle gespielt. War in seinem Bühnenleben ganz oft schon Held und weiß also, wie's geht. Außerdem küsst er angeblich so gut ... Vielleicht aber auch Rock Hudson, da wüsste man wenigstens schon zu Beginn, dass ausge-

---

[32] Vgl. dazu den Dokumentarfilm von Nina Menkes: „Brainwashed – Sexismus im Kino" (Originaltitel: Brainwashed: Sex-Camera-Power).

rechnet er jetzt mit Sicherheit nix von Ariadne im Besonderen und dem weiblichen Geschlecht im Allgemeinen will. Außerdem ist er sooo ein perfekter Schwiegersohn …

Ebenbürtige Ariadnes wären selbstverständlich Liz Taylor oder Romy Schneider, das wissen wir noch nicht – aber wir wissen sowohl, was aus der einen, als auch, was aus der anderen geworden ist. Ob das ein Hinweis sein kann? Dann gebe ich dir einen Tipp: Versuch's mal mit Shirley McLaine …

Aber jetzt zur Handlung:

Ariadne war die Tochter von König Minos, dem Herrscher über Kreta. Ihr Vater entschied, dass Athen alle neun Jahre sieben Jünglinge und sieben Jungfrauen schicken sollte, um dem Minotaurus, einem furchterregenden Wesen mit dem Kopf eines Stiers und dem Körper eines Menschen, geopfert zu werden. Der Minotaurus war im Labyrinth des Königs Minos eingesperrt, einem komplexen Irrgarten, aus dem niemand entkommen konnte.

Als Theseus, der Prinz von Athen, sich auf den Weg machte, den Minotaurus zu besiegen, verliebte sich Ariadne in ihn. Um ihm zu helfen, schenkte sie ihm einen magischen Faden und erklärte ihm, wie er ihn verwenden könnte, um den Weg im Labyrinth zu finden und sicher wieder herauszukommen. (Siehste, die starke Frau hinter dem berühmten Mann …).

Theseus folgte dem Faden, besiegte den Minotaurus und kehrte (mit Ariadne) nach Athen zurück. Dort feiern sie bestimmt ein riesiges Fest mit Feuerwerk und allem Drum und Dran und bauen Theseus ein Denkmal.

Was bleibt ist ein durchlaufenes Labyrinth, ein erlegter Minotaurus und der schale Geschmack von getrocknetem Theaterblut und verbrannter Erde.

Doch lass uns nur für einen klitzekleinen Moment darüber nachdenken, was wäre, wenn es in der Geschichte nicht um den heldenhaften Theseus geht, sondern ganz im Gegenteil um die Prinzessin Ariadne?

Blicken wir zurück. Ursprünglich war Ariadne eine Göttin – Göttin der Fruchtbarkeit und der Unterwelt – und wurde als solche auch verehrt.

Erst viel später, dann nämlich, als das Patriarchat brutal Einzug gehalten hatte, wurde sie zu einem Menschen degradiert. Entmachtet.

Mir persönlich ist es ja egal, ob sie Göttin ist oder „nur" ein Mensch. Letztendlich macht das keinen Unterschied. Es sei denn, jemand will genau diesen Unterschied provozieren.

JeMANNd.

Dabei hatte das matrilinear strukturierte Kreta einen ziemlich klugen Plan: Nämlich die alles kurz und klein schlagenden Athener zu erziehen (also zu erheben!), indem man sie dazu zwang, die vorpubertären Jungs und ebenso viele Mädels für ein paar Monate auf Kreta zu schicken – damit sie ein Zusammenleben auf Augenhöhe erstmal kennenlernen und so lernen und weitertragen konnten.

Es ist durchaus vorstellbar, dass einige dieser (nun erwachsen gewordenen) Jungs nach einem Leben in Frieden und Wertschätzung schlicht und einfach keinen Bock mehr hatten, in ihre „Mach dir die Erde, ach, was sag' ich, mach dir alles untertan"-Gesellschaft zurückzukehren und deshalb auf Kreta blieben.

Klar, was dann in Athen los war. Wie sollte man sich da auch vorstellen können, dass es etwas Besseres als das Eigene geben könnte? (Wir erinnern uns? „Des hamma noch nie g'habt, des brauchma auch nicht")

Und wahrscheinlich erzählten die „Männer", die zurückkamen, wilde Geschichten von grausamen Monstern, um zu beweisen, dass sie auf Kreta eben nicht in ihrer Weiterentwicklung gescheitert waren, sondern im Gegenteil im Sinne des Althergebrachten gewonnen hatten.

Ist auch klar, dass man dazu keine Göttin brauchen konnte –

sondern eben nur eine initiierte Frau, die einem die alten Riten erklärt, wenn man sie braucht.

Die nimmt man dann als Beweis mit, vergisst sie aber zufällig auf einer Insel, so wie man ein Souvenir im nächsten Hotelzimmer einfach liegen lässt. Bevor man nach Hause fährt und die Geschichte erzählt, die einen zum starken Helden kürt.

So ist Theseus das auf der Heimfahrt wohl mit Ariadne passiert. „Uuups, da hab' ich doch glatt diese – wie hieß sie noch gleich? – vergessen …"

Was aber waren nun die Geheimnisse, die Ariadne Theseus verraten hat?

Na, das ist nicht schwer, geht man von ihrer Rolle als Fruchtbarkeits- und Unterweltsgöttin aus. Es war nichts mehr und nichts weniger als das Geheimnis von Tod und Leben und dem Fluss dazwischen.

Es war nur das Begreifen dessen, dass das Leben zum Leben führt. Dass wir zurück müssen zum Ursprung in uns, zu dem, was wahrhaft in unserem Inneren ruht und schon viel zu lange geschlafen hat.

Das Begreifen dessen, dass der wahre Drachen, der uns davon abhält, uns selbst zu leben, nur in uns wohnt. Bis wir uns entscheiden, uns selbst zu lieben. Mehr als alles andere.

Die Doppelaxt, fester Bestandteil des Labyrinths, schneidet alle diese verqueren Glaubenssätze und Moralvorstellungen ab. Nach beiden Seiten.

Nach innen und nach außen. Denn es ist eins.

☠

Wir werden nicht lieben, solange wir uns nicht zuerst selbst lieben.
Kannst du das? Bist du es dir wert?

Was aus Ariadne wurde?

Nun, die düsterste Version ist, dass sie sich vor lauter Gram, dass Theseus sie auf eine solch perfide Art verarscht hat (indem er ihr Liebe vorgaukelte, um seine eigenen Bedürfnisse zu befriedigen), von einem Felsen in den Tod stürzte. Das ist wohl auch für Theseus die bequemste und für viele ent-täuschte Frauen auch heute noch das einzig verbliebene Mittel.

Ich hingegen wähle die andere Variante.

Ariadne verbleibt auf Naxos und schart dort alle anderen Frauen um sich, die sich ebenso wie sie einer einst schillernden und jetzt zerplatzten Hoffnung hingegeben haben – Hoffnung aus dem, was das Patriarchat so Liebe nennt, während es Gehorsam meint.

Man nannte sie Mänaden und sie waren weit über die Grenzen der Insel hinaus bekannte und verehrte „wilde Weiber".

Frauen, die ihre Natur und ihre eigenen Bedürfnisse lebten und sich weigerten, sich bestehenden Systemen zu unterwerfen. Frauen, die sich eine eigene Welt schufen – fern von den Normen, die ihnen diktiert wurden.

Die, wenn es sein musste, durch Schlamm robbten, lachten, weinten, schrien, schwiegen, sich dem Leben hingaben und es feierten. Deren Kathedralen aus Bäumen bestanden und deren Altäre die ihnen gleichwertige Natur war.

Die, die selbst entscheiden. Die, die sich und ihre Bedürfnisse achten. Die, die wissen, wer sie sind.

Nämlich nichts mehr und nichts weniger als sie selbst. Bist du es dir wert?

Worauf bist du stolz?

Und wie viele von den Dingen, auf die du stolz bist, haben mit dir zu tun? Wenn du dich mit Stolz schwer tust, versuche mal, dich zu fragen: Welche Momente in meinem Leben mit mir waren schön für mich?

Die Sache mit der Dankbarkeit

Das Problem mit der Dankbarkeit ist mal wieder unsere Prägung: Jemand, der Kritik an etwas übt, wird von uns als Experte eingestuft (je lauter, desto klüger).

Jemandem, der von schönen, positiven Dingen erzählt, glauben wir nicht. Ganz im Gegenteil. Wir unterstellen ihm stattdessen, dass er uns etwas verkaufen will. Stimmt's?

Und das ist der Grund, warum wir selbst selten auf die Dinge achten, die gut laufen. Stattdessen fokussieren wir uns mit Inbrunst auf die Dinge, die eben nicht laufen.

Mitten in diesem Struggle, in diesem Kampf, vergessen wir oft, wie wichtig es ist, dankbar zu sein. Dabei wirkt gerade Dankbarkeit wie ein Schutzmantel gegen den herrschenden Pessimismus der Kritiker in deinem Kopf und Außen – sie wirkt auch super gegen dieses Leistungsoptimierungs-Dings, das ja nur deswegen immer wieder gefordert werden kann, weil ja scheinbar was schlecht ist. Vorzugsweise du.

Dabei hat Dankbarkeit die Kraft, unser Leben zu transformieren. Man nennt das Neuroplastizität und die bezieht sich auf die Fähigkeit des Gehirns, sich zu verändern und anzupassen. Es beschreibt die Fähigkeit des Nervensystems, neue Verbindungen zwischen Neuronen zu bilden und bestehende Verbindungen zu stärken oder zu schwächen.

Studien zeigen, dass regelmäßiges Dankbarkeitstraining mit einer verbesserten Stimmung, reduziertem Stress und einem insgesamt positiveren Lebensgefühl einhergeht. (Ist ja klar, weil den Jammerern und Beschwerern einfach mal den Mittelfinger hinzuhalten, weil du aus tiefstem Innern vom absoluten Gegenteil überzeugt und glücklich dabei bist, kann unglaublich befreiend wirken.)

🐊 Nimm dir jeden Tag einige Minuten, um fünf Dinge aufzuschreiben, für die du dankbar bist. Das müssen gar keine großen Sachen sein, kleine Momente des Glücks genügen vollkommen.

Das ist am Anfang gar nicht so einfach, manchmal wirst du abends im Bett liegen und deine fünf Dinge suchen, für die du dankbar sein solltest – und dir will partout nix einfallen. Ist ja auch schwer, so, mitten im Sturm, im Kampf, in diesem Scheiß genannt Leben oder Realität. Wofür soll man sich schon bedanken? Ebbe aufm Konto, Freund mit der besten Freundin weg, Essen angebrannt und Schietwetter – du verstehst mich schon. Es gibt tausend Gründe, um nicht dankbar zu sein.

Und es gibt eben auch die fünf Dinge, für die es sich lohnt.[33]

Lass dich von deinem Grollmaster bloß nicht von deiner Detektivarbeit abhalten! Wie eine Archäologin musst du halt mal Schicht für Schicht von deiner verqueren, tiefdunkel gefärbten Wahrnehmung der Welt abschaben und nachschauen, was da tatsächlich ist.

Du wirst sehen, dir fällt mit der Zeit immer mehr auf, ja, dieses Nachforschen hat überhaupt Auswirkungen auf deine Sichtweise. Indem du dich nämlich ausnahmsweise mal auf das konzentrierst, wofür du dankbar bist, verschiebst du deinen Fokus weg von dem, was dir fehlt oder dich stört. Vertraue diesem Shift, er könnte die Wahrheit sein.

♀

Spieglein, Spieglein an der Wand ...

1. Welche Bereiche deines Lebens fühlen sich momentan stagnierend oder unerfüllt an, und wie könnten sie durch

---

[33] Zum Beispiel für die Taube, die beim bösen Nachbarn auf den Balkon geschissen hat und nicht bei dir, dafür, dass die Waschmaschine zwar ausgelaufen ist, du es aber rechtzeitig bemerkt hast, für den Regen, weil er dir erlaubt, einen Couchtag einzuschieben ...

eine Veränderung im Einklang mit deiner wahren Natur verbessert werden?

2. Welche Zeichen und Signale hast du in deinem Leben bemerkt, die darauf hindeuten, dass du zu neuen Abenteuern aufbrechen solltest?

3. Was sind deine größten Ängste oder Bedenken, die dich immer noch davon abhalten, den ersten Schritt auf deiner Reise zu machen?

4. Gibt es bestimmte Glaubenssätze oder Überzeugungen, die du überprüfen und möglicherweise loslassen musst, um den Weg für neue Möglichkeiten zu öffnen?

5. Welche Hindernisse oder Herausforderungen könntest du auf deinem Weg treffen, und wie könntest du dich mental und emotional darauf vorbereiten?

6. Was wäre das Schlimmste, was passieren könnte, wenn du den Ruf zum Abenteuer ignorierst, und wie würde sich das auf dein zukünftiges Leben und deine Lebenszufriedenheit auswirken?

7. Und was wäre das Beste, was passieren könnte?

8. Welche kleinen Schritte könntest du heute unternehmen, um den Ruf zum Abenteuer anzunehmen und dich in Richtung deiner Selbst zu bewegen?

9. Welche Unterstützung oder Mentoren könntest du suchen, die dich auf deiner Reise begleiten und zu inspirieren?

Resonanzraumflüstern:

Welche Kontrolle möchtest du noch festhalten – und warum?

Welche Kraft liegt in der Unsicherheit für dich verborgen?

Die erste Schwelle –

von Schildern und Schnürstiefeln

Selbst-Empathie I

Kennst du diese Western, wo die Straßen völlig verwaist sind und nur diese Rose von Jericho über den Bildschirm rollt?

Jetzt ist es soweit. Du hast dich über alle Gipfel hinweg gequält, nur um jetzt hier zu stehen. Hier in diesem vertrockneten Niemandsland, vor dem du doch eigentlich wegwolltest, vor dem du ja fast geflohen bist …

Bisher bist du immer so zwischen Vergangenheit und Zukunft gependelt. Du hast dich an Erfahrungen aus deiner Vergangenheit erinnert und dich auf eine bestimmte Art verhalten, um etwas Bestimmtes in der Zukunft zu erhalten.

Doch wir haben bereits gesehen, dass bei diesen Learnings ganz oft imaginäre Säbelzahntiger eine entscheidende Rolle spielen, deine Reaktionen also nur der Film sind, der bei dir sofort abläuft, wenn bestimmte Reize auftreten.

Und jetzt schwankst du hin und her, landsick von deiner Wanderung über den schmalen Grat zwischen den Gipfeln, den Höhen und den Tiefen.

Du hast dich bemüht, im Beruf absolut perfekt zu sein und alles zu kontrollieren, um Strafe zu vermeiden und Anerkennung zu erhalten (vor allem von dir).

Um aus der damit einhergehenden Anspannung wieder rauszukommen, hast du dich zuerst belohnt, später zugedröhnt. Und heute, Sonntag, trinke ich noch ein Glas Wein mehr, weil morgen ist ja schon wieder Montag ...

Es ist vorbei, Darling. Atme.

Ich möchte dich mit einer neuen Zeitform bekannt machen: Neben Vergangenheit und Zukunft gibt es noch das Jetzt. Das Jetzt und das Hier.

Das Hier, dieser endsweite Strand, auf dem du stehst, der heißt Selbst. Es ist die Grenze vom Ich zum Du.

DIE SACHE MIT DEM DU

Oh ja, ich bin mir sicher, du kennst das Du.

Immerhin hast du deine Bedürfnisse immer zurückgesteckt, unterdrückt, nicht wahrgenommen, um die Bedürfnisse irgendeines Du zu erfüllen.

Dabei spielt es keine Rolle, ob das Dus im Außen sind oder die Dus in dir drin (du weißt schon, die Stimmen im Kopf, die immer sagen „wir müssen jetzt aber noch" oder „das haste jetzt verkackt").

Ich bin sicher, dass du das Du kennst. Es ist die strahlende Sonne am grauen Himmel. Will heißen: Es ist immer oben. Du setzt es da rauf auf den Thron.

Du kennst dieses Du, immerhin hast du dich ja jahrelang bemüht, allen möglichen Sonnen als Trabant zu dienen, in der trügerischen Hoffnung, eines Tages selbst die Sonne zu sein. Womöglich noch von der Sonne selbst auf das Treppchen gezogen zu werden.

Dabei warst du ein Echoist, ein lahmer Widerhall, hast re-agiert auf die Häppchen, die man dir hingeworfen hat, völlig egal, welches Du das gemacht hat.

Du hast nicht agiert, weil du auf gar keinen Fall als der Narzisst gelten wolltest, der du angeblich bist.

Wer hat das gesagt? Wer hat dir gesagt, dass du dich völlig über-
zogen und egoistisch immer in den Mittelpunkt spielst, obwohl du
es gar nicht verdient hast? Wer?
Schreib's JETZT auf!

Und ich bin ebenso sicher, dass du unglaublich empathisch bist. Du riechst zehn Meilen gegen den Wind, wie dein Gegenüber drauf ist. Du bist voll auf das Du fokussiert, voll aufmerksam – aber nicht, weil dich das Du interessiert, sondern weil du in Sicherheit sein willst.

(Aber jetzt mal ganz ehrlich: Aufmerksamkeit aus Sicherheitsgründen gehört doch mehr so in den Bereich Straßenverkehr, oder?).

Doch du hast genau diese Form der Empathie gelernt, erinnerst du dich? Du wolltest gefallen, angenommen werden. Du wolltest dich sicher fühlen. Deswegen re-agierst du auf jede noch so kleinste Äußerung. Um Schlimmes zu vermeiden.

Darin bist du übrigens eine echte Meisterin! Keine kann so wie du vorausschauend denken und das Team, das Projekt, den Partner für alle Eventualitäten wappnen, alle Fäden in der Hand behalten. Das meine ich absolut Ernst. Das ist ein großartiger Skill, der dich bereits jetzt als Heldin auszeichnet.

Und im Laufe der weiteren Reise wirst du ganz viele solcher Skills, Werte und Eigenschaften finden, die du in der Vergangenheit erworben und ganz schnell in den tiefen Keller gepackt hast, weil sie so schmerzhaft waren – die sich nun als wahre Schätze entpuppen.

Die Lektionen, die uns zu dem gemacht haben, die wir sind, sind in Wahrheit Geschenke. Das großartige weise wuide Weib des Medizinrades Mia Brummer nennt sie „Krisengeschenke"[34] – und wer wollte die schon ablehnen, auch wenn uns das Geschenkpapier nicht gefällt?

SPIEGLEIN, SPIEGLEIN AN DER WAND ...

Wie sieht's aus mit Empathie mit dir?

---

[34] Mia Brummer: Krisengeschenke – warum es sich lohnt, sie aus dem Papierkorb Deines Lebens herauszufischen (o.D.), https://miabrummer.de/krisengeschenke/ (Stand: 27.12.2024)

Nimmst du dich, deine Gefühle, deine Bedürfnisse überhaupt wahr?

Dürfen sie überhaupt existieren?

Kannst du dich noch an die Übung mit den Selbst-Wörtern erinnern? Hol sie jetzt raus, füge Selbst-Empathie hinzu und dann geh sie durch und frage dich:

Lebe ich das?

Lebe ich z.B. Selbstfürsorge? Wie sieht Selbstfürsorge aus? Wie fühlt es sich an? Wie könnte ich es umsetzen?

Mach das von jetzt ab mit allen Selbst-Wörtern, die dir im Laufe der Reise auf dem Weg begegnen, auffallen.

Blicke zurück!

Welche Krisen in deinem Leben haben dir Skills beschert? Hole sie aus dem hintersten Eck des Kellerregals, staube sie ab und packe sie aus.

Es wird Zeit, dass du die Hoheit über dein Leben zurückgewinnst und die königlichen Schätze annimmst.

Es wird Zeit, dass du die Hoheit über dein Leben zurückgewinnst und deine königlichen Schätze annimmst.

SCHWELLENWÄCHTER – DIE SÜßESTE VERSUCHUNG

Du stehst also hier irgendwo mitten im Nirgendwo.

Vor dir diese schreckliche Wüste, und hinter dir stehen drohend all deine Schwellenwächter und schwingen drohend die Verbotsschilder, die dir verbieten zu gehen. Dir verbieten, in dein eigenes Abenteuer zu springen.

Vielleicht ist da auch ein gemütliches Café oder eine lustige Bar, die du jetzt viel lieber besuchen möchtest. Aber auch das sind nur Schilder, die dich daran hindern wollen, den Schritt über die Schwelle zu tun.

Alle zusammen sind sie die Wächter der Schwelle:

<u>Verbieter</u>, wie das „bloß keinen Spaß haben"-Schild von oben, wie alle uralten Glaubenssätze, die du im Laufe deines Lebens so gut auswendig gelernt hast, dass du sie schon internalisiert hast.

<u>Versucher</u>, die dir vorgaukeln, wie schön du's doch eigentlich hast und wie schön bequem es wäre, jetzt lieber wieder auf der Couch zu liegen und stattdessen die Abenteuergeschichten anderer zu sehen.

<u>Prokrastinationsagenten</u>, die dich einladen, lieber mal nichts zu tun (wobei dieses Nichts, das ich meine und das du dann tust, eben schon was ist, und zwar ganz gewichtig viel, nämlich NICHT DAS, was eigentlich getan werden müsste)(Zum Punkt, dass der Prokrastinationsagent auch mal recht haben kann, kommen wir später ...).

Diese Schwellenwächter sind übrigens sehr leicht zu entlarven.

Alle Stimmen in deinem Kopf, die mit dir reden und ein „Du" oder ein „Wir" im Satz haben, sind Schwellenwächter. Sätze wie „na, das hätten WIR jetzt aber besser machen können" oder „DU solltest dringend ins Fitnessstudio" kennst du. Du hörst sie ständig. Da redet dein Schwellenwächter! Achte von nun an darauf!

Meist treten Schwellenwächter leider auch in der Verkleidung ganz realer Personen um dich herum auf, die die Krise bekommen, weil du nicht mehr so funktionierst, wie sie gerne hätten. Auch sie werden dich davon abhalten wollen, zu springen. Jetzt.

Spieglein, Spieglein an der Wand …

Kennst du einige deiner Schwellenwächter?
Den Lehrer aus der Dritten, der dir das Schreiben ausgetrieben hat? Den Banknachbarn, der deinen Liebesbrief in die für dich unerreichbare Höhe gehalten und lachend rausposaunt hat? Es wird Zeit, sie zu entlarven und ihnen ein für alle Mal zu sagen, dass sie kein Recht dazu hatten, das zu tun. Sie hatten kein Recht dazu!

Verlasse die Schwellenwächter-Frequenz!

Nimm jeden einzelnen Schwellenwächter, schreib oder male ihn auf in den grässlichsten Farben, die du hast – und dann zerreiße ihn genüsslich. Das ist das einzige, wozu sie taugen.[35]
Entlarve ihn und dann verlasse bloß so schnell wie möglich die Frequenz!

---

[35] Statt sie zu zerreißen, kannst du sie erstmal auch einfach auf ein Blatt schreiben und mit einem neuen Gedanken ergänzen: „Ich sehe dich – aber du bestimmst nicht über mich."

Wie du ihn entlarvst? Das weißt du bereits. Du schaust ganz genau hin und stellst die richtigen Fragen!

Byron Katie hat das in ihrem Programm The Work ganz prägnant in vier Fragen gefasst, die sich ganz hervorragend für das detektivische Nachforschen eignen.[36]

1. Ist das wahr?
2. Kannst du mit absoluter Sicherheit wissen, dass das wahr ist?
3. Wie reagierst du, was passiert, wenn du diesen Gedanken glaubst?
4. Wer wärst du ohne den Gedanken?

Du hast bereits bemerkt, dass vieles von dem, was täglich so bei dir ankommt in Herz und Hirn, eben nicht die Wahrheit ist. Deine Wahrheit ist eine ganz andere. Du hast bereits damit begonnen, deine Schönheit, dein Strahlen zu sehen – vielleicht bisher nur immer mal zufällig, wenn es durch die dicken Mauern, das dicke Fell durchgelugt hat.

Vielleicht merkst du, dass sich etwas in dir verändert – und dass es schwerer wird, dich selbst zu belügen ...

Dein Kollege jammert? Und du hast jahrelang mit gejammert. Zuerst, weil's so war, und dann, weil's sicherer war.

Deine Freundin schimpft? Und du hast jahrelang mit geschimpft. Zuerst, weil's so war, und dann, weil's sicherer war.

---

[36] Byron Katie (2016): The Work auf Deutsch - Einführung. https://thework.com/sites/de/ (Stand: 05.01.2025) Auf der Seite findest du neben einer „Anleitung zu The Work" auch noch zahlreiche weitere Impulse

Dein Lebensabschnittsgefährte lügt? Und du hast jahrelang mit gelogen. Zuerst, weil's so war, und dann, weil's sicherer war.

Wie wäre es, wenn du die rauschende Tinnitus-Frequenz einfach verlässt?
Wenn du nicht mehr ins Jammern und Schimpfen und Lügen einstimmst? Die Wahrheit sagst.
SEI die Wahrheit.
Und spiele mit dem ganzen Rest.

Angeblich bist du ein Nichtsnutz?
DANN SEI NICHTSNUTZ! Probiere das mal aus!
Geh mal von der „ich tue das nach bestem Wissen und Gewissen"-Ding runter und mach's mal so, wie sie normalerweise behaupten, dass du's machst – also schlecht. Und beobachte, was passiert[37].
Du wirst dich wundern!

Sei einmal der Nichtsnutz, als der du die ganze Zeit betitelt wirst – und ich schwöre dir, sie werden dich hassen.
Erinnere dich! Bisher hast du alles „nach bestem Wissen und Gewissen" erledigt – nach deinen Möglichkeiten – aber nie zur Zufriedenheit.

---

[37] Diesen Trick hat mir mein Lateinlehrer verraten. Seine Frau hatte ihn dazu genötigt, das morgendliche Kaffeekochen zu übernehmen, hat er gemacht. Genau einmal, aber der Kaffee war so fürchterlich, dass sie es lieber wieder selbst gekocht hat – also du siehst, was ich meine, unter Helden ist dieses Mittel der „strategischen Inkompetenz" durchaus probat und damit im großen Spiel eigentlich erlaubt.

Und jetzt mach mal gar nichts. Und ich schwöre dir, das Geschrei wird nur lauter und massiver.

Ich weiß, dass das ganz blöd auszuhalten ist, dieser geballte Hass, der dir da entgegenschlägt. Doch sieh's mal mit ein klein wenig Abstand.

All das Säbelrasseln bedeutet nicht, dass sie noch böser auf dich sind.
Es bedeutet: Das Rad dreht sich nicht ohne dich. Aha.

Die Lüge kann ohne dich nicht aufrechterhalten werden. Oha.
Das Spiel der Hierarchien kann nicht mehr funktionieren, wenn du deine Rolle hinwirfst und aussteigst.
Und genau das tust du, wenn du bist.

SELBST-ACHTUNG!

Ich verstehe, wenn du jetzt sagst, dass du das nicht machst, weil du Angst hast.
Ich verstehe das absolut.

Weil:
Wir alle sind so unglaublich unterernährt in Hinsicht auf Sicherheit.
Bei der Arbeit mit Affirmationen habe ich schon so oft erlebt, dass der Satz „das Leben ist freundlich" bei den meisten von uns tiefe

Aggressionen weckt. Am liebsten würden wir jetzt dieses Buch nehmen und an die Wand werfen, weil uns dieser Satz so triggert.

Weil es eben nicht so ist! Weil das Leben eben nicht freundlich ist! Wir haben es doch an eigener Haut erlebt! Deswegen sind wir doch erst in die Bredouille gekommen, weil wir uns ja selber um unsere Sicherheit kümmern mussten! Kontrollieren, reglementieren, verbieten, verbiegen, auslöschen.

Hey, atmen! Frage dich: Ist das wahr? Und dann stelle dir alle anderen drei Fragen auch noch.

Schau mal, noch bis vor ein paar Tagen hast du selbst noch die Krise gekriegt, wenn ich dir gesagt habe, dass du was verändern sollst, erinnerst du dich?

Damals hast du wahrscheinlich alle möglichen Argumente dafür gefunden, es nicht tun zu müssen, hast Himmel und Hölle in Bewegung gesetzt, um deine Sicherheit nicht aufgeben zu müssen.

Allen Menschen geht es so. Sie hassen Veränderung, weil sie sie fürchten. Sie haben eine wahnsinnig große Angst davor, dass dieser goldene Käfig, den sie sich im Schweiße ihres Angesichts geschmiedet haben, plötzlich zusammenbricht.

Und weil du dich veränderst, dich bewegst, bröckelt nun auch bei ihnen der Putz. Risse zeigen sich im Mauerwerk, das nur grob überstrichen worden ist. Sie spüren: Hier ändert sich was. Und das dürfen sie nicht zulassen.

Deswegen sind sie so exzellente Schwellenwächter. Sie kämpfen für sich.

MÄNNER-WEISHEIT NUMMER 2[38] – VERTRÄGE

dürfen aufgelöst werden, ein „Ja" ist nicht bindend

Ich schwöre dir, als mir ein guter Freund zum ersten Mal gesagt hat, dass Verträge aufgelöst werden dürfen, war ich echt erstaunt (und übrigens 50 Jahre alt ...). Ich wusste das nicht.

Also, natürlich wusste ich das auf dem Papier – aber es lebte nicht in meinem Selbst-Verständnis. Es war kein Gesetz in dem fetten und mindestens zehnbändigen Regelwerk, das meine Glaubenssätze und Ansprüche an mich auflistete.

Bisher war ich davon ausgegangen, dass ich dem Du verpflichtet wäre. Und zwar bis zum bitteren Ende. Da spielte es gar keine Rolle, ob das Du sich auch mir und schon gar nicht meinen ausgeklügelten moralischen Ansprüchen gegenüber in der Verpflichtung sah.

Wir schließen so viele Verträge ab, die dann nur wir erfüllen – auf Teufel komm raus!

Das ist wie bei einem windigen Kredithai, der einem zwar das benötigte Geld leiht, dann aber Wucherzinsen verlangt. Und diese unmenschlichen monatlichen Summen, Belastungen, verlangen so viel mehr von dir ab, als du überhaupt je geben kannst. Würdest du bei dieser Bank bleiben?

Warum machst du's dann im echten Leben?

Schau dir deine Verträge an, in der Arbeit, in der Beziehung zum Partner, zu deinen Eltern, Kindern ...

Verträge dürfen aufgelöst werden. Ein „Ja" ist nicht bindend.

---

[38] Wenn du dich fragst, was die erste war, dann lies nochmal das mit dem Kaffee

Sorge gut für dich

Ich erlaube dir hiermit feierlich, dich für dich selbst zu entscheiden!

Nimm dir bewusst Zeit für dich, für Entspannung, Wellness-Aktivitäten oder Selbstpflegerituale. Die sind jetzt wichtig. Stärke, so gut es geht, deine körperliche, deine geistige und deine emotionale Gesundheit. Du wirst sie brauchen.

Ruhe so oft es geht im Jetzt aus. Gehe in die Stille, stehe und schaue.

Diese eine Minute der Freiheit, der Selbst-Begegnung, der Selbst-Wertschätzung ist die Tankstelle für all dein Selbst.

Je öfter du in diesen Raum der Selbstfürsorge eintauchst, umso größer wird er und mit der Zeit wächst darin dein ganz eigenes kraftvoll authentisches Selbst.

Verbringe Zeit mit dir – und zwar NUR mit dir

Tue Dinge, die du schon lange nicht mehr gemacht hast, weil …
(Jaja, du weißt es schon: Schreib's auf)

Erweitere endlich deine zu lang gehüteten Grenzen, ja, schnuppere sogar mal an der Grenze zur Panikzone!
Nee, jetzt fall nicht gleich wieder in Schnappatmung. Es ist nur die Übung!

Ich würde dir dazu gerne eine kleine Geschichte erzählen. Eine, die so passiert ist. In echt jetzt.

In dieser Geschichte geht es um Pounamo.

Pounamo war eine Getriebene im Hamsterrad. Im äußeren Leben eine, die immer alles wissen muss, aber tief in ihr drinnen so voller Sehnsucht nach Heimat, nach Anerkennung, nach So-Sein. Nach einfach so sein dürfen.

So habe ich sie kennengelernt. Auf einem Treffen der „Töchter der Erde", wo ich sie als zurückhaltend und schweigsam erlebt habe. Aber trotzdem war da was, was immer wieder aufleuchtete. Sie hatte so ein Schimmern, einen ganz subtilen Witz und nahm so vieles wahr in ihrer Stille.

Der Zufall wollte es, dass wir vom Seminar zusammen zum Bahnhof gingen. Da wir beide Lehrer waren, kam das Gespräch natürlich schnell auf den Beruf.

Ich war gerade auf meinem Weg raus aus diesem menschenverachtenden System, aber ihre Erzählungen von ihrem alles fordernden Alltag berührten mich noch immer schmerzlich.

Ich spürte förmlich, wie schwer ihr der Weg zurück, zu den zu korrigierenden Klassenarbeiten, zu den täglichen ach so wichtigen Katastrophen, die ihr keinen Platz zum Atmen ließen, fiel.

So waren wir am Bahnhof angekommen und da sie wie zufällig erwähnte, dass sie ihre Reiselektüre schon auf der Herfahrt zu Ende gelesen hatte, bot ich ihr an, mein Heldinreise-Buch „Ein Buch, ein Gebirge und der Fluss der Schöpfung" zu lesen.

Klick, klack, schnell war das Doc bei ihr, und sie stieg ein. Ich sah ihr noch lange nach, bis der Zug aus dem Bahnhof verschwunden war.

Das Erste, worauf sie traf, nachdem sie das Buch geöffnet und begonnen hatte, darin zu lesen, war Verspätung. Eigentlich ein Grund, um genervt zu sein. Doch hier war es anders. Die Geschichte von Sanne und deren Reise faszinierte sie so sehr, dass ihr der geschenkte Moment der Ruhe, des unerkannt für sich Seins auf dem anonymen Umsteige-Bahnsteig, gar nicht mehr so fürchterlich vorkam.

So las sie weiter. Las ihn in ihrer Zeit. Fand „ihn anregend zum Nachdenken und auch tiefer gehen. Das heißt, er ist eben auch tiefgründig." Immer wieder machte sie während des Lesens Pausen und spürte nach, was der Text mit ihr machte.

„Deine Zeilen haben mich berührt und das auf einer tiefen Ebene und ich habe eine Bestätigung dafür erhalten, dass ich auf dem richtigen Weg bin", schrieb sie mir schon ein paar Tage danach.

Und sie beschloss, die Kraftorte, die ich in meinem Roman genannt hatte, tatsächlich zu besuchen, um die Magie, die sie ausstrahlten, auch selbst zu entdecken. Etwas reizte sie an dem Hin-und-Herschwingen zwischen innerer Bewegung und äußerer Begegnung mit den Kraftorten im Buch.

Doch wie immer kam das Leben dazwischen.

Der Unterricht an einer Klosterschule, der Unterricht in Zeiten der Pandemie und die tägliche Angst führten sie zum Lagerkoller, zu dem Zu-eng-leben. Immerhin war sie dazu gezwungen, seit der Pandemie mit zwei von ihren Kindern zusammenzuleben. Nicht, dass es verwerflich gewesen wäre, aber sie wollte doch so sehr Zeit für sich.

Und da ertönte plötzlich eine kleine Melodie. Zuerst unscheinbar. Pounamo meldete sich nämlich auf einem Kontemplationswochenende an.

Da, unter Zen-Mönchen, in der Atmosphäre von „alles kann, nichts muss", konnte sie endlich einmal genießen. Sich zum Frühstücken Zeit lassen, und wenn es eine Stunde dauerte. „Ich hab mich umsorgt gefühlt wie Sanne in der Pension, ich durfte endlich mal wieder achtsam allem begegnen. Vor allem mir!"

Das Wochenende war vorüber und es kam, wie es kommen musste – sie wurde traurig. Wir werden immer traurig, wenn wir nicht leben dürfen, was unser wahres Bedürfnis ist.

Und wieder ertönte diese kleine Melodie.

Sie kannte sie nun schon. Sie hatte von ihr gelesen. Sanne, die Heldin im Buch, war nämlich an genau dieser Stelle aufgebrochen und mit einem Wohnmobil in die Welt gefahren.

Und hey, wie der Zufall so will, bot ihr ihre Tochter doch tatsächlich an, mit ihrem Van eine kleine Reise anzutreten.

Doch lassen wir Pounamo erzählen:

„Dafür hab' ich mir für den Hinweg Zeit genommen und bin Richtung Fränkische Schweiz aufgebrochen und irgendwie zog es mich nach Pottenstein (…) ich war zwar nur kurz da, es hat mich aber ganz schön umgehauen, der Ort hat was für mich und er zieht mich auch sehr an!"

Sie hat es bemerkt!

Obwohl sie vor Jahren bereits Kraftorte besucht hat, damals aber „noch nicht so empfänglich für die Energiestrahlung" war, trotzdem hat sie es bemerkt.

Sofort war sie im Flow und cruiste mit dem sechs Meter langen Gefährt durch die gewundenen Straßen der Fränkischen Schweiz, sie übernachtete sogar alleine auf einsamen Waldparkplätzen. Sie lernte sogar, mit Problemen und der Frustration umzugehen und sie für sich zu wahren Schätzen zu verwandeln, als sie statt des eingeplanten Sightseeings auf den ADAC warten musste, weil die Elektronik streikte. Sie wäre sonst nie allein in diese schnuckelige Pizzeria gegangen und hätte sich nie dieses Geschenk des Festmahls gegönnt – da, gegenüber vom Steinbackofen sitzend, die warmen

Flammen und das geschäftige, bunte Treiben der Pizzabäcker beobachtend. Eins sein im Hier und Jetzt. Sich selbst wertschätzen. Ihre eigene Zeit wertschätzen. Ja, es hat sie sehr berührt, mit sich zu sein.

So kehrte sie aus den Weihnachtsferien zurück und schon warteten alle Versucher wieder an ihrer Tür. Sofort ließ sie sich wieder Zusatzaufgaben aufdrücken, von denen sie eigentlich wusste, dass sie sie nicht mehr wollte. Denn sie wusste auch: Das System, dem sie diente, war nicht mehr das ihre. War es vielleicht nie gewesen. Aber konnte sie das, was sie auf ihrer Reise in die Anderswelt, in den Zwischenraum erlebt hatte, denn tatsächlich auch einfordern? Sollte sie nicht doch loyal sein ihrem Arbeitgeber gegenüber, der nicht loyal zu ihr war? Der stattdessen immer mehr und immer besser und immer schneller wollte?
Darüber haben wir gestern geredet. Und ich konnte heraushören: Es war vorbei. Ihr altes Leben, das alte, dienende Ich war am Ende.

Noch kann sie nicht in die strahlende Zukunft sehen, die ihrer wahren Bestimmung entspricht, aber sie hat fest versprochen, eine lange nötige Pause anzutreten. Vielleicht in eine Klinik zu gehen – um endlich den lang ersehnten Blick, nach dem alles in ihr schreit, zu wagen. Sich Zeit zu nehmen, um nach innen zu schauen. Um herauszufinden, wer sie ist. Um sich endlich vollumfänglich lieben und sich achten zu können.

Ich bin so stolz auf Pounamo und ihren Mut, den Schritt zu sich zu wagen, zu dieser wunderschönen Frau, die sie ist.
„Nachdem ich fertig war mit dem Lesen, wollte ich gleich wieder von vorne beginnen. Und das will ich auch tun, da ich die Heldin-

Reise nochmal mehr an einem Stück durchdringen möchte", sagte sie gestern.

Und auch das macht mich stolz. Dass mein Buch, meine Heldin Sanne sie auch weiterhin auf diesem Weg begleiten darf.

Wenn du keinen Van hast, dann fahre mit dem Radl. Die Deutsche Bahn bietet da ganz wundervolle Möglichkeiten – und gleichzeitig auch ein wenig Nervenkitzel.

Triff neue Menschen! Triff neue Frauen! Höre ihnen zu, lass es wirken und dann geh in die Kommunikation. Sprich von dir.

Merkst du was? Du bist endlich aufmerksam, um der absichtslosen Aufmerksamkeit willen. Du begegnest dem Du.

DEIN HIER UND JETZT

Herzlich willkommen an Bord des wohl seltsamsten Schiffes, das die Welt je gesehen hat!

Reinweiß blähen sich seine windsatten Segel, der Anker glitzert silbern in der Sonne. Was siehst du?

Stolz und aufrecht steht es da, die Nase vorwitzig in den Wind gestreckt. Es riecht förmlich schon das Abenteuer, den Drachenpups, das auf euch wartet. Was riechst du?

Und nun das Wichtigste: Was fühlst du?

Wartet dieses Schiff auf dich?

Spürst du seine vibrierende Spannung, seine Abenteuerlust?

Spürst du deine?

Was fühlst du?

Nimm dir alle Zeit der Welt, um es genau anzuschauen. Von links, von rechts (Steuerbord und Backbord muss das wohl heißen …), von oben, von unten.

Geh unter Deck und probiere aus, ob die Matratze weich oder hart genug ist, ob der Vorratsschrank gefüllt und genug Wasser an Bord ist.

Wenn du willst, dann male es auf.

Stell dir vor, dass es ein Werbeflyer ist, der dir in Bildern und Worten beschreibt, wie schön das Schiff deines Abenteuers ist.

 Mademoiselle Cœur de Lion.

Da stand sie neben mir auf der Kaimauer in ihrem Spitzenkleidchen und dem aufgebrezten Sonnenschirm und ihrem übrigens fein säuberlich gefüllten Koffer und blickte mit mir hinaus.
Nicht auf die weite See. Nee, auf den Dreimaster einen Meter vor uns, der aufgetakelt dalag und wartete.
Ich weiß noch, dass die Wellen ganz leicht an das Holz plätscherten …

„Nee", sagte ich. „Nee, ich kann nicht springen. Das Schild da hat's verboten."

„Ja", sagte sie. „Ja, das hab' ich mir schon gedacht, dass das Schild dich stört."
Dann nahm sie ihren in allen weichen Aquarellfarben schillernden Schal und hängte einfach das Schild zu!

„Vielleicht könntest du ja ohne Anlauf."

Wir blickten zurück zu den verfallenen Docks, aus denen ich gekommen war und in die ich nicht zurückwollte.

„Viel schöner", so dachte ich, „viel schöner wäre es doch hier noch eine Stunde zu stehen."

Das Nicht-von-der-Kaimauer-springen-Schild saß mir hämisch grinsend im Rücken, wie gleichzeitig alle Schilder der Vergangenheit. Vor mir, also quasi im Zwischenraum, lag das Brackwasser.

„Nicht schon wieder dieses eklige Brackwasser", dachte ich. „Das käme dann wieder aus allen Körperöffnungen." Da, es fing ja schon an auszulaufen.

„Thanx goddess", sagte sie. „Bin ich froh, dass ich Hüpfen gelernt habe."

Hatte ich eigentlich schon erwähnt, dass sie spitze Schnürstiefel trug? Na, einer davon landete mit energischem Ausdruck in meinem Po.

Und ich kann bis heute nicht sagen, wie es möglich war, dass ich – statt ins Brackwasser – drüben an Deck auf die Füße gefallen bin. Da standen wir dann nebeneinander auf dem großen Schiff ins Abenteuer Ich, und ließen die Vergangenheit für immer ruhen. Zumindest den Teil, der scheiße war …

Da wusste ich: Mit wem sollte ich sonst auf die große Heldinreise gehen, wenn nicht an der Seite einer starken Frau wie Mademoiselle Cœur de Lion?

Das war eine Menge an Forschungsarbeit, jetzt, so im Rückblick. In der Rückschau auf das, was du bisher erreicht hast.
Bist du bereit, die Schwelle zu übertreten?

Wie gut, dass du die Mentorin an der Seite hast, die dich durch diese raue Landschaft führen wird.

Die Mentorin oder Madame Cœur d'Lion

Jede von uns braucht eine Madame Cœur d'Lion an ihrer Seite.

Meist taucht diese immer dann auf, wenn du sie am meisten brauchst und am wenigsten erwartest.

Dabei ist die Dauer der Begegnung gar nicht entscheidend.

Das können die zwei U-Bahn-Stationen sein, zwischen denen sie stattfindet, oder auch der gemeinsame Weg durch die Heldinreise, wie ich es beispielsweise im 1:1 Mentoring anbiete.

Manchmal fallen Worte, manchmal fällt dir aber nur etwas auf. Etwas, was dich ganz tief unten in deiner Seele berührt.

Du erkennst es daran, dass deine kindliche Seele zufrieden aufgluckst. Manchmal erkennst du es auch daran, dass die Alte, die weise Frau in dir, verstohlen kichert.

Sistas erinnern sich gegenseitig

Neben der Mentorin werden plötzlich Frauen in deinem Leben auftauchen. Wichtige Frauen. Du triffst sie wahrscheinlich auch eher „zufällig" – und weil du ja jetzt schon ein Gespür für Magie hast, ist dir wahrscheinlich sogar klar, dass das etwas Besonderes ist. Es hat so ein Geschmäckel …

Auch die Beziehung zu diesen Frauen, das spürst du, wird anders sein als die meisten Beziehungen zu Frauen, die du bisher hattest. Sie geschieht auf Augenhöhe.

Mein ganzes Leben (und das ist jetzt mehr als ein halbes Jahrhundert) habe ich mich danach gesehnt, SISTERHOOD zu spüren.

Die Gemeinschaft von Frauen, bei denen jede bereits für sich selbst stehen kann, um die andere gegebenenfalls daran zu erinnern, wie stehen nochmal geht ...

Sistas kannst du alles fragen – wenn du die Antwort schon verträgst.

Und selbst, wenn du sie nicht verträgst, weißt du trotzdem sofort, dass die Antwort nicht böse, gemein, giftig und gallegrün gemeint war, sondern einfach nur so, wie sie war. Wertfrei.

Da bedeutet „eine Liste an dieser Stelle finde ich doof" eben wirklich nur, dass ich eine Liste an dieser Stelle doof finde – und nicht das, was bei dir vielleicht sofort abgeht: Nämlich, dass deine ganze Arbeit im Allgemeinen und du ganz im Speziellen doof bist.

Eines kann ich dir sagen, unser implizites Gedächtnis, also unser Kopfkino, dabei auszulassen und einen dicken Don't-touch-Aufkleber über den Play-Button zu stülpen, ist nicht ohne – aber Übungssache. Das geht vielleicht nicht beim ersten Mal, vielleicht musst du über einige Aussagen auch erstmal schlafen, aber das wird! Du wirst lernen, zu vertrauen, weil dir nichts passieren wird.

Und was fragst du dann? Wie Stehen geht?

Ja, im Ernst. Manchmal frag ich mich solche Dinge, die ich mir selber nicht beantworten kann – und dann frag' ich eine Sista!

„Wie geht Stehen nochmal?"

„Äh, wie war das nochmal mit dem Loslassen?"

„'Tschuldige, schubse mich mal eben, hab' grad vergessen, wie Springen geht …"

Ist ja nicht so, dass ich doof bin und das nicht selber lernen würde. Nur auf dem langen Weg der Übung standen halt meine Sistas Spalier.

Zum ersten Mal, wo ich z. B. die Frage nach dem Loslassen alleine beantworten konnte, war bei meiner Tantramassage. Genauer gesagt bei der Yoni-Massage, wo ich mit einem Mal meinen Beckenbodenmuskel verzurrt hab', als wollte ich damit jetzt gleich einen Sieben-Tonner aus dem Matsch ziehen. „Äh, wie geht Loslassen nochmal??!"

Und Hauora, meine MassÖse (was für eine unglaubliche Sista!), hat einfach so lange still gehalten, bis mir die Antwort von alleine wieder eingefallen ist. Plumps, lag der Popo wieder entspannt auf der Matte.
So sind sie, die Sistas.
Wenn du solche Sistas hast, glaub mir, dann hast du keine Feinde mehr …

Wie würde meine Sista Eva Rhode dazu sagen? „Tja, das muss man einfach aushalten, bis die von selber draufkommen" – muss ich erwähnen, dass ich Eva anfangs für dieses Teaching gehasst habe[39]? Eva hat auch was anderes Wichtiges gesagt: Schwestern sind dazu da, sich gegenseitig zu erinnern.

---

[39] Und darf ich ebenfalls erwähnen, dass es ganz lustig ist, wenn ich sie ebenfalls ans Aushalten erinnere? Mein Güte wir vergessen so schnell …

Woran?

Die wichtigste Lektion aber, die nur wahre Sistas dir geben können, ist die Selbstliebe. Die wahre Liebe zu dir selbst.

Ich weiß gar nicht so genau, wie es bei mir dazu gekommen ist. Es war in jedem Fall ein schleichender Prozess …
Vielleicht war es das absichtslose Aufgenommen-Werden in die Gemeinschaft.
Vielleicht war es, dass diese Frauen Facetten an mir wahrgenommen und offen wertgeschätzt haben, die ich schon so lange quasi heimlich geliebt habe. Weil sie im echten Leben, in meinem echten Leben so lange keinen Platz haben durften, dass ich sie weggepackt habe.
Vielleicht waren es aber auch die Trainings, in denen ich lernen durfte, mein Nein zu kultivieren (und ich hab' jetzt ein paar sehr schöne Versionen, von denen mir das kurz-knackige „äh… – Nö!" übrigens am besten gefällt).
Bestimmt waren es aber auch die gemeinsamen Spiele, die Leichtigkeit, der Tanz – wo wir miteinander und aneinander (oder miteinander, weil aneinander?) gewachsen sind.

In der Sisterhood wurde MEIN SELBSTWERT genährt.

Eine Sisterhood ist weit entfernt von nachmittags um drei in der Konditorei. Auch wenn's das auch gibt, spirituell und manchmal auch spirituös.
In der echten Sisterhood gibt's kein besser oder schlechter oder weniger oder mehr mehr.

Wer gerade was hat, gibt. Wertschätzung. Wer gerade was braucht, darf darum bitten.

Und warum? Weil wir alle die gleichen miesen Erfahrungen gemacht haben mit dem, was man so Leben nennt.

Wir wissen um die guten Momente und teilen sie. Wir wissen um die grausam-heilsamen Momente und teilen sie auch.

Wir wissen, wie's bei der anderen läuft, weil's bei uns genauso gelaufen ist. Wir brauchen nicht mehr drüberspielen.

Und wenn's eine macht, dann können wir sogar verstehen, warum. Das, was man so Leben nennt, ist nun mal kein pupsendes Einhorn, Magie hin oder her.

Aber Sistas, weißt du, Sistas können dieses Leben, das ja gespickt ist mit Momenten, in so einen Einhornponyhof verwandeln! Und dann wird es magisch.

Jede Frau braucht eine Sista, ach was, eine ganze Kohorte an Sistas.

Um sich wieder an sich zu erinnern.

Ihre Methoden?

Da sein lassen, miteinander reden, miteinander schweigen UND die richtigen Fragen zur richtigen Zeit stellen und die Antwort auch echt wissen wollen, also zuhören.

In dieser geschützten und schützenden Gemeinschaft kann sich die Heldin, kannst du dich frei entfalten und dein Potenzial ausschöpfen, denn zum ersten Mal wirst du wertgeschätzt als die, die du bist. Das ist neu.

KAPITEL 5: STARKE FRAUEN KÖNNEN „NEIN" SAGEN

„DIE WAHRHEIT IST, DU BIST BEREITS FREI"[40]

Du hast die Schwelle übertreten.

Du hast die Schwelle zu dir Selbst übertreten und bist in einem Land, in dem du wahrscheinlich noch nie vorher gewesen bist. Zumindest nicht mit mir ;-)

Du kennst hier weder Sprache noch Währung noch siehst du irgendwo ein Schild, das dir den Weg weisen könnte.

Statt im türkisblauen Wasser zu planschen, stehst du nun hier in einer Wüste und ihrem ganz eigen-artigen ariden Klima, geprägt von knappem Wasser und extremer Hitze. Mit Niederschlagsmengen von oft weniger als 250 Millimeter pro Jahr. Mit Temperaturen zwischen glühend heiß am Tag und eiskalt in der Nacht.

Chatgpt sagt dazu:

„Ein arides Klima ist mehr als nur ein Wetterphänomen – es ist ein epischer Kampf ums Überleben in einer unerbittlichen Naturarena."

Epischer Kampf, Überleben, unerbittliche Naturarena …! Hm, nun ja.

---

[40] Katharinas Drachen zu Katharina in Alexandra H. Meier: Von Drachen, Ariadne und dem Fluss des Lebens, Norderstedt 2023

Ja! Das war ein echter Kampf, oder?

Überlege doch mal: Was hättest du früher an diesem Punkt gemacht (ich fasse nochmal kurz zusammen: Du bist absolut erschöpft, es gelingt dir nichts mehr, dein Glück hat dich verlassen)?

Ich kann dir deine Antwort nicht geben, aber ich will dir kurz erzählen, wie es bei Rere war.

Ich kannte Rere schon ganz lange, und hatte sie als eine Frau kennengelernt, die in Saft und Kraft steht und ihr Selbst lebt. Sie zog erfolgreich ihr Herzensbusiness durch und half Hunderten von Menschen dabei, sich zu entwickeln und zu wachsen.

Aber plötzlich passte das irgendwie nicht mehr. Sie spürte in sich den Ruf, die Dringlichkeit, mehr Menschen mit ihrer Botschaft zu erreichen. Schneller als in ihren bisherigen Programmen. Ich meine, wir erinnern uns alle: Die Zeichen deuteten damals schon unmissverständlich auf die Veränderung, die wir heute erleben.

Die geneigte Leserin hat sie wahrscheinlich schon entdeckt: diese Wörtchen „mehr" und „schneller".

Doch die bisherigen Methoden, um Kunden zu gewinnen, reichten dafür natürlich nicht aus. Also suchte Rere nach dem heiligen Gral – und fand ihn tatsächlich auch in einer Gruppe von erfolgreichen Businessfrauen, die sich um eine einzige Frau scharrten.

Sie wurde angenommen in dieser Gruppe aus Macherinnen, aufgrund ihrer mannigfaltigen Erfahrungen natürlich bis nach oben gehypet und ruckzuck war sie drin, im Hamsterrad.

Tägliche Posts, um in die Sichtbarkeit zu kommen, Podcasts zu ihren Themen, um Reichweite zu generieren, immer noch mehr Freebies, um Kunden anzulocken, einwöchige kostenlose Festivals, um die Kunden davon zu überzeugen, richtig viel Geld für den „echten"

Kurs auszugeben, schließlich Beta-Kurse, die ebenfalls kein Geld einbrachten – dann die Problemanalyse, neue Lösungsansätze, dann ständig neue Algorithmen und wieder dasselbe nochmal ... und nochmal ...

Eine riskante Strategie, ein Drahtseilakt zwischen Erfolg und Misserfolg, der uns alles auf eine Karte setzen lässt und in den Burnout führt. Weiß sie heute.

Unterm Strich hatte sie in dieser ganzen Phase weitaus mehr Geld ausgegeben als eingenommen. Unterm Strich hatte sie all das, was sie geben konnte, im wahrsten Sinne des Wortes, umsonst in den Äther geschossen. Unterm Strich hatte sie für einen großen Haufen Nichts über 80 Stunden in der Woche gearbeitet.
Sie hat alles gegeben, war immer authentisch, immer, ich war dabei, stand an ihrer Seite und bin jeden Weg mit ihr mitgegangen.
Und irgendwann zerplatzte die Blase dann. Aus der Traum. Sie zweifelte an ihrer Kompetenz, an ihrem „Warum", an dem, was sie ausmacht, an ihrem vermeintlich zu geringem Willen, ihrem Wissen und ihrer Weisheit und sagte selbst: „Ich opferte meine Leidenschaft dem Plansoll des Launches."
Das war 2022 und es hat ein Jahr gedauert, bis sie durch die folgenden drei Kapitel durchgetaucht ist, sich erholt und – eher „zufällig" – den Platz für sich gefunden hat. Sie entdeckt oder kreiert mit ihren Mentees jetzt ein neues System, nämlich eines, „das mir und meinen Klientinnen, Kundinnen und Mentees dient".

Lass uns anschauen, was da passiert ist, was es ist, was ich spirituelle Dürre nenne.

In der uns bekannten und anerzogenen Heldenreise haben wir uns arrangiert. Wir wissen durch jahrelange Übung genau, was uns hilft, den Raum des Wohlfühlens zu füllen. Das kann für jede etwas anderes sein. Doch was ist, wenn das wegfällt?

Hilflos mit den Armen wedelnd versuchen wir, in etwas, was sich wie im freien Flug anfühlt, Halt zu finden. Wir sind überzeugt: Irgendwo liegt die Lösung. So wurde es uns gelehrt.

Und dann drehen wir am Rad. Wir betreiben unsere bisherigen Retter bis zur Exzession. Yoga tut dir gut? Dann machst du jetzt mehr davon. Gewaltlose Kommunikation hat dir mal gut geholfen? Dann praktizierst du sie bis zum Abwinken. Oder du springst von Coach zu Coach, von Heilsversprechen zu Heilsversprechen, in der trügerischen Hoffnung, dass im nächsten Workshop die Rettung liegt.

Ich kürze das jetzt mal ab und komme gleich zum Punkt.

Alles, was du hier in dieser spirituellen Dürre tust, wird nicht mehr funktionieren. Da kannst du gerne wie Rere von Rettungsinsel zu Rettungsinsel hüpfen, nichts von all dem wird dir dabei helfen, diese grausame Wüste, diesen unendlich weiten, leeren, scheinbar feindlichen Raum, der dich überfällt, zu füllen.

Vielleicht ist es Zeit, für die gute Nachricht zu Beginn!
Das hier ist keine Wüste, das hier ist der Strand. Auch wenn es ein
bisschen wie Jesolo im Hochsommer ist, diesen Strand zu überque-
ren ...

Durchatmen.

Umschauen.

Und zwischendrin atmen.

Vor dir liegt eine weite, endlose Wüste, in der höchstens ein paar tiefdunkelgrüne Sukkulenten wie z. B. Kaktusfeigen oder Aloe Veras dem Auge sowas wie Orientierung bieten. Ansonsten ist da nichts – und davon jede Menge.

Du sitzt hier rum, unter der sengenden Sonne, im Sand, neben dir dein Grollmaster, ihr habt beide Schäufelchen in der Hand und macht – was soll man hier schon machen, außer Sandburgen bauen, die eh nicht halten? Das ist zumindest das, was du kennst …

Wenn da nicht eben dieser Kerl wäre, der dir immer wieder, immer wieder mit seinem Schäufelchen aufm Kopf rumhaut und kreischt und schreit wie am Spieß. Und selbstverständlich bist du schuld.

Die Problemanalyse dieser Situation zeigt eindeutig, dass die Aussichten düster sind.

Du solltest zwei Prioritäten haben:

1. Wie bringe ich diesen Kerl zum Schweigen?
2. In welche Richtung soll ich gehen?

Fangen wir bei zweitens an.

Manchmal hilft bei der Orientierung der Blick zurück.

Steige also auf eine Sandburg und blicke dich um (du weißt schon, wegen dem parasympathischen Shift). Du brauchst die vollen 360°.

Du drehst dich um und fragst dich: Wo bin ich denn eigentlich hergekommen? Was ist denn da eigentlich passiert?

Der magische Geschenk-Effekt dabei ist, dass du zudem etwas unglaublich Wichtiges entdeckst: Du folgst nämlich einer Struktur. Du wächst.

Lass mich dir von mir erzählen:
Mein Kapitel „Starke Frauen können Nein sagen" begann an einem sonnigen Novembertag vor ein paar Jahren. Ich hatte gerade eine ambulante Operation hinter mir, bei der ich ziemlich viel Blut verloren hatte. Eigentlich war ich krankgeschrieben, aber mal ganz ehrlich? Wer geht nicht ans Telefon, wenn der Arbeitgeber anruft?

Wenn der Arbeitgeber anruft und versucht, die liegenbleibende Arbeit quasi am Telefon zu regeln, vielleicht noch mit dem unmissverständlichen Auftrag, beim nächsten Mal doch alles, auch das Unvorhersehbare, vorzubereiten.

Ich kann mich noch genau daran erinnern, wie ich zuerst echt verwundert auf das Handy in meiner Hand geblickt habe, weil ich nicht glauben konnte, was da gerade passiert war. Und das zweite, an das ich mich erinnere, ist, wie ich zu Boden sinke, auf die Knie. Ich war am Ende.

Bis dahin war ich eine eierlegende Wollmilchsau gewesen. Ich unterrichtete bereits auf dem Zahnfleisch. Ich gab mein Bestes – aber plötzlich genügte es nicht mehr.

Ich konnte mich anstrengen, wie ich wollte, alle Wünsche und Feedbacks meiner Vorgesetzten anzunehmen, es gelang mir nicht. Dabei war mein Unterricht mal gut gewesen – ich war Klassenleiterin, in „meiner Klasse" konnte ich mich sicher fühlen. Stattdessen wurde ich zur Fachlehrerin, hatte 140 Schüler in neun verschiedenen Fächern in sieben Klassen.

Und suchte händeringend nach einer Methode, mit der ich die Klassen „in den Griff bekommen" könnte. Ich probierte eine Methode aus, sie funktionierte nicht, ich suchte nach der nächsten, probierte sie aus, die funktionierte auch nicht usw. So ging das über zwölf Monate lang – bei den Schülern war ich damals schon als „die Verrückte" verschrien.

Täglich lief ich im Schulhaus fünf Kilometer, um von Klassenzimmer zu Klassenzimmer zu kommen. Dazu kamen wöchentlich noch 280 zu korrigierende Proben oder Hefte, vom Schriftwesen ganz zu schweigen.

Außerdem geschah noch etwas Seltsames: Je mehr ich auf dem Zahnfleisch ging, je offensichtlicher wurde, dass da etwas geschah, was eigentlich niemals hätte geschehen dürfen, jetzt also, wo das kranke System quasi an meinem Exempel für alle sichtbar durchgespielt wurde – nahmen alle KollegInnen Abstand von mir.

Als wäre ich eine Aussätzige, die man zwar mitleidig ansah, von deren Krankheit man aber nichts abbekommen wollte.

Ja, so war damals meine Vorgeschichte, vor besagtem Anruf.

Es war soweit, ich war soweit. Mein erstes „Nein" galt meiner Arbeitsstelle, und ich bin dankbar, dass es meine Hausärztin war, die es an meiner Stelle ausgesprochen hat und mich in die Klinik schickte.

Ich lernte Qi Gong und Meditation und fand wieder Zugang zu meiner Kreativität. Ich durfte lernen, zu sein.

Fast genau ein Jahr später brach ich nicht mehr zusammen. Im Gegenteil: Ich zitterte am ganzen Körper – und das für mehrere Tage. Was war geschehen?

Ich war selbstverständlich in die Arbeit zurückgekehrt. Und selbstverständlich war ich wieder all-in gegangen. Wieder hatte ich mehr geleistet, als ich zu leisten in der Lage war.

Aber es war ja auch klar: Immerhin war das mein Job! Der, den ich jahrzehntelang erfolgreich und effizient ausgefüllt hatte! Ich war mal gut in dem, was ich tat.

Glaubte ich zumindest.

Wie eine hysterische Irre habe ich mich geweigert, dahin zu schauen, wo das eigentlich alles herkommt und wer da so laut schreit. Obwohl ich es doch eigentlich (nach meinem ersten Klinikaufenthalt) besser hätte wissen müssen, klammerte ich mich wieder an frühere Verhaltensmuster, alte Beziehungen und den Lebensstil, der mir vertraut war.

Ich spürte in jeder Zelle meines Körpers, dass daran was nicht stimmte – und trotzdem setzte ich alles daran, dieses Falsche aufrechtzuerhalten.

Erinnerst du dich an die innere Leinwand und ihre Folgen? Die große Illusion von Kontrolle, Optimierung, Perfektion und Wegleugnen – kurz: die Situation, wie du erwartest, dass sie sein sollte. Kontrolle, Arousal, Anspannung pur.

Doch in einer Wüste ist nichts von all dem, was du bisher gekannt hast. In einer Wüste ist Nichts.

Das allerdings IST. Darauf kannst du dich verlassen. Und das ist gut! Es ist ENTspannung. Die Wüste ist so, wie sie gerade IST.

Unterm Strich war meine kurze Zeit der Rückkehr ins Alte nichts anderes als eine Blase, nein, eigentlich ein Lederball aus Stress, ein Spielball, in dem ich saß, und der orientierungslos hin- und herhüpfte, ständig auf der Lauer, ständig bereit zu optimieren, ständig am

Reagieren, gefangen in dem hoffnungslosen Versuch, alles eben beim Alten zu lassen.

Es gelang mir noch nicht einmal mich daran zu erinnern, dass das einzig heilsame und wirkungsvolle in diesem Moment das pure Sein gewesen wäre.

Das durchaus interessierte „Woher kommt der nächste Gedanke?", das ich in der Klinik so sehr lieben gelernt hatte, war einem panischen „Woher kommt der nächste Auftrag?" gewichen. Und damit meine ich weniger die realen Aufträge wie in „bring mal den Müll runter", sondern die in mir.

„Hilfe! Er kommt auf mich zu, was soll ich tun?" oder „ich müsste da anrufen, aber ich kann nicht, was soll ich tun?" oder „scheiße, wie komme ich nach Hause?".

Ich ging wieder in die Klinik. Diesmal sprach ich das „Nein" – aber das lag mehr daran, dass einfach kein anderes Wort mehr übrig war.

Da begegnete ich Jörg. Und ich bin dankbar, dass ich Jörg begegnen durfte, denn er lehrte mich mein erstes und wahrhaftiges „Nein".

Im Jahr darauf war es bescheinigt: Ich war unfähig zu dienen.

Außerdem hatte ich drei Bücher geschrieben, zwei veröffentlicht und alles mitgenommen, was man so an Tools brauchte, um im Selfbusiness erfolgreich zu sein (und natürlich Geld zu verdienen). Und, du ahnst es schon, wieder zog mein Körper den Stecker. Diesmal, indem er mich erstarren ließ. Alle Flüssigkeiten in mir hatten aufgehört zu zirkulieren.

Es war wieder einmal Zeit für das „Nein". Für das Nein zum Struggle, zum Hustle, zur Produktivität bis zum Umfallen, zum Kämpfen, Trauern, Hoffen. Und Nein zum immer wieder enttäuscht werden – weil man ja eben doch nie genug ist.

So bog ich den Leistungsoptimierungsschalter, diese unermüdlich lauernde patriarchale Falle, um und widmete mich dem Teil in mir, der am lautesten schrie. Ich persönlich ging raus aus dem Kopf und rein in den Körper und schrieb erstmal für mehrere Monate nichts[41].

Und gleichzeitig machte sich in mir so eine Ahnung breit, eine innere Stimme, die mir immer wieder versicherte, dass das schon so in Ordnung sei und das Schreiben dann wiederkommen würde, wenn es an seiner Zeit wäre. Und so verstand ich auch, dass das derselbe Moment wäre, an dem sich meine zutiefst geschundene Seele wieder aufgetankt hatte.

Dieses Sein, von dem ich da rede, ist keine reine Annehmlichkeit, die einfach so da ist. Sie wurde uns ausgetrieben. Das pure Sein wird verachtet als Müßiggang (ist aller Laster Anfang …), als Faulenzerei und vor allen Dingen natürlich als ineffizient.

Deswegen ist das Sein eine olympische Disziplin. Du musst sie trainieren[42].

Das Sein ist der Iron Woman unserer Zeit. Du musst dich mit ihr anfreunden und dich auf sie fokussieren.

---

[41] Das ist der Hammer, ich schwöre es dir, wenn man so viel geschrieben hat wie ich in kürzester Zeit – dann plötzlich nichts zu schreiben, nichts zu tun. Und dieses Nichts-Tun vor allen Dingen AUSZUHALTEN!

[42] Ganz oft werde ich gefragt, was ich mit Frauen mache, die zum ersten Mal in mein Mentoring kommen. Und dann wird erwartet, dass ich irgendwas aufzähle. Kann ich aber nicht, denn die einzig wahre Antwort auf diese Frage lautet: Nichts.

Du musst damit beginnen, auf deine eigene innere Stimme zu hören und die anderen Stimmen, die Schwellenwächter und Grollmaster und inneren Kritiker zum Schweigen bringen. Auch wenn sie dir mit Worten einprügeln wollen, was du gerade ihrer Meinung nach zu tun hast.

Hier, in dieser Terra Incognita, in dieser Wüste, ist Nichts. Und ich wiederhole gerne noch einmal: Dieses Nichts fühlt sich für uns als Macher und Status-Quo-Shaker scheiße an. Du musst diese Spannung aushalten! Es ist das Sein, aus dem sich die neue Form gebiert.

Aber zurück zu meiner Reise.

Ich durfte mein „Nein" lernen, weil andere es mir vorgemacht haben und mir den Raum geboten haben, es auszuprobieren. So kam ich zu meinem eigenen „Nein".

Die Reise, die ich dir beschrieben habe, dauerte mehrere Jahre – und dauert noch immer an! Erst gestern war ich wieder in Anspannung. Ich hatte zwei prall gefüllte Wochen hinter mir, Lesungen, Coachings, 2000 km, Schreibmeetings, Bürokratiekram – und wollte doch tatsächlich heute vorm Schreiben noch schnell dies und noch ganz schnell das.

Ja, mittlerweile muss meine innere Stimme nicht mehr ganz so laut schreien, bevor ich mein „Nein" ausspreche.

Für Dies und Das ist auch morgen ein Tag. Und übermorgen wieder.

FINDE DEIN NEIN

Nachdem du ja jetzt fast dein ganzes Leben lang nur ein einziges Wort benutzt hast, nämlich „Ja", ist es Zeit für dich ein neues Wort zu lernen. Dieses Wort ist das hässlichste aller Wörter und besitzt vier Buchstaben.

Es ist dein Nein.

Doch dieses Nein ist alles andere als hässlich, das wird uns nur jahrelang erzählt. Im Gegenteil, es ist unglaublich wichtig. In ihrem Buch „Die Magie der Hexen" schreibt Luisa Francia:

„Das Nein ist das wichtigste Wort in der Magie. Es schützt und bewahrt."[43]

Dich nämlich.

Wie hört sich dein Nein an?

(Das „Ja" heben wir aber gut auf, denn wir werden es noch brauchen.

Binde es dir einfach in einem Tragetuch an den Bauch, da ist es sicher und darf das Leben und das, was du darin erfährst, gleich miterleben, daran mitwachsen)

Stell dich also vor den Spiegel und übe.

Mein Lieblingsnein zum Beispiel heißt: „Ääääääh... Nö!", wobei ich noch so schön mit den Augen rolle beim Äh, damit wirklich jedem klar wird, dass ich nur so tue, als würde ich auch nur im entferntesten darüber nachdenken ...

---

[43] Luisa Francia: Die Magie der Hexen, München 1996. S.123

 ## WIE HÖRT SICH DEIN NEIN AN?

Und: Mach langsam! Dein Nein darf sich entwickeln, bis es souverän wird.

Fange ruhig mit einem entrüsteten, aber inbrünstigen „Nein, du blödes A****loch!" an. Es ist okay, dass du anfangs noch total emotional bist, schließlich machst du das ja zum ersten Mal.
Wenn du dich zum ersten Mal dabei beobachtest, wie du „es" tust, also laut Nein sagst, ist es, als ob zum ersten mal in deinem Leben eine knallharte Rebellin sich vor dich stellt und für dich spricht.

Nimm dein Nein mit dir raus in die Welt und probiere es aus! Moduliere es, sprich's mal lauter, mal leiser – und schau, was mit dir passiert.
Schau auch, was mit deinem Gegenüber passiert. Will es kämpfen? Heult es rum? (Meistens passiert nämlich etwas völlig Unerwartetes: nämlich nichts, außer dass dein Nein akzeptiert wird)

Mit der Zeit und der Übung wachsen du und dein rebellisches Nein zusammen. Du wirst souverän in deinem Nein, und eines Tages wird dein Nein Bestand haben und nicht mehr dein Sein berühren.

Und so kommen wir zum zweiten Schritt auf heißem Sand:

„SCHEISS DIR NIX, DANN FEHLT DIR NIX"

Gestern war ich an der Garage, in der mein free soul pirate, mein black van, mein Zuhause auf vier Rädern steht. Diese Garage war mal eine Scheune und steht daher idyllisch mitten in der Pampa.

Ist klar, dass da auch viele Tiere wohnen, die da halt normalerweise so wohnen. Zum Beispiel Schleiereulen.

Und das scheint auch echt okay zu sein, solange sie nicht direkt vor die Eingangstür kackt. Was sie gerne und ausgiebig tut.

(und jetzt hör mal genau zu und versuche herauszuhören, was diese Schleiereule dir damit zu sagen hat).

Der mittlerweile entnervte Vermieter hat echt große Geschütze aufgefahren:

Auf allen Balken, Vorsprüngen, möglichen Ruheplätzen über der Tür sind nun Nagelbänder. 15 Zentimeter lange, spitze Nägel ragen drohend in die Luft und lassen keinerlei Zweifel daran, dass sie auch erbarmungslos zustechen, wenn du dich setzen möchtest. Ausruhen möchtest.

Doch damit nicht genug: Krähen hängen an Schnüren vom Dach runter und drehen drohend ihre Kreise, machen unmissverständlich klar: Du bist hier nicht erwünscht. Das ist unser Revier. Eine Katze mit schillernden Augen sitzt lauernd in der Ecke und ist bereit, jederzeit zum dich vernichtenden Sprung anzusetzen.

Ich schätze, dass du das aus deinem Leben kennst. Diese Nagelbänder, die dir das Ausruhen verwehren, die drohend kreisenden Krähen, die dir deinen Raum nicht zugestehen, die lauernden Katzen, die dich vernichten wollen.

Und nun höre, was ich dir berichte: Jedes Mal, jedes Mal, wenn ich zur Garage komme, finde ich Gewölle. Dann kehre ich das weg und finde beim nächsten Mal wieder Gewölle. Das bedeutet: Sie ist noch da.

Ich blicke nach oben und um ehrlich zu sein, habe ich keinerlei Plan, wo die Schleiereule sich hinsetzt, um zu würgen. Alles ist voll mit Nägeln!

Und doch: Sie tut es. Sie scheißt sich nix! Es ist ihr vollkommen wurscht, ob da Nägel sind oder Krähen oder Katzen.

Sie hat diesen Auftrag quasi inhaliert: Scheiß dir nix, dann fehlt dir nix!

Übersetzt heißt das: Es muss dir wurscht sein, was deine Umgebung da macht. Werde dir darüber klar, dass das allermeiste davon nichts mit dir zu tun hat. Blicke hinter den Schleier dieser Theaterrolle[44]!

Die Schleiereule hat schon längst geschnallt, dass deine, uups, ihre natürlich, vermeintlichen Kollegen oder Konkurrenten in Wahrheit unecht, also kraftlos, aus Plastik nämlich, sind und sich eh nur dumm im Kreis rum drehen – um sich selber eben. Schau mal hin! An wen aus deinem Kollegen- und Bekanntenkreis hast du jetzt gerade gedacht?

Ist der aus Plastik? Tut der nur so, als ob er echt, also authentisch ist? Spielt er diese Rolle – und dreht sich in Wahrheit um sich selbst? Er ist keine Gefahr. Auch, wenn dein innerer Film das behauptet. Schau hin!

Scheiß dir nix! Und warum? Weil du's kannst. Punkt.

Ja, du kannst.

---

[44] In meiner Arbeit am Theater brüllte tatsächlich einmal ein Schauspieler entnervt und mit sonorem Bass den Regisseur mit folgenden Worten an: „Spiel nicht den Regisseur. Sei er einfach!" SEI er einfach …

Echt jetzt?

Was können wir denn?

Können wir denn eigentlich was?

Das sind deine Gedanken? Dann nimmst du bitte sofort wieder dein Beweise-Buch aus Kapitel 1 zur Hand und gehst auf Forschungsreise.

BEWEISE-BUCH

Schreibe alles auf, was dir plötzlich, nach deinem ersten eigenen Nein, plötzlich leicht von der Hand geht und wovon du sicher weißt, dass du es vorher nicht konntest. Werde da aufmerksam für dich und deine Verwandlung!

Vielleicht magst du auch aufschreiben, wann's nicht so gut geklappt hat. Identifiziere Hindernisse und überlege, wie du ihnen begegnen kannst.

Beobachte genau! Du bist die Forscherin in deinem Leben.

Und belohne dich unbedingt für deine eigene Stärke und dein unglaubliches Durchhaltevermögen.

Du hast ein unerschöpfliches Durchhaltevermögen, erinnere dich, du hast es permanent für andere bewiesen. Jetzt spielt es zum ersten Mal an deiner Seite. Für DICH!

Für dein Selbst, dein Selbstbewusstsein, deinen Selbstwert, deine Selbstachtung.

Schreibe auch die Dinge in dieses Beweise-Buch, die du in der Arbeit mit „the Work" empirisch herausgefunden hast.

Pause. Stillhalten.

SANDSCHÜRFEN MIT DEM GROLLMASTER

Ich saß da mal an der Isar auf einer Kiesbank.

Ich sitze oft an der Isar oder anderen Gewässern, weil es mir guttut, mich mit ihnen zu unterhalten. Sie lassen mich SEIN. Sie sind es, die nicht müde werden zu wiederholen, dass ich bereits genug bin, dass es genügt da zu sein. Dass ich – wenn ich da bin – frei bin von all den Gefängnismauern, in die ich meine Seele stecken ließ und noch immer stecke.

Ich lege dir die tägliche Konversation mit Mutter Erde, Mutter Wasser, Mutter Wind und auch Großmutter Mondin dringend ans Herz! Die Begegnungen mit ihnen sind heilsam. Erstens, weil sie zuhören (und auch das hören, was du gerne verheimlichen möchtest), und zweitens, weil sie antworten.

Ich saß also an der Isar und bereitete meine Mentees gerade auf eine Wachnacht vor. In dieser Nacht sollten sie alleine hier übernachten, ihren Drachen begegnen und daraus ihre Vision kreieren. Die ganzen letzten Tage waren wir alleine gewesen – und jetzt plötzlich kamen zwei Jungs daher, mit Schaufeln und Eimer und fingen an, große Löcher in die Kiesbank zu graben. Dann gingen sie mit ihren Eimern zum fließenden Wasser und wuschen sie aus. Das ging über Stunden so. Leise und beschaulich ist anders …
Irgendwann waren wir dann echt neugierig und beschlossen zu fragen. Die verblüffende Antwort war: Es waren Digger! Sie schürften nach Gold!

Ob du's glaubst oder nicht, da, wo wir gerade drauf rumsaßen, da lag Gold! Minikleine, in der Sonne glitzernde Stückchen. Hättest du das gedacht? Ich nicht.

Der Tag an der Isar hat sich für die beiden Digger absolut gelohnt, wie sie uns versicherten. Es hatte nicht nur Spaß gemacht, sondern sie hatten die gut im Sand versteckten Nuggets auch gefunden.

Und deswegen machen wir das jetzt auch: Wir werden Digger for Gold!

So, komm, lass uns spielen.

Den Grollmaster kennste ja nun schon. Vielleicht hast du bereits mit ihm gearbeitet. Vielleicht bist du ja auch bereits deinem Gefühl gefolgt, hast die Komfortzone des „das macht man nicht" verlassen und hast ihn mit heißen Nadeln gepiekst, ausgekocht, an die Wand gepfeffert, tief in der Erde begraben und darauf gepinkelt oder gekackt.

Sehr gut! Dann seid ihr beide jetzt für erste Gespräche bereit.

Rede mit ihm. Wenn er nervt und dich beleidigt, dann frag ihn, was er jetzt schon wieder will. Höre ihm zu, lass ihn antworten – und dann frage dich:

Was hat das, was der Grollmaster mir gerade sagt, eigentlich mit mir zu tun?

Oder frage direkt: Hat das überhaupt etwas mit mir zu tun?

Und dann:

ÜBE DEIN NEIN.

Ja ja, du hast mich schon verstanden. Meistens hat das, was deine Stimmen immer so in dich reinschreien, gar nichts mit der Realität und schon überhaupt gar nichts mit dir zu tun.[45]

Ja ja, ich weiß schon, du zweifelst jetzt mit Sicherheit an dem, was ich dir gerade sage…

Wie gut, dass du ein Beweise-Buch hast!
Darin wirst du nämlich nachschlagen und schwarz auf weiß, mit Datum und Uhrzeit feststellen können, dass diese harsche Kritik, in die er dich gerade tunkt, völlig unbegründet ist. Punkt.

Statt im vermeintlich sicheren Bettchen zu liegen und dich wie damals der heilige Lorenz auf dem Grillspieß hin und her zu wenden über dem Feuer des „Warum immer ich?", statt weiter darüber zu brutzeln, was du angeblich alles falsch gemacht hast, frage dich:
Was habe ICH heute richtig gut gemacht? Frage dich: Von wem in meiner Umgebung habe ich heute Wertschätzung erhalten für das, WAS ICH BIN?
Ja, dies ist eine schwere Aufgabe.

---

[45] Höre genau zu: Fangen diese Sätze mit „du" oder „wir" an? Wenn ja, dann sind sie nicht von dir.

Und diese Momente gibt es. Sie sind kleine helle silberne Punkte am pechschwarzen Hintergrund.

Frage dich jetzt:

Was habe ICH heute richtig gut gemacht? Von wem in meiner Umgebung habe ich heute Wertschätzung erhalten für das, WAS ICH BIN?

Und nun formuliere daraus Werte.

Du hast der Nachbarin heute die Tasche hochgetragen? Du bist hilfsbereit.

Du hast die gestresste Verkäuferin angelächelt? Du bist freundlich. Mehr noch: Du hast Verständnis gezeigt. Du bist empathisch.

Du bist bei 15 Grad in den See gesprungen? Du bist mutig.

Und übrigens auch sehr verantwortungsbewusst, denn du tust, was zu tun ist.

Du siehst, worauf ich hinaus will? Es gibt die Momente, in denen du das, was du bist, bereits lebst. Lass dich da nicht von so einem dahergelaufenen Grollmaster vom fragwürdigen Gegenteil überzeugen!!!

EIN SACK VOLLER WERTE

Schreibe die Werte, die du gefunden hast, weil du sie bereits besitzt, auf. Von mir aus auf kleine Zettelchen, die du in ein kleines Säckchen steckst.

Diese Werte werden deine Nahrung sein, du weißt schon, wie getrocknetes Büffelfleisch oder getrocknete Früchte, auf denen du in

Zeiten der Not drauf rumkauen und lutschen kannst – und sie, vermischt mit deinem Speichel, die ihnen eigene Süße und Kraft wieder abgeben. Dich nähren.

Das geradezu Magische ist aber nicht nur, dass sie ihre Energie behalten, das wirklich Magische ist, dass sie sich vermehren!

Du wirst dich wundern, wie sehr der Inhalt des Säckchens wachsen wird. Es hängt von dir ab. Wirst du es füllen?

Dieses Werte-Säckchen kannst du auch gut als Orakel verwenden. Zieh einfach einen Zettel, falls du gerade mal wieder nicht wissen solltest, welchen Wert du gerade brauchst.

Vor allem aber ist es der Beweis dafür, dass der Grollmaster nicht recht hat, egal wie laut und grausam er brüllt. Denn da, in deinem Säckchen, auf deinen Zettelchen steht, WAS DU WIRKLICH BIST.

Und weil du es jetzt ja schwarz auf weiß hast, wie du WIRKLICH bist, traut sich auch endlich dein Potenzial raus, das seit Jahren in dir steckt. Wie ein zartes Pflänzchen spitzt es so langsam durch deine asphaltierte Weltendecke durch und möchte nach Außen!

Da ist etwas in dir, du spürst es dann, wenn du ganz in dir, in deinem SEIN bist. Das möchte sich zeigen, sich ausleben. Spüre deine Grenzen im Außen, sie sind es, die dich stärken!

Agiere und schaue, was passiert.

Welches Feedback du erhältst.

Und dann geh wieder ins Sein, in dein SEIN und forsche nach, welche Richtung dein Selbst nun einschlagen will. Triff eine Entscheidung und geh damit wieder raus, erforsche die nächsten Grenzen.

Und weißt du was, mach's dir überhaupt zur Aufgabe, jeden Tag eine gute Tat zu begehen, und wenn's nur das Lächeln für die gestresste Verkäuferin an der Supermarktkasse ist. Jede kleine gute Tat, die ernst gemeint ist, ist ein kraftvoller Wachstumsbooster.

Wenn du darin wächst, wenn du es glauben kannst, weil du es beweisen kannst, dann kommst du an den Moment und wirst deinen

GROLLMASTER UMDREHEN.

In Wahrheit ist er, dieser riesige Muskelprotz mit dem furchteinflößenden Gesicht, der Wächter deines Neins. Er ist nämlich dazu da, dich und deine Grenzen zu verteidigen. Ihr habt das beide nur vergessen …

Und weil er seinem eigentlichen Job ja niemals nachgehen durfte, weil „man das ja nicht macht", hat er ihn an dir ausgeübt. Und guck mal, wie effizient und perfekt er geworden ist.
Glaub das mal: Niemand hat so einen furchteinflößenden Grollmaster wie du!
Führe ihn aus!
Der Typ an der Tanke macht dich immer so doof an? Probier's an ihm aus, wie es ist, wenn ihr beide, du und dein Grollmaster, mal zusammenarbeitet. Lass deinen Grollmaster von der Leine! Nur einmal – du wirst dich wundern (und gleich mal sowas von wachsen).

ACHTUNG FALLE!
Was?

Du fragst dich stattdessen, warum der Typ so ist, wie er ist? Du willst ihn verstehen? Womöglich noch, damit du dein Verhalten an seine Wünsche und Bedürfnisse anpassen kannst?

Hallo, du bist ein Schwarzfahrer!

Du versuchst gerade bei jemand anderem auf den Wagen zu springen und auf seinen Vorstellungen mitzufahren, anstatt darauf zu schauen, WIE ES DIR GERADE GEHT. WAS DAS MIT DIR MACHT.

Entkopple das sofort! Du bist nicht für seine Gefühle zuständig. Blicke ausschließlich auf dich! Und wenn du Hilfe brauchst, dann nimm dir dein Beweise-Buch wieder her und stelle dir die richtigen Fragen.

DIE HELDIN WANDERT II

Such dir neue Orte. Orte, die du noch nicht kennst. Dazu nimmst du am besten eine analoge Karte und findest den Ort, der deine Seele ruft.

Warum eine analoge Karte? Meine Güte, Mädchen, weil es Zeit ist, dass du dir den Raum erschließt!

Es ist Schluss mit dem zweidimensionalen ja-nein=vielleicht.

Es ist Schluss damit, dass jeder, sogar Google dir sagen darf, wo's hingeht! Erforsche den dreidimensionalen Raum!

Öffne deine Wahrnehmung für Orte, die Verbotenes im Namen tragen. Das sind Orte mit „Teufel" oder „Wolf" oder „Hölle". Du wirst dich wundern, wie viele es davon gibt. Und alle sind sie gute Indikatoren für die perfekte Nahrung auf deiner Reise. Aber auch solche, die „Himmel" im Namen tragen, sind deutlich blinkende Hinweisschilder.

Und weil wir gerade schon beim Thema „Perfekte Nahrung" sind, und ich sehr gerne deinen Selbst-Mut ein bisschen kitzeln würde, habe ich hier noch eine Übung für dich:

Tue etwas „Verbotenes" – iss eine reife Mango

Das ist meine Lieblingsanweisung in "Succulent wild woman" von meiner funtastischen Kollegin Sark[46]. Und ich liebe sie!!! Im Ernst jetzt.
Hast du das schon einmal probiert?

Das burleske Spiel geht ja schon im Supermarkt los, wenn du nämlich jede Mango in die Hand nehmen und ganz sanft drücken wirst (bloß nicht zu sehr! Mangos sind da sehr empfindlich, das habt ihr zwei gemeinsam). Erst, wenn sie sich anfühlt wie dein Bauch, wenn er liebevoll gedrückt wird (und wenn ich liebevoll sage, dann meine ich liebevoll, also nicht vorsichtig und zurückhaltend und auch nicht geboxt oder gebohrt), dann ist sie richtig. Lass sie noch zwei, drei Tage in deiner Wohnung liegen. Tanze jeden Tag um sie herum, liebäugelt miteinander und lass sie ihren wunderbar einzigartigen, süß-fruchtigen Duft verbreiten.

---

[46] SARK: Succulent Wild Woman: Dancing with Your Wonder-full Self, 25. Auflage, New York 2022

Und wenn sie dann ganz reif ist, solltest du sowieso irgendwo hingehen, wo du sabbern darfst, geh also am besten gleich nackig in die Dusche und schneide die harte Schale ab.

Der süße Saft wird über deine Finger und über deine Arme laufen – und ...[47]

A WENG BLEED SCHAUA UND A RUH GEHM-CHALLENGE

Woher kommen eigentlich diese ganzen Gedanken? Ich meine, hör' dir doch mal zu, das plappert und babbelt und ratscht in einer Tour durch deine Gehirnwindungen und gibt eines nicht: A Ruh!

Tja, woher kommt der nächste Gedanke? Hast du darauf schon einmal geachtet? Kommt er von unten, von links, aus dem Dunkel, vom Himmel gefallen? Hast du Lust auf dieses Fangspiel?

Deine Challenge in diesem Kapitel wird sein, zu stehen und zu schauen, woher die Gedanken kommen. Du wirst ihnen keinerlei Bedeutung zukommen lassen, denn das, was sie transportieren, interessiert jetzt nicht. Wichtig ist allein das Woher.

Wahrscheinlich wirst du feststellen, dass es in dir plötzlich still wird. Immerhin liegst du ja quasi auf der Lauer, mit zusammengekniffenen Augen und gespitzten Ohren, damit du den nächsten Gedanken ja nicht verpasst. Ha! Da ist er! Hab' ich dich!

Und weil es ja nur darum geht, herauszufinden, woher er kommt, NICHTS WEITER, kannst du ihn ziehen lassen. Du musst dich nicht um ihn kümmern. DU MUSST DICH NICHT UM IHN KÜMMERN.

---

[47] Glaub mir, du stehst nicht in der Dusche, damit du diesen Nektar möglichst effizient abwaschen kannst. Ehrlich jetzt, fällt dir dazu nix Besseres ein?

Ja ja, ich weiß, das ist Übungssache. Aber mach's doch einfach wie beim Sami-Saiwa-Chakuy. Stell dir einfach vor, du säßest auf einem gigantischen Klo, in das du die Gedanken einfach hineinfließen lässt. Mutter Erde freut sich über all diese Gedanken. Drücke am Ende der Meditation mit Impetus die Klospülung, das befreit.

Resonanzraumflüstern: Lass die Fragen in dir nachklingen und lausche auf das, was in dir antwortet. Heute:

Wie fühlt es sich an, wenn du deiner eigenen Stimme folgst – auch ohne Gewissheit?

(Wie verändert sich dein Körpergefühl, wenn du auf dein Inneres hörst? Welche Unsicherheiten tauchen auf – und was geschieht, wenn du trotzdem gehst?)

Welche neuen Perspektiven öffnen sich, wenn du aus alten Mustern aussteigst?
(Welche Möglichkeiten siehst du, die vorher unsichtbar waren? Was verändert sich, wenn du nicht mehr nach den alten Regeln spielst?)

Kapitel 6: Initiation und Abstieg zur Göttin

„Ich committe mich echt mit jeder Scheiße, aber irgendwann ist gut"[48]

Dieser Satz könnte eine gute Zusammenfassung für das Learning aus dem vorherigen Kapitel sein.

Mir zumindest stand es irgendwann mit Leuchtreklame an die dunkle Leinwand meines Bewusstseins geschrieben, dass ich lieber unter der Brücke schlafe, als weiter diesen Bullshit ertragen zu müssen.

Aufstehen. Gehen.

Lieber weiter durch die Wüste marschieren als hier in einem Zimmer mit Jörg Frosch.

Gut so. Ich sagte ja bereits, diese Wüste ist in Wahrheit ein endslanger Strand an dessen Ende eine Cocktailbar wartet.

Ah, du möchtest gerne noch die Geschichte von Jörg? Kannste haben:

Jörg ist einer von denen, die immer im Zentrum stehen müssen. Und sie leiden unglaublich, wenn ihnen ihr Lieblingsschnuffeltier weggenommen wird: die Aufmerksamkeit.

---

[48] Geena kurz vorm Verlassen des sinkenden Schiffes in AlexAndresk: Geena und die Wand der Schädel, Norderstedt 2023

Immer, ich schwöre, immer, wenn jemand was hatte, hatte Jörg es auch – nur viel schlimmer. Das ist okay, solange man sich umdrehen und gehen kann.

Wenn das allerdings in der Gruppentherapie passiert, ist das nicht mehr tragbar.

Es gab bei diesem Klinikaufenthalt bereits viele Dinge, mit denen ich mich nicht mehr committen konnte (mehr dazu kannst du in „Geena und die Wand der Schädel" lesen). Aber Jörg setzte dem Ganzen die Krone auf.

Da war ein junges Mädel, die es echt schwer mitgenommen hatte, die da tränenüberströmt saß und kaum ein Wort ihrer Leidensgeschichte über die bebenden Lippen brachte. Doch kaum war es draußen, fiel Jörg sofort scheinbar empathisch in den haltenden Kreis mit den Worten: „Ach ja, du Arme, ich kenne das."

Und dann nahm er den Faden an sich und erzählte episch von sich (du erinnerst dich an die Geschichte von Theseus?).

Ich war echt erstaunt und blickte mich um. Doch außer mir störte sich da scheinbar keiner dran, dass Jörg sich diesen Raum nahm, der doch eigentlich allen gehörte. Er kaperte ihn mit einer Selbstverständlich- und Kaltschnäuzigkeit, die echt ihresgleichen sucht. Aber niemand wehrte sich. Und Jörg nahm sich immer mehr Raum und mehr, plusterte sich auf und es war deutlich: Er würde nicht aufhören.

„Ich committe mich echt mit jeder Scheiße, aber irgendwann ist gut." Das war mein Satz, der sich da wie eine mächtige Flutwelle Raum nahm.

Und ich habe ihn laut ausgesprochen, bin aufgestanden, gegangen und nie mehr dahin zurückgekehrt.

Dieser Moment, in dem dieser Satz und die damit verbundene Erkenntnis aus mir herausbrach, kommt mir noch immer spooky vor.

Plötzlich war die Erkenntnis da – einfach da, als wäre sie nie weg gewesen – und ich konnte fühlen, dass sie wahr war.

Und mit diesem Gefühl kam der Mut, nein, die glasklare Notwendigkeit es auch auszusprechen. Da war gar kein Platz mehr für Grollmaster und Konsorten, für Schwellenwächter und gute Erziehung. Ich sprach es einfach aus und es war.

Tolles Gefühl, wenn es soweit ist, dass die tiefsten, bislang verbotenen Gedanken zu Worten werden und dann eben einfach sind. Unerschütterlich wie Felsgestein. Fest verwurzelt wie ein Baum.

Kennste den Spruch: „Was stört's die Eiche, wenn die Wildsau sich dran reibt?" Gar nichts. Sie steht da drüber. Ganz einfach: Ich Eiche groß, du Wildsau klein. Punkt.

Ja ja, ich weiß schon, klingt ganz schön arrogant. Hatte Jörg auch behauptet. Dass ich ganz schön arrogant bin. Aber jetzt mal ehrlich, Schätzchen: Wenn du meinst, dass du gerade VIIIELL zu arrogant bist, dann biste wahrscheinlich gerade genau richtig.

Grenzen sind da, um wahrgenommen zu werden, um sich an ihnen zu reiben und an ihnen zu wachsen.
Grenzen sind so immens wichtig, weil hinter ihnen der Schutzraum, der Ort liegt, an dem du dich sicher fühlen und sicher entwickeln kannst.

Und genau deswegen MÜSSEN deine Grenzen respektiert werden! Und wenn einer so gar nicht schnallt, dass er jetzt schon seit Wochen oder Jahren auf deinem Territorium rumtrampelt und deine Grenzen einfach so gar nicht respektiert, dann bist du dazu verpflichtet, ihn darauf aufmerksam zu machen.

(Und weil er's schon so lange macht, wirst du laut und rabiat werden müssen.)

Und ja, man wird dich als arrogant bezeichnen.
(Wärst du ein Mann, klänge das anders. Dann wärst du nicht arrogant, sondern hättest Biss und Durchsetzungsvermögen ...)

Und für all das bin ich Jörg dankbar. Er hat mir meine Krone aufgesetzt und mir gezeigt, dass ich die Königin in meinem Reich bin.

Hey, schau mal! Jetzt sind wir von der ariden Wüste mit dem vielen Nichts echt ans Meer gekommen.
Kannst du die Brandung schon hören? Die Wellen, die hart an die Klippen schlagen und sanft an den Strand rollen?
Vor dir die türkise Weite, hinter dir die beige Wüste – und um dich herum starke, große, fruchtige, aufrechte Sukkulenten.
Kaktusfeigenkakteen, die so rund und füllig und gut genährt aussehen wie meine Oma Wally – mal abgesehen davon, dass sie mindestens ebenso stachelig sind. Die scheißen sich auch nix.
Überall an ihren gemütlichen Rundungen sitzen rote und gelbe Knubbel, die genial süßsauer schmecken und dich all das lehren, was ich dir mühsam zu erzählen versuche.

Vielleicht solltest du mal[49] eine ungeschälte Kaktusfeige pflücken,
schälen und essen –
und dabei genau untersuchen, worin ihr euch ähnelt ;-)

---

[49] Mit Handschutz bitte

Neben den Kakteen die mannshohen Aloe Veras mit ihren fleischigen Blättern, die sie weit von sich strecken, Raum einnehmen und ihn auch behaupten. Auch sie haben Stacheln. Und auch sie lehren dich.

Hier bist du umgeben von starker, weiblicher, nährender Kraft, die dem trotzen, was mann so Leben nennt. Sie stehen einfach da und sind. Und du mitten unter ihnen. Kannst du das fühlen? Wie sie dich aufnehmen in ihre Mitte, in ihren Kreis? In ihre Gemeinschaft? Wie sie dir die Hand reichen und dich stützen? Halten? Nähren?

Wie sie dir Kraft geben. Dich ermutigen. Spürst du's?

Die Wellen balgen verspielt mit sich selbst und versuchen sich zu übertreffen in ihrer Höhe. Und sie locken dich. Ich schätze, du hast ein bisschen Lust, mit ihnen zu spielen.

Da musst du gar keine Angst haben. Wir bleiben hier, im flachen Wasser, da kann nichts passieren, weil – du weißt es ja bereits – Mutter Erde dich auffangen wird, wenn du fällst.

Na, was ist? Lust darauf, diese kühnen weißbeschopften Wellen zu reiten?

VON WELLEN UND WALLEN

Was ist das eigentlich, eine Welle?

Rein physikalisch betrachtet ist eine große Wasserfläche eigentlich ein still daliegender, tiefer See. Unbewegt spiegelt die Wasseroberfläche das, was nach ihr kommt.

Du sitzt am Ufer und bist ruhig.

Bis dir plötzlich die Idee kommt, ein Steinchen reinzuwerfen.

Um den Punkt, der die ruhende Oberfläche gestört hat, kommt Bewegung. Er zieht Kreise, deren Amplitude und deren Peak (Höhe) sich in der Fortbewegung vergrößern. Und schließlich als Welle ans Ufer schlägt. Je größer die Störung, umso höher die Welle.

Wenn dann noch eine zweite Welle hinzukommt, etwa wenn die eigentliche Welle von einer weiteren Störung (z. B. einer Mauer) zurückgeworfen wird, dann können so mir nichts, dir nichts gigantische Monsterwellen à la Wand der Schädel entstehen, die alles unter sich begraben.

Die Differenz zwischen dem Peak der Welle und dem Wellental kann bis zu 40 Meter ausmachen, das ist so hoch wie das 15.Stockwerk eines Hochhauses. Und du im Ruderboot …

Je bewegter, je stürmischer die See, umso höher und zahlreicher und gewaltiger werden die Wellen.

Im psychologischen Sinn der Welle ist das genauso. Wieso auch nicht? Eine Welle ist eine Welle und wird sich demzufolge auch immer so verhalten.

Und wie verhalten wir uns?

Tja, wir werden versuchen, die Steinchen zu vermeiden. Wir tun alles, um die grausame Amplitude zu kontrollieren.

Als wären wir der berühmte Frosch im Milcheimer, schlagen wir panisch um uns – und erreichen damit zwangsläufig das, was wir ursprünglich zu vermeiden suchten.

Die Anspannung steigt, die Panik übernimmt und so werden auch unsere Wellen manchmal zu Monsterwellen. Himmelhoch jauchzend – zu Tode betrübt.

Um diese Wellen, von denen ich da rede, zu verstehen, brauchst du dich nur zu erinnern. Jede unglückliche Liebe, bei der man heulend auf der Couch sitzt und die Taschentücherindustrie unterstützt, ist schon eine. Wenn eine langjährige Beziehung auseinanderbricht, ein geliebter Mensch stirbt – alles das sind Wellen, die dich wie aus heiterem Himmel überrollen und dich erstmal in die Tiefe ziehen. Du kennst sie (und auch den instinktiven Umgang mit ihnen), seitdem du fühlen kannst.

Ich kenne das. Ich kenne vor allem auch die großen Amplituden, wo ich in einem Moment grenzenlos euphorisch bin (sicherlich auch aus Freude darüber, dass das Tal endlich überwunden scheint) und im nächsten Moment wieder von irgendetwas (denn noch können wir nicht erkennen, was das genau ist) so unglaublich zu Boden und damit weit unter Wasser gezogen, gestoßen werde.

Du bist erfahrener, als ich es zu diesem Zeitpunkt war, denn du weißt bereits, dass das „Irgendwas" nicht von Außen kommt, sondern auf deiner Leinwand abläuft. Ich wusste das damals nicht.

Stattdessen fühlte ich mich als Spielball, als wild umherspringender Flummi der Welt, meiner Welt.

Das ging so weit, dass ich am Schluss schon Angst davor hatte, mich gut zu fühlen - aus Angst vor dem (scheinbar unweigerlich folgenden) tiefen Fall. Die Amplitude war einfach zu groß. Und nicht mehr zu ertragen.

Die Seele reagiert daraufhin automatisch mit Stillstand (was im Sinne der Frequenz sicherlich das einzig Sinnvolle ist). Die widersprüchlichen Wellen von ENTWEDER Kampf ODER Flucht schlagen übereinander und enden im Freeze. In der absoluten Gefühlstaubheit. Denn diese Gefühle sind es ja, die die Störung ausgelöst haben. Und die gilt es deswegen zu vermeiden.

Und so verharren wir in der absoluten Stille und Unbewegtheit des Meeresbodens am Marianengraben oder, wie ich es nenne „unter dem Mantel des Todes".

Es hat Jahre der Übung gedauert, bis ich endlich verstanden habe und es als Wahrheit akzeptieren konnte, dass ich es bin, die den Stillstand der Seele willentlich produzieren kann. Z. B. durch Stehen und Schauen. Und damit die Amplitude so regulieren, dass ich sie noch als Wellenspaßbad definieren kann. Die Möglichkeit, mit ihr spielen zu dürfen, das nimmt mir die Angst vor ihr.

Herauszufinden, dass meine Hitzewallungen, die mich seit meinem Trauma heimsuchen, kein Symptom der Menopause sind, sondern Stressreaktionen, war eine Odyssee durch die Apothekenauslage Abschnitt Wechseljahre. Ich habe alles ausprobiert, was es so gab (und dabei viel Geld ausgegeben und sehr vielen Leistungsoptimierern und ihrem „von A nach Z in unter fünf Sekunden geglaubt) – geholfen hat nix.

Erst, als ich die richtige Frage gestellt hatte, wurde die Antwort sichtbar.

Es war die Frage danach, wann die Wellen auftreten.

Zum Beispiel ganz extrem immer dann, wenn ich ans Trauma erinnert wurde. Dann rollte die Welle der Erinnerung heran und begrub mich unter sich. Strampelnd und mich wehrend zog ich mich selbst immer weiter unter Wasser, verfiel in Panik, hörte selbstverständlich auf zu atmen und – na ja, hatte das Gefühl, schon wieder zu sterben.

Aber Darling, es ist nur eine Welle! Sie kommt und sie geht auch wieder! Das einzige, was du zu tun hast, ist, das zu glauben.

Und mit diesen Wellen ist es wie immer mit ihnen: Sie werden dich vom Brett werfen, du wirst tauchen, du wirst jede Menge Wasser schlucken – aber du wirst Boden unter den Füßen haben, aufstehen können und dann wieder aufs Brett des Lebens steigen. Reite mit deinen Wellen! Tauche durch die Gefühle.

Es geht nicht darum, der perfekte Wellenreiter auf der perfekten Welle zu sein. Es geht grad überhaupt nicht um Erfolg.

Es geht nämlich um Spaß.

Und um Übung.

Du kennst bestimmt den Spruch „You can't stop waves, but you can learn to surf". Wer immer ihn erfunden hat, er ist wahr.

Wellen im Sinne von overwhelming Katastrophen und die mit ihnen verbundenen Gefühle wie Trauer, Schmerz, Angst, Anspannung werden immer wieder kommen. Das liegt daran, dass sie dazugehören zum Meer. Besser ist, du lernst sie kennen – und schließlich lieben. Ich verspreche dir: Sie werden zwar nicht kleiner, aber du wirst sie surfen können.

Und wir werden jetzt genau das zusammen tun: Wir werden in diesem Kapitel surfen lernen.

Ein ganzes Kapitel lang: Nur Übung – und jede Menge Spaß dabei.

ES IST NUR DIE ÜBUNG

Ich habe wieder diesen Traum. Ich bin in einer Burg mit altem dunklem Gemäuer mit grob behauenen Steinen, die mich zu er-

drücken scheinen. Ein Labyrinth aus niemals endenden Gängen, von denen einer in den nächsten führt.

Wie immer renne ich durch sie hindurch, immer auf der Suche nach dem Ausgang.

Doch heute ist es anders.

Heute habe ich zum ersten Mal das Gefühl, dass diese Burg, die so gnadenlos echt erscheint mit ihren Geistern und Gespenstern und Zombies, deren grausam verzerrte Schreie ich höre, in Wahrheit nur eine Geisterbahn ist. Ein gigantischer Freizeitpark als Burg getarnt.

Ich weiß, wo ich hin muss. Zu oft bin ich schon hier gewesen, nachts, in meinen Alpträumen. Ich muss zur Treppe, sie wird mich nach unten, zum Ausgang führen.

Kaum habe ich das gedacht, da taucht sie auch vor mir auf. Gleich hinter der Seilbrücke (die scheinbar erneuert worden ist, die haltenden Stränge strahlen in frischem orangerot) wartet sie auf mich.

Es ist eine seltsame Treppe, fast ein bisschen wie eine Feuertreppe, die ich aus amerikanischen Filmen kenne. Eine, die sich beim Gehen entfaltet.

Ich setze den ersten Schritt auf die erste Stufe – und schon kommt der uralte Mechanismus in Gang, die Stufe bringt neue Stufen hervor, breitet sich nach vorne aus und beginnt sich zu neigen.

Die Angst kehrt kurz wieder. Dann die Erinnerung, gleich stark. Fast stärker als die Angst. Ich erinnere mich: Jeder Schritt nach vorne ist ein Schritt nach unten. Ja. Ich kann es.

Ich weiß nun, wie es geht. Ich weiß sogar, wie ich mich festhalten muss, um in dieser ewigen Bewegung nicht zu stolpern, zu straucheln, zu fallen.

Es ist geschafft. Ich habe wieder sicheren Boden unter den Füßen. Hatte ich ihn je verloren?

Seit Jahren träume ich diesen Traum nun schon. Die Version, die ich dir eben erzählt habe, ist die neueste.

Damit du siehst, dass ich wachse und du auch wachsen wirst.

Der erste Schritt auf die Treppe war für mich jedes Mal ein Höllenritt! Wenn unter dir der Boden zu schlittern, zu wackeln, zu schwingen beginnt, während deine Hände das Geländer umklammern, das etwas völlig anderes macht, in eine andere Richtung schwingt, in einer anderen Frequenz.

Und unter mir selbstverständlich (ganz Hollywood like) der endlos tiefe Abgrund, ein Brunnenschacht. Selbstverständlich dunkel und unheimlich.

Ich bin jedes Mal schweißgebadet aufgewacht, die Augen weit aufgerissen, vollgepumpt mit Adrenalin.

An Schlaf war nicht mehr zu denken.

Dabei ist das System, die Mechanik dieser Treppe total einfach! Es ist das gleiche wie bei einer Rolltreppe im Kaufhaus. Oben, an der Schwelle, fährt waagerecht Stufe um Stufe heraus und neigt sich dann nach unten. Völlig logisch. Und die macht mir nun wirklich keine Angst.

Was also ist anders?

Also, mal abgesehen vom Konstrukt an sich, das wesentlich wackeliger ist als so eine gemütliche Rolltreppe.

Ich glaube, es liegt daran, dass ich die Rolltreppe in ihrer Gesamtheit bereits vor mir sehe, also einschätzen kann, wohin und wie sie mich führt.

Bei meiner Treppe ist das anders. Hier taucht immer eine Stufe nach der anderen auf – ich sehe immer nur den nächsten Schritt.

Und dieser nächste Schritt könnte mein letzter sein.

Herzlich willkommen! Jetzt geht es darum, Vertrauen und Hingabe zu lernen.

Es geht abwärts.

In dieser entscheidenden Phase der Heldinreise sieht sich die Heldin mit einem Abstieg konfrontiert – man nennt sie „die dunkle Nacht der Seele", ein Zeitraum intensiver Destrukturierung und innerer Zerrissenheit. Diese Reise in die Dunkelheit bringt Traurigkeit, Kummer sowie ein Gefühl der Unkonzentriertheit und Orientierungslosigkeit mit sich.

Es ist ein Gang durch Zeitlosigkeit, hier gibt es keine klaren und schnellen Lösungsstrategien und Auswege.

Der Auslöser für diesen Abstieg können einschneidende Ereignisse sein. Manchmal ist es aber auch einfach nur an der Zeit.

Ich schätze, bereits im vorherigen Kapitel ist dir aufgefallen, dass in diesem Land, in dem du gerade unterwegs bist, männliche Werte und Strukturen keinen Platz mehr haben. Es ist kein Platz mehr für schneller, weiter, höher. Kein Platz mehr für Leistungsoptimierung. Kein Platz mehr für Unterwürfigkeit und schon gar kein Platz mehr für Lügen und Schweigen. Deswegen nenne ich dieses Land so, wie alle es schon immer genannt haben, ohne wirklich zu verstehen: Dieses Land ist No-Man's-Land, NieMannsLand.

All deine alten Lösungsstrategien hast du an der ersten Schwelle abgelegt oder im Laufe deiner Wanderung durch die Wüste – uups – verloren.

Stattdessen hast du neue, verlässliche Strukturen und Routinen erworben.

Wie sieht's damit aus?

Stehst du jeden Morgen auf und schaust?

Solltest du einige der Challenges wiederholen?

Schreibst du in dein Journal?

Triffst du dich regelmäßig mit dir zum gemeinsamen Spielen und Leben?

Wie läuft's mit der Dankbarkeit?

Auch deine Tool-Box für brenzlige Momente sollte bereits gut gefüllt sein.

Führst du dein Beweise-Buch?

Hast du genügend Nadeln, um deine Schwellenwächter zum Schweigen zu bringen?

Atmest du?

Shiftest du in den Parasympathikus?

Bleibst du in der Schockstarre, damit ja nichts passiert, oder gehst du in Bewegung?

Treibst du Sport, fährst du Fahrrad, weil dein Personal Trainer oder die Waage das sagen oder weil es DIR tatsächlich guttut?

Arbeitest du mit Terminplaner, weil du so viel zu tun hast, oder weil dir die Termine mit dir SELBST so wichtig sind, dass du sie darin einträgst?

Machst du die Steuer, weil das Finanzamt schon gemahnt hat, oder weil es UM DEIN GELD geht?

Du musst in diesem Kapitel keine großen Sprünge machen, das würde nicht funktionieren, weil das Alte nicht mehr funktioniert.

Der Point of no return liegt schon weit hinter dir.

Du wirst bald nur noch von Tag zu Tag und von der Hand in den Mund leben können. Bald wird das Einzige, was du siehst und was man noch im Entferntesten als sowas wie Richtung bezeichnen könnte, nur noch die Hand vor Augen sein. Sei vorbereitet!

Trainiere regelmäßig. Und vergiss dabei nicht: Es ist nur die Übung.

Darf ich vorstellen? Großmutter Mondin

„Ich sitze hier bei Mondenschein, weil ich wieder nicht schlafen kann – wie ich seit Jahren nicht mehr schlafen kann und die Nacht und die Mondin mit ihrer scheiß Auf- und besonders viel Ab-Amplitude mir zu Hassobjekten geworden sind. Morgen jährt sich „mein Todestag", der Tag, an dem wir uns kennengelernt haben, zum siebten Mal. Zeit dafür, das alles zur Post zu bringen, auf den Weg zu bringen, loszulassen, größeren Mächten zu übergeben, seinen Lauf zu lassen.

Gerade sitze ich hier in der Nacht im Zwiegespräch mit ihr und Großmutter Mondin, gebe ihr Raum, Luft und tanze mit ihr einen wunderbaren Tanz. Später werde ich unterm Sternenhimmel mummelig einschlafen.

Ich verstehe plötzlich, dass die Nacht keinen Schatten produziert, keine Reflexion. In der Nacht bin ich gezwungen, von innen heraus zu leuchten. Mein Ich zu leben, statt wie bei Tag um die Sonne zu kreisen, mich in ihrem Glanz zu suhlen, ihr zu huldigen, sie zu reflektieren. Hier, in der Nacht, sind wir alle gleich.

Ist das nicht so was wie dieser doofe Stillstand? Niemand dreht sich um niemanden. Nicht mal mehr um sich selbst. Nur noch um das Innen. Sieben oder mehr Jahre habe ich geglaubt, dass ich der Stillstand bin, da versteckt unter der langen Kutte des Todes. Und dabei ist es so viel mehr. Weil ich so viel mehr bin.

Ich bin mir sicher, dass Großmutter Mondin und Schwester Nacht mir das verzeihen werden, dass ich sie so lange mit dem Arsch nicht angeschaut habe – zumal ich noch einige Nächte unter ihr verbringen werde und die Nacht und die Weite trinken will, mich ihr hingeben will, sie berühren will und mich von ihr berühren lassen will.

Ja, und dann schauen wir weiter ;-)

Danke dir, dass du mir zugehört hast.

Ich wünsche dir erholsame, berührende Nächte!" (Heldinreise Bad Waldsee, 25.11.20)

DARF ICH VORSTELLEN? SCHWESTER NACHT

oder: – die „dunkle Nacht der Seele"

Wenn du an diesem Punkt bist, wirst du ihn hassen.

Du wirst ihn hassen, du wirst ihn hassen, du wirst ihn hassen, du wirst ihn hassen. Na ja, ich glaube, du hast mich schon verstanden.

Warum? Weil er vor all deinen Grollmastern den bösen Zeigefinger nach dir ausstreckt und dich wie damals die doofe Kuh in der Dritten auslacht mit den Worten: „Ey, schaut mal, wie schwach die ist."

Oh, Göttin, ja, ich kenne das.

Du auch?

Hast du schon zu Tode betrübt und innerlich zerrissen von Wut in deinem Kinderzimmer gesessen und hast die ganze Welt, insbesondere aber deine Erziehungsberechtigten gehasst, weil du nicht zu DER Party durftest? Damals zerbrach die ganze Welt! Und du hast die ganze Nacht wach gelegen und warst wütend und hast gezetert, den in der Dunkelheit versteckten Schatten all deine Gefühle und die Ungerechtigkeit des Lebens entgegen geschmettert?

Wie viele tiefdunkle Nächte durfte ich schon in meiner Arbeit als Lektorin erleben. Wenn die Autorinnen, die mit so einem klaren Blick für ihr Buch gestartet waren, sich plötzlich nicht mehr sicher waren. Die am liebsten diese Schnapsidee „Ich schreibe ein Buch, weil ich was Wichtiges zu sagen habe" rückgängig gemacht hätten, die ausgedruckten Seiten ins Feuer geworfen, sich umgedreht und zum Tagesprogramm übergegangen wären.

Nun ja, wenn du mal so weit bist, dann kannst du nicht mehr zum früheren Tagesprogramm übergehen. Dafür sind einfach schon viel zu viele Zellen in dir umprogrammiert. Du tickst nicht mehr so. Das bedeutet: DU wirst sie aushalten müssen.

Ich kenne diese Nächte, in denen ich vorzugsweise schwitzend im Bett gelegen habe, nee, mich hin und her gewälzt habe, und der rettende Schlaf sich sowas von verpisst hatte. Welle eben … Stattdessen war da diese Nacht plus jede Menge Grollmaster und die Rufe meiner Seele.

Wie Zombies standen sie an der Schwelle zu meinem Bewusstsein, klopften und riefen und kamen immer näher. Während ich selbstverständlich damit beschäftigt war, die Tür zuzuhalten, die ich Jahrzehnte lang so gut geschlossen hatte.

Irgendwann war's dann wurscht. Irgendwann kam ich drauf, dass ich statt hier rumzuliegen, genauso gut auch rausgehen und ihr all meine Wut und meinen Hass entgegenschreien könnte.
Zumindest wäre dann die Zeit nicht ganz so verloren ...

Entgegen der landläufigen Meinung kann man in der Nacht sogar in viel besiedelten Gebieten einfach so rumschreien. Alle, die das mitkriegen, werden sich eine schöne Geschichte außenrum überlegen, die dein seltsames Gebaren erklärt (wie sie's immer tun, wenn etwas seltsam ist). Vielleicht werden sie dich am nächsten Tag komisch angucken – aber dann ist es auch schon wurscht.
Wichtig ist nur das, was WIRKLICH *passiert.*

Hm, wie beschreibe ich es dir am besten?
Du gehst also raus, begibst dich zu deinen Zombies (ohne ihnen zuhören zu müssen, das musst du gar nicht. Du musst nur die Angst vor ihnen aushalten, mehr nicht – mehr nicht deswegen, weil der erste Schritt raus deinen Zombies schon ein deutliches Zeichen deiner Kraft setzt).
Und dann kommt sie. Schwester Nacht. Unter ihrer dunklen Decke schweigt oder schreit alles gleich laut – die Zombies genauso laut wie du.
In der Kühle von Schwester Nacht wirst du Erlösung finden, weil das, was die Grollmaster so gerne permanent vor dich hinbrab-

beln, hier kein Gewicht mehr hat. Weil nichts mehr Gewicht hat. Das NICHTS Gewicht bekommt.

Wie sich das anfühlt?

Hm, stell dir vor, dass du gefesselt am Boden liegst und Tausende von Ameisen damit beginnen, dich aufzufressen. Sie fangen bei deinen Füßen an, fressen sich nach oben, über Beine, Hüfte, Brustkorb, Arme – und endlich, endlich kommen sie auch an deinem Kopf an. Und dann, dann herrscht plötzlich endlich Ruhe.

Ohh, all die bekloppten Explosions- („ich darf doch jetzt hier nicht so ausflippen") oder Implosions- („wenn sich das nicht ändert, dann geh' ich kaputt")Phobien sind eine süße kleine Fantasie im Gegensatz zu dem, was hier passiert.

Ich schwöre dir: Du wirst pulverisiert, in all deine Quanten zerlegt und zu guter Letzt aufgesogen von einem schwarzen Loch, bis du weg bist. Puff. Einfach weg.

Nix mehr da. Nur noch die Nacht.

Doch halt, da ist noch was. Du spürst es. Das, was noch da ist, ist dir gut bekannt. Du bist es.

Du?

Du. Nicht mehr und keinesfalls weniger. Nur du.

Die dunkle Nacht der Seele ist die Geburtsstunde deines Ich.

Bis heute verstehe ich selbst nicht, warum wir so eine Heidenangst davor haben – vor dieser dunklen Nacht der Seele. Denn wenn wir sie wirklich durchleben, uns ihr hingeben, werden wir sie lieben. Das geht gar nicht anders.

Weil wir durch sie lernen, uns zu lieben.

Es gibt hier, an diesem Punkt, an diesem Strand, am Ende dieser Wüste nichts Tröstlicheres als diese Nacht. Sie gibt mir Schutz, sie fängt mich auf, sie bewertet mich nicht. Vielleicht ist sie ein bisschen deutlich, ja, das mag sein.

LERNE FEUER ZU MACHEN

und gewöhne dich an Schwester Nacht und Großmutter Mondin

> „I am afraid that she [the dark goddess, d.V.] will grind me down, pulverize me, eat me up, and spit me out. I know that every time this happens I become more of myself than when I began, but it is an excruciating experience."[50]

Ja, das beschreibt ziemlich gut, was hier passiert.
Ich könnte dich jetzt an die Übung Sami-Saiwa-Chakuy erinnern, wo du ja auch Mutter Erde zu essen gibst, dich und deine schwere Energie nämlich, und sie das verdaut in nährende Energie, die du zurückbekommst. Was wäre, wenn das mit dir genauso laufen würde?

Wie? Dazu müsstest du in ihren Bauch? Und es ist hier schon dunkel genug?

Du hast recht. Lass uns Feuer machen.

---

[50] Zit. n. Murdock 1990, S.91.

Ist doch schön hier, so am Strand, auf einer feuerfesten Unterlage und draußen, ein bisschen gechillt am Feuer zu sitzen und den Erzählungen von Mutter Ozean zu lauschen, liebevoll behütet von Großmutter Mond und Schwester Nacht.

Nein, sag's nicht.
Du hast „noch nie Feuer gemacht, das machen beim Grillen immer die Kerls", die werfen dann den Laubbläser an, um ein Feuer zu machen, das dir die Augenbrauen versengt …

Vergiss diesen männlichen Jäger- und Kriegerwahn.
Wir machen's weiblich.

Im Karree legst du kleine Holzscheite auf, immer zwei parallel und zwei drüber im rechten Winkel. In der Mitte formst du ein Nest aus leicht brennendem Material wie trockenen Blättern oder trockenen Gräsern, Birkenpapier oder auch Holzwolle. So ein Feuer ist wie du, gib also acht, dass du nicht zu viel reinstopfst – es soll ja schließlich noch atmen können.
Super ist es auch, wenn du harzige Äste dazu legst, wie z. B. Rosmarin. Das riecht erstens gut und hat denselben Effekt wie der Spiritus, den die Kerls immer reinpieseln.

So, das war einfach.
Aber jetzt zum magischen Moment. Entzünde das Feuer!
Bestimmt hast du auch noch irgendwo eine Packung Tampons rumliegen, die du eigentlich nicht mehr brauchst? Du schmeißt sie aber nicht weg, weil man weiß ja nie …
Die sind super! Die sind besser als jeder stinkende Kohleanzünder ausm Baumarkt!

Drösle einen auf, zerrupfe ihn ein wenig, lege ihn in das Nest, das du bereitet hast, und zünde ihn an.

Und dann freue dich! Du hast Feuer gemacht! Schau mal, wie das brennt!

Mit der Zeit (und der Übung) wirst du feststellen, dass auch das Feuer spricht. Es tanzt deine Geschichte und die Antwort auf deine Frage.

Es isst an deiner Stelle all die alten und für dich unverdaulichen Schatten deiner Vergangenheit. Vielleicht magst du sie in einen Rosmarinzweig oder anderen Zweig blasen und dein Feuer damit füttern. Das Feuer wird sie mitnehmen. Zu Asche und Staub verwandeln.

Transformieren.

Du kannst dem Feuer Fragen stellen und in dich hinein hören, welche Antworten kommen, jetzt, wo's so still ist und nur die Brandung und das Knistern der Äste dich sanft umgibt.

SPIEGLEIN, SPIEGLEIN AN DER WAND ...

1. Ist es für dich ok, deine Gefühle und Bedürfnisse auszudrücken? Welche fallen dir leichter? Welche nicht so leicht? Welche kannst du unmöglich ausdrücken? (Und welche kleinen Schritte könntest du täglich in dein Übungsprogramm einbauen, damit es dir gelingt?)

2. Wie nährst du dich, wie tankst du auf? (z.B. durch Heldinwanderung, entspannende Bäder, Me-Time …) Wie fühlst
   du dich dann?
3. Wie drückst du dich aus? Bist du kreativ? Wenn ja, wo?
   Wie fühlst du dich, wenn du kreativ bist?
4. Und wenn du prokrastinierst, wie fühlst du dich dann?
5. Hast du alles gesagt, was du sagen wolltest?

Und irgendwann, wenn es auch in dir still und sanft geworden ist,
wenn alle Fragen gestellt und alle Antworten gehört sind, drehe
dich um. Drehe dem Feuer den Rücken zu und blicke in die Dunkelheit.

YIPPEE, ICH HAB 'NEN SCHATTEN

Da sitzt er. Da, genau vor dir und tanzt im Rhythmus deines Feuers
fröhlich von einem Bein auf das andere. Dein Schatten. Er gehört
zu dir. Und er ist okay.

Du kämpfst noch mit dir, respektive deinem Schatten?
Sei doch froh, dass du einen hast! – es gibt kein größeres Kompli-
ment für eine Heldin als „Ey, du hast 'n Schatten!", denn das beweist dir, dass es wieder eine Heldinreise geben wird. Es beweist dir,
dass du lebst.

Wenn er dir aber Angst macht, dann weißt du ja, was du zu tun
hast.

Atmen.

Ein 1-2-3, aus 1-2-3-4-5 bis ganz tief runter zum Steißbein.

Und dann so gut es geht das Schauspiel im Hirnkastl betrachten.

Erinnere dich: Es ist nur eine Welle. Du kannst sie durchtauchen.
Erinnere dich! Je mehr Steine du in das stille Wasser wirfst und mit dem Kampfschwert um dich schlägst, umso stärker werden die Wellen.
Die Kunst des Schattenkriegers ist, die Amplitude wieder zu der ihr zugedachten Frequenz zu bringen. Lass sie da sein.

Mit der Zeit wird das Feuer hinter dir ausbrennen. Auch das ist gut. Alles, dem du keine Nahrung mehr gibst, wird irgendwann ausbrennen. Das weißt du aus deiner eigenen schmerzlichen Erfahrung.
Das Schöne ist: Mit dem verlöschenden Schein des Feuers wird auch dein Schatten verschwinden. Wird kleiner und kleiner werden, und sich irgendwann gänzlich mit der Nacht verwoben haben. Du, dein Schatten, die Nacht – Alles ist eins.
Ich bin voll stolz auf dich, du hast eine wichtige Nacht siegreich durchlebt.

DRÜCKE DIE DUNKELHEIT IN KUNST AUS

Hahahahahaha! Kunst? Ich weiß schon, dass du jetzt so gar keinen Bock auf schöne Kunst hast. Das einzige, was dir dazu jetzt gerade einfällt, wäre einen oder am besten gleich mehrere Farbkübel an

irgendwelche Wände zu dreschen und dich dann darin herumzu-
wälzen.

Dann mach das doch!

Kora saß mir an dieser Stelle Rotz zu Wasser heulend gegenüber,
weil sie, so drückte sie das aus, noch nicht mal in der Lage sei,
ihren Schmerz in Kunst auszudrücken. Sie hatte stundenlang den
Pinsel in der Hand – aber sie konnte ihn nicht bewegen. Aus einem
Klumpen Ton war nach Stunden wieder nur ein Klumpen Ton geworden, vielleicht etwas durchgewalkt, aber eben immer noch
Nichts.

Sogar eine Collage aus motivierenden oder berührenden Fotos
war Nichts geworden. Alles schien ihr schal. Nichts eben.

„Vielleicht geht es genau darum, Nichts zu schaffen. Vielleicht
solltest du erstmal damit beginnen, Alles zu zerreißen."

Das war der Startschuss.

Kora nahm alle Zeitschriften, die sie für ihre Collage bereits brav
(war ja Hausaufgabe) gesammelt hatte, und begann damit, sie zu
zerstören.

Erst zwei Jahre später durfte ich das Ergebnis sehen. Und vor allem
das Leuchten ihres Herzens in ihren Augen, als sie es mir stolz prä-
sentierte.

Aus der Zerstörung war etwas gänzlich Neues geworden. Ein Plakat
der Stärke. Ihrer ganz eigenen Stärke.

Der Wandlungsprozess, die Eucharistie, pulsierte aus diesem Kunstwerk hervor, und erfüllte den Raum.

Das bewusste Zerstören des Alten war zum Katalysator geworden,
um dem Neuen nicht nur den Weg zu öffnen, sondern ihn quasi als
Dung oder Schotter zu bereiten.

Und weil wir uns jetzt lang genug kennen, weißt du ja jetzt, was jetzt kommt:

ZERSTÜCKELUNG

Wenn du mich jetzt fragen solltest, was du zerreißen könntest, dann würde ich ja sagen: Nimm dein leistungsorientiertes Visionboard und zerreiße es in tausend Stücke! Das allermeiste, was da drauf ist, ist nur eine Krücke! Es ist wieder nur der Sklaventreiber, der hinter dir steht und mit der Neunzüngigen winkt.

Hier, wo du gerade bist, im No-man's-land, haben Zeit und Raum sich aufgelöst. Du blickst nicht mehr in die Zukunft[51] und machst durchstrukturierte 5-Jahres-Pläne, die du dann mit allen Mitteln zu erreichen suchst. Wahrscheinlich weißt du gerade gar nicht einmal, was du überhaupt erreichen solltest, weil du ja eigentlich auch gar nicht mehr weißt, wer du eigentlich bist. Weil du mit ziemlicher Sicherheit nicht mehr die bist, die dieses Buch gekauft hat. Du hast deine Rollen ausgezogen, die Lügen entlarvt, hast dich aufgerichtet und kannst jetzt ohne Krücken laufen.

Du solltest schleunigst damit beginnen, den echten Boden unter deinen Füßen zu erkennen. Und dieser Boden ist gerade nunmal Nichts.

Lerne die Krücke vom Boden zu unterscheiden, jetzt!

---

[51] Keine Sorge, das kommt wieder, aber erstens erst so ab Kapitel 9 Ende und zweitens anders als du jetzt glaubst, solange genieße diese Freiheit.

Jetzt erst kannst du anfangen zu träumen!

Nur diesmal

TRÄUME VON DIR!

Stell dich nackig unter die Dusche und verhänge alles, was auch nur den geringsten Lichtstrahl reinlassen könnte. Dreh die Glühbirne raus und fühle dich!

Die Zeit ist vorbei, in der du dich nur **gesehen** hast – die Falten, den Bauch, die Cellulite.

Jetzt ist die Zeit, dich zu **fühlen**!

Und dann tanze dein neu wiederentdecktes Ich wild in die Nacht!

Schreie es Schwester Nacht entgegen, wer du bist und wie du bist!

Schüttle den um die Wette strahlenden, ach so glänzenden Stars und Sternchen mit aller Macht deine blanken Fäuste entgegen!

Du leuchtest!

Ich leuchte!

Wir alle leuchten und strahlen in einem gigantischen Netzwerk und umspannen diese Erde!

Wir sind!

Tanze! Jetzt!

Tanze mit Schwester Nacht und Großmutter Mond den großen Ringelreih der Schöpfung. Lass dich von den Geburtswehen tragen, wenn sie dich durchrollen wie mächtige Wellen die Brandung.

Und dann, dann erschaffe, was du gesehen hast.

A WENIG BLEED SCHAUA UND A RUH GEHM-CHALLENGE

Was du hier am Feuer lernen kannst, ist, dass dein Selbst immer vollkommen und heil ist, das einzige, was nervt, sind diese permanenten Nebelbomben, die dein Bewusstsein schmeißt.

Lass Gedanken einfach Gedanken sein, denn hinter deinen Gedanken und Gefühlen liegt deine größte Kraft, deine wahre Essenz, dein Sein.

Du erinnerst dich, dass alles, was du glaubst, wahrzunehmen, in Wahrheit nur ein Film auf deiner inneren Leinwand ist. Und dieser Film ist ziemlich laut. Viele schreien durcheinander, Schwellenwächter, Kritiker – aber hinter ihrem Geräuschpegel liegt dein SELBST, dein Sein. Und hier, in der Nacht, am Strand, beginnst du damit, es hinter dem Lärm zu hören.

Dafür musst du nichts tun. Du brauchst nicht mal zu denken.

Hier, in der Stille der Nacht, bist du endlich zu Hause. Du bist angekommen.

Lass deine Gedanken einfach Gedanken sein. Gib sie ins Feuer oder lasse sie von den Wellen wegtragen.

So machst du den Weg frei für neue Impulse. Impulse, die aus dir kommen, die neue Richtung weisen.

Und denke auch hier daran: Es ist nur die Übung.

Wenn du doch einmal einen hartnäckigen Gedanken hast, der dich am Schlafittchen packt und kratzt und beißt und zwickt, dich zwingt ihm zu folgen, dann nimmst du das wahr – und fängst du einfach von vorne an mit Nichts Denken.

Ich verspreche dir: Die Stimmen in deinem Kopf werden leiser werden. Aus all den „Du-" oder „Wir-"Sätzen werden immer mehr „Ich-"Sätze. Die innere Leinwand wird leerer werden, keine dicken Nebelsuppen mehr fabrizieren.

Stattdessen wirst du mehr und mehr auf deine innere, deine ganz eigene Stimme hören. Und die ist wundervoll.

DIE HELDIN WANDERT III – EXTENDED VERSION

Geh endlich auf die Reise.

Es schreit doch so sehr in dir danach. Dann gib diesem Rufen nach!

Du musst nicht übertreiben, du musst nicht nach Afrika oder dich für die Rallye Paris-Dakar anmelden (es sei denn, du möchtest das, dann schreib mir unbedingt 'ne Karte – falls du Zeit hast).

Bleib in deinem Gäu, in der sicheren Zivilisation, wo alles, was dein Grollmaster zu brauchen meint, innerhalb von 30 km zu erreichen ist (und ich schwöre dir: Der wird so rumzicken – dann deute auf die rettenden Inseln namens „Supermarkt, Mechaniker, Apotheke" auf der analogen Karte und klaue ihm den Wind aus seinen aufgeblähten Segeln).

Pounamus Übung war der erste Ritt mit ihrem Van. Einmal nur eine Nacht allein im Camper verbringen und – und das wäre das höchste! – auf der Fahrt vielleicht auch eine Brücke überqueren.

Von diesem Traum hat sie mir erzählt, unter Tränen, so groß war ihr Wunsch.

Ich musste gar nicht wissen, woher diese Angst kam, was ihr Schlimmes in Bezug auf Brücken geschehen ist. Ich musste nur zuhören.

Und in einem konnte ich sie verstehen, weil ich es kannte: Ich kenne die Angst, die da aus ihr herausschrie. Diese Angst ist immer dieselbe. Die Angst, allein gelassen, verlassen zu werden. Die Angst, dann eben nicht fliegen zu können, sondern ins Bodenlose zu fallen (ich weiß, liebe Pounamu, dass dir beim Lesen dieser Zeilen bereits wieder die Tränen fließen – diesmal aus Freude darüber, dass du's gewagt hast, deine Angst an der Hand zu nehmen).

Göttin sei Dank gibt's Google und mit ihm alle nur erdenklichen Informationen über eventuelle Gefahren. Wir suchten also eine Strecke ohne Brücken. Denn wichtig war, dass sie endlich einmal **allein** unterwegs war. Dass sie diesen ersten kleinen Schritt in die Panikzone erlebte und vor allem erlebte, dass dieser Schritt machbar war – und zwar aller Einflüsterungen der Schilder zum Trotz – ohne dabei auf der Stelle zu sterben.[52]

Das Meeting im Safe Space in der darauffolgenden Woche drehte sich natürlich um die Erfüllung der Hausaufgabe.

„Und, wie war's?"

---

[52] Das klingt jetzt flappsiger, als es in Wahrheit ist. In Wahrheit schlägt dir das Herz bis zum Hals, du hörst auf zu atmen und der Schweiß bricht dir aus. Panikattacken sind das mieseste, was ich kenne. Und ja, ich kenne sie. Ich habe sie nämlich heimlich beobachtet: Zuerst wird mir heiß. Die erste Welle. Dann vergesse ich zu atmen. Die zweite Welle. Die dritte Welle schwappt dann rein, wenn ich feststelle, dass ich nicht mehr atme – und darüber so in Totalpanik verfalle, dass schließlich gar nichts mehr geht. Und ja, der klitzekleine Schritt in die Panikzone ist ein bisschen so, aber sein ganzes Gebaren ist völlig normal. Weil: Du und deine Panik, ihr kennt euch. Und weil ihr euch schon so aneinander gewöhnt habt, wisst ihr, was ihr könnt. Zum Beispiel atmen. Das kannst du. Jetzt. Das konntest du schon immer, du vergisst es nur zu oft.

„Ich hatte einen wundervollen Platz unter einer Linde."

„Ah."

„Direkt in der Nähe vom Bahnhof."

„Ah."

(Du merkst schon: Ihre Erzählung reißt einen bisher nicht vom Hocker. Irgendwas ist da noch …)

„Ich hab' super gut geschlafen, als ich dann endlich eingeschlafen bin."

„Ah. Hattest du Angst vorm Alleinsein im Bus?"

„Nee, es war so schön. Ich war lang nicht mehr so mit mir."

Hm. Sieht so aus, als wäre alles ganz leicht verlaufen, wie Scheiße den Abort runterrutscht. Ich freue mich.

„Und? Bist du stolz auf dich?"

„Äh."

(Da könnte ich ja schon im magischen Dreieck hüpfen. Jede von uns darf immer stolz auf sich sein. Ganz egal, was oder wie viel sie geleistet hat. Die einzig akzeptable Antwort auf diese Frage ist also „Ja!").

„Also ja."

„Ja."

„Ja!"

„Jaa."

„Also ja oder nein?"

Tiefer Seufzer. Dann ihr „Ja." Ich spüre es, es steht wie ein Baum.

„Und der nächste Morgen?"

„Ach, nach dem Tee hab ich 'ne andere Route genommen. Bin über eine Brücke gefahren …"

What? Wie abgefahren ist das denn?

Merkste, was passiert? Nix passiert!

Das Leben ist freundlich! Gib dir das mal. Wusstest du das schon?

Dass nix passiert, kitzelt dich an der Nase. Es kitzelt dich sogar so lustig, dass du noch einen klitzekleinen Schritt weitergehst – scheiß auf all die Stimmen, die da rumplärren. Sie haben ausgeschissen. Jetzt bist du dran.

Resonanzraumflüstern: Lass die Fragen in dir nachklingen und lausche auf das, was in dir antwortet. Heute:

Welche wiederkehrenden Muster erkennst du in deinem Leben? (Welche Situationen oder Herausforderungen tauchen immer wieder auf? Gibt es ein Thema, das sich wie ein roter Faden durch deine Erfahrungen zieht?)

Wo versuchst du noch, Kontrolle auszuüben, statt die Dynamik zu verstehen?
(An welchen Stellen klammerst du dich an Sicherheit, anstatt dem Fluss zu vertrauen? Was könnte passieren, wenn du loslässt und beobachtest, wohin es dich trägt?)

Ich habe einen Film gesehen.[53]

Ich habe diesen Film zusammen mit 30 weiteren Frauen gesehen.

Und doch haben wir unterschiedliche Filme gesehen.

Der, den ich gesehen habe, war sinnlich. Verspielt. Kreativ. Fließend. Weiblich. Wie ein Meer. Ich war wirklich berührt.

Der Filme, den die anderen gesehen haben, war abstoßend und eklig. Skandalös. Fast Porno. Dabei läuft am Nachmittag um Eins Schlimmeres im Fernsehen.

Die Sinnlichkeit, um die's da ging, haben sie nichts gesehen.

Der Regisseurin wurde sogar vorgeworfen, dass diese Filme nichts zur großen Revolution der Frau beitragen.

Und plötzlich, ich weiß gar nicht wirklich, wie's dazu kommen konnte, haben nur noch die einzigen zwei anwesenden Männer geredet. Die's natürlich auch nicht verstanden haben, aber bei denen liegt das ja quasi in ihrer Natur …

Wie gibt es das, dass Frauen reine Sinnlichkeit noch immer mit schnödem Sex verwechseln? Dass ein weiblicher Körper für Frauen noch immer ein ekliges Ding ist, das man nur im Dunkeln erlauben kann? Wer verbietet uns uns?

Wie kann das immer noch sein, dass wir Männern erlauben, über unsere Geschichten zu urteilen? Oder noch schlimmer: Wie können wir ihnen erlauben, uns, den Frauen, unsere eigene Geschichte zu erklären? Und das mit einer arroganten, gönnerhaften Selbstverständlichkeit, die mir echt Angst gemacht hat.

---

[53] Und zwar Donne Luce von Macrina Binotti, die die weiblichen Archetypen im echten Leben dokumentiert. Binotti ist eine Zauberin des bewegten Bildes. Mehr dazu auf ihrem Kanal:
https://www.youtube.com/@donnelucefilm4396

Wieso wehren wir uns da nicht dagegen? Wieso erlauben wir es ihnen immer noch?

Ich war so – ich weiß gar nicht – ernüchtert.

Es war so erniedrigend. So sinnlos. Hat alles kaputtgemacht. Mich so verletzt.

Sagt keiner was? Keine?

Wo ist dein Mut? Oder deiner?

Wo ist unser Mut?

Der Mut zu UNS! Zu jeder einzelnen von uns?

Wo ist mein Mut, zu mir zu stehen? Mein Mut, mich zu lieben und ausschließlich mir zu dienen? Und mich damit ihr, der großen Göttin, deren Tochter ich doch bin, hinzugeben.

Denn das bin ich doch – eine Tochter der Erde?

Ich lebe, ich atme, ich schwinge, ich fühle, ich gebäre – genauso wie sie.

Du auch. Du lebst, du fühlst, du gebierst.

WIR machen das jetzt gerade, zusammen, in diesem Augenblick.

Nach ihrem Vorbild tun wir das!

Und das ist nicht linear und kausal. Das ist zyklisch, spiralig, magisch!

Ich sag' euch, wo mein Mut ist. Mein Mut ist hier! Mein Mut seid ihr!

WIR sind mein Mut und deiner.

Lasst uns zusammen die Welt kreieren, re-kreieren.

Denn das ist es doch: das permanente Schöpfen in unserem Schoß, das Gebären im Draußen.

Schöpfe!

Träume, tanze, male, singe, von mir aus schreibe die neue Welt in die Realität! Mach's jetzt! In diesem Augenblick!

Und schweige nie wieder.

Lasst uns zusammen mit der großen Göttin wachsen.

Kapitel 7: Das starke Verlangen nach Wiederverbindung
mit dem Weiblichen – „Komm ans Wasser!"[54]

In diesem Kapitel werden wir nicht viel mehr als die Hand vor unseren Augen sehen, manchmal nicht einmal die.

Und je schlechter die Heldin sehen kann, umso mehr geht ihr ein inneres Licht auf:

Ist das alles wahr, was ich bis jetzt über mich wahrgenommen habe?

Und wenn ich das alles nicht bin, was bin ich dann?

Und deswegen möchte ich dir vorher noch etwas Wichtiges mitgeben, etwas, was wie ein kleines Lichtlein ist, wenn du bald im Tiefdunklen stehst.

Und das heißt:

---

[54] In den Roman „Näher ans Wasser kommst du nicht" von Alexandra H. Meier eingeflossene Aufforderung meiner Sista BaggerBine vom Kunstbagger Hamburg. Der Roman „Näher ans Wasser kommst du nicht" mit gigantischen Fotos von Bine Voigt ist Preisträger des Thalia Storytellerawards 2024 und u.a. bei mir auf alexandresk.de erhältlich.

Den Kopf schieflegen

Ich schätze, du kannst dir vorstellen, dass der Weg in „deine Keller" schon so eher voller sog. Blind Spots[55] ist. So Dellen, in die wir reintreten oder drüberstolpern oder immer wieder dran hängenbleiben. Und völlig egal, was wir anstellen, ob wir drumrumlaufen wie der Hund um den heißen Futternapf oder die Arme verschränken und einen Schritt zurücktreten oder Google fragen – wir können es einfach nicht erkennen.

Jajaja, doch doch, da ist es, da – ganz hinten in deinen Augenwinkeln kannst du ein Zipfelchen davon erhaschen – nee, doch nicht. Bei mir ist es manchmal so, dass ich den Faden in mein Gehirn ziehe und mein Gehirn dann irgendwie abschaltet, als ob es sagen würde: „Nee, da denkste jetzt nicht drüber nach" Punkt.
Und dagegen hilft: Das Schieflegen des Kopfes. Dieses schräge Ding perspektivisch erstmal geraderücken.

Seltsamerweise ist dieser Spot für deine Sistas meistens überhaupt nicht unsichtbar, eher im Gegenteil. Doch wenn du mit ihnen darüber redest, wird alles, was sie sagen, für dich quasi unhörbar sein. Ihre Antwort wird weder ein zustimmendes Ja noch ein abwehren-

---

[55] Blind Spots verursachen die verschiedensten Probleme, eben weil sie unbewusstes Verhalten oder fehlende Wahrnehmung betreffen. Sie führen zu Fehlentscheidungen, weil ich wichtige Informationen oder Perspektiven übersehe. Sie führen zu Kommunikationsproblemen, indem meine unbewussten Verhaltensweisen andere vor den Kopf stoßen, deren oder meine Bedürfnisse ignoriert oder Missverständnisse anderer Art erzeugt werden. In der Folge kommt es zu zwischenmenschlichen Konflikten, etwa wenn problematische Verhaltensweisen von anderen wahrgenommen, aber von mir absolut nicht erkannt werden.

des Nein und auch kein unbewegtes Nichtreagieren bei dir hervorrufen.[56]

Aber die Antwort wird dir seltsam erscheinen. Das ist es, was zählt.

Normalerweise gehen wir über unsinniges Gebrabbel einfach weg und filtern es sofort raus, wenn wir es hören.

Du aber wirst deine Halsmuskulatur trainieren und auf ihre intrinsische Bewegung warten, wenn dein Kopf quasi von selbst den Impuls setzt, sich in Schieflage zu begeben, um besser sehen zu können.

Und dann steckst du dieses weirde Ding, diese seltsame Botschaft ein und nimmst sie mit. Sie wird sich eines Tages als Schlüssel entpuppen. Und zwar dann, wenn deine Seele bereit ist, darüber zu sprechen.

Weirde Dinge und Magie zu erkennen, wird dir leichtfallen, denn du hast aufgrund deiner Heldinwanderungen das Vibrieren, mit dem sich Resonanz ankündigt, bereits erfahren. Für heute und hier gilt es, diesen weirden Blick zu entwickeln und deine ganz eigene Intuition zu schulen.

---

[56] Ich muss dir da ganz kurz, und weil ich's eben nochmal gelesen habe, ein Zitat von Luisa Francia reinschreiben. Sie nennt diese ganz blinden Spots „die 13. Tür", hinter der Frau Tabu sitzt. „Zuerst hat das Mädchen Angst und ein schlechtes Gewissen. (…) Sie umschleicht die Tür. Frau Tabu ruft heraus, laut und vernehmlich: ‚Sperr endlich auf, du blöde Gans, wie lange willst du denn noch da draußen herumschleichen?' Luisa Francia: Die 13. Tür, 3. Auflage, München 1997, S.104

Und welcher Ort sollte dafür besser geeignet sein als Kapitel 7, in dem sowieso das Allermeiste, das ist, magisch oder wenigstens doch seltsam ist.

Ich habe dir hier ein paar Geschichten mitgebracht – und du entscheidest: Bekommen sie ein Ja, dann nimm sie mit. Bekommen sie ein Nein, dann lass sie liegen, gehe ohne sie weiter. Und wenn sie ein Kopfzucken bekommen, ja dann, dann pack sie vorsichtshalber ein. Du entscheidest.

Vertrau dir!

Lass mal die eiserne Faust des „ich muss" oder „ich will aber" weg. Die Q'ero, von denen ich auch die Sami-Chakuy – Saiwa Chakuy-Übung habe, sagen: Etwas absolut zu wollen und auch etwas absolut NICHT zu wollen, kann fettes Jucha (schwere Energie) sein. Was tust du also?

- Erstmal die schwere Energie wegbringen per Sami-Chakuy.
- Wiederhole bis du den Grollmaster schwindlig gedreht hast: „Ich muss nicht mehr müssen." / „Alles kann, nix muss" – das hilft dir, dich in Bewegung zu setzen, wenn du es wirklich fühlst.
- Atmen, einnorden, den Kompass ausrichten (Übungen hast du da genug).

Lass dir gesagt sein: Du kannst das. Vielleicht nicht den großen, gigantischen Schritt. Achte auf die kleinen!

Ins Labyrinth geht die Heldin alleine

Auch das kannst du.

Es ist Zeit, unsere viel zu eng gewordene Schutzhaut abzulegen, als wäre das the sexiest strip you've ever seen.

Es ist Zeit, die Rüstung abzulegen, damit der Diamant des Selbst zum Vorschein kommt.

Damit der Diamant, der DU BIST, endlich scheint.

Es geht ein bisschen um im Kopf Putzen und Aufräumen, die Stimmen wieder dahinstellen, wo sie hingehören, und abstauben, weil sie klingen schon so komisch.

Lass uns deshalb, während wir hier so im Dunkeln sitzen, ein bisschen ratschen, reden, austauschen. Wir haben gerade eh nix anderes zu tun. Lass uns dem Hier und Jetzt Raum geben.

Am Ende des Kapitels bleibt eh nur das Sein, das miteinander Sein und das miteinander Schweigen.

Bevor wir wieder in die Struktur blicken, ist es an der Zeit, dich mit deiner inneren Mentorin bekanntzumachen. Sie ist es, die dich beim Gang ins Zentrum der Dunkelheit begleiten wird. Es ist deine Intuition.

Spieglein, Spieglein an der Wand …

Wie geht es deiner Inneren Stimme, auch Intuition genannt?

1. Seid ihr schon befreundet? Wenn ja, wie feiert und vertieft ihr zwei das? Wenn nein, was hindert dich daran?
2. Wie oft hörst du auf deine Intuition und vertraust auf deine inneren Eingebungen?
3. Welche Erfahrungen hast du bereits gemacht, bei denen deine Intuition dich in die richtige Richtung geführt hat?
4. Welche Situationen oder Entscheidungen hast du möglicherweise ignoriert, obwohl deine Intuition dir etwas anderes sagte?
5. Wie kannst du zwischen deiner Intuition und deinen rationalen Gedanken unterscheiden, wenn du vor Entscheidungen stehst?
6. Gibt es bestimmte Anzeichen oder Signale, auf die deine Intuition normalerweise reagiert? Wie kannst du diese besser erkennen und interpretieren?
7. Welche Praktiken oder Aktivitäten helfen dir, deine innere Ruhe zu finden und einen klaren Geist zu haben, um deine Intuition wachsen zu lassen?

Nachdem das Klagen und Wehklagen, das irgendwelche Dinge an die Wand Werfen endlich verstummt ist, breitet sich eine tiefe Stille aus.

Die Heldin taucht tief in ihre eigene Stille hinab, um die Teile ihrer selbst zurückzugewinnen, die sie bei der ganzen Selbstoptimierung, beim Wettlauf um Erfolg, bei der Trennung von ihrer weiblichen Seite also verloren hat. In dieser Stille konfrontiert sie sich endlich selbst mit der bestechend einfachen Wahrheit:

„I have been a father's daughter rejecting my mother ..."[57]

Im Gegensatz zum Aufstieg zu den Gipfeln des Erfolgs, wählt die Heldin diesen Weg, diesen Abstieg jetzt nicht mehr, weil sie um jeden Preis Erfolg, Ruhm und ungeteilte Bewunderung erzwingen will. Nein, es geht hier nur noch um sie, darum, alles das einzuholen, was per Geburtsrecht zu ihr gehört. Treppenstufe und Treppenstufe steigt sie hinab, **um ihre dunkle, instinktive Seite zu akzeptieren** – und „dunkel" hat hier nichts mit Horror und Friedhöfen zu tun, sondern mit der ursprünglich authentischen weiblichen Urkraft. Ihr nachzuforschen, bedeutet, in ihr selbst Sinn und Kraft zu finden, bedeutet, das Wissen um die Zyklen des Lebens zu entfalten, bedeutet tief in dir selbst zu erkennen, dass alles mit allem verbunden ist und nichts je getrennt. Auch du nicht.

Am ehesten kannst du dich dieser weiblichen Urkraft noch über den Begriff Yin aus der Traditionellen Chinesischen Medizin annähern. Das Yin ist weiblich, dunkel, kalt, passiv, Eis – im Gegensatz zum Yang, männlich, hell, heiß, aktiv, Feuer. Im Jahreszyklus finden wir das ineinanderfließende Sich-Abwechseln beider Prinzipien deutlich markiert durch die Jahreszeiten. Yin ist Winter, Yang ist Sommer. Im Frühling folgt das Yin dem austeigenden Yang, im Herbst das Yang dem aufsteigenden Yin. Balance also, Ausgewogenheit – und nicht wie bei vielen permanentes Yang, dessen Ende wir ja tatsächlich auch mit Hitze in wörtliche Verbindung bringen: dem Burn-Out, an dem auch alle Lebenssäfte verbrannt sind.

---

[57] Murdock 1990, S.91

Ja, ich weiß, das ist ein seltsames Stück Land, das wir hier betreten. Wann immer ich von der Heldinreise erzähle, beginne ich Kapitel 7 mit dem Satz „und ab hier wird's irgendwie magisch". Wir betreten einen Raum, der mit dem Intellekt nur noch beschränkt nachvollziehbar ist, der aber seit Jahrtausenden etabliert und existent ist.

Und: Du besitzt bereits alles, was du hier brauchst:

- Die Landkarte und den Kompass, um das Land der Heldin zu bereisen (dieses Buch)
- Deine eigene Sprache, immerhin hast du dein Nein und damit deine eigene Wahrheit gründlich geübt
- Die Währung dieses Reiches: du weißt ja nun, dass du mit deinem herkömmlichen Zahlungsmittel (Leistung und Perfektionswillen) nicht weit kommst. Die Währung, die hier zählt, ist die Empathie, die du FÜR DICH SELBST erfährst
- Du hast gelernt, spielerisch Verbindungen aufzubauen und mit allem, was ist, im Kontakt zu sein – auch mit dir selbst[58]

Und in dieser magischen, dunklen Welt will ich dir drei Geschichten erzählen von Frauen, die so wie du jetzt an diesem Punkt standen. Jede der drei hatte ihr ganz eigen-artiges siebtes Kapitel. Und jede entschied sich anders.
Lausche mal ihren Geschichten und finde die Stolpersteine, die im Dunkeln rumliegen. Und ich verspreche dir, zusammen halten wir dann voll die Taschenlampe drauf.

---

[58] Vgl. Mia Brummer: Abenteuer Lebensmitte. S. 10–15. Verfügbar als PDF unter: https://mia-brummer.de/ (Stand: 01.01.2025)

GUANO

Eine meiner Mentees stieg an dieser Station der Heldinreise tatsächlich hinab. Irgendwie musste sie sich in eine dunkle Höhle abseilen und das in echt fühlen.

Mach das, wenn du dazu die Gelegenheit hast, es ist wirklich eine bereichernde Erfahrung. Fürs Erste reicht aber auch ein ganz normaler Bergwerksstollen, der touristisch erschlossen ist – auch da kannst du dich „abseilen" …

Ja, du wirst Beklemmungen haben und aufhören zu atmen – aber diesmal macht es wenigstens Sinn mit all den engen Gängen und all der Erde über dir …

Sie ließ sich also, von einem dicken Seil gesichert, abteufen in das ungewisse dunkle Loch.

Noch während sie hinunterstieg und sich an der steilen Wand entlang tastete (sie sah ja nix), konnte sie unter ihren Fingern etwas Weiches, Sanftes, fast Samtenes spüren. So schön, so weich, so tröstend.

Die schnöde Erklärung des Höhlenguides: „Ach ja, das ist nur Fledermauskacke."

Ja, verdammt, du hast recht: Es ist nur Fledermauskacke – aber wer zum Henker bist du, mir das schlecht zu reden??? (Oder wie meine Schwester Rita Mae Brown in schnoddrigem Südstaatenslang sagte: „Wer ist gestorben und hat dich zu Gott gemacht?")

Diese Mentee entschied sich, die abwertende Definition dessen, was sie doch so ganz anders erlebt hatte, anzunehmen – und verließ das Mentoring. Möge Mutter Erde sie auf all ihren Wegen begleiten.

Körnchen 1: Avatare sind tot

Erinnerst du dich an die Geschichte mit den Sternen? Dass in der Nacht alle gleich hell leuchten? Bei Avataren ist das auch so …
Du weißt, was ein Avatar ist? Ein Gott, der auf die Erde HERABgestiegen ist. Du hörst die patriarchale Hierarchie?
Es gibt keine Avatare.
Jeder Mensch ist genauso scheiße wie der andere.
Und jeder, der etwas anderes behauptet, der zum Beispiel behauptet, dass du das Hinterletzte bist, der versucht auch nur, sich selbst davon zu überzeugen, dass er besser ist als der andere.
Und jetzt plötzlich stehen wir alle nebeneinander.
Die Sockel sind zusammengebrochen. Die Hierarchien haben sich aufgelöst.
Und jetzt können sie schimpfen, mich beschimpfen, beleidigen, sich beschweren, wie sie wollen. Ab jetzt höre ich nur noch Folgendes: Ich höre nur, dass sie selbst auch noch nicht weiter sind. Sie schimpfen, um sich selbst über mich zu erheben. Um Genugtuung zu empfinden.
Mit einem Mal platzen alle Anhaftungen weg.
Alle Menschen, die wir auf Sockel gestellt haben, wo wir uns krummgemacht haben, um von ihnen (an-)erkannt zu werden, deren Meinung über uns uns so unglaublich (über-lebens-)wichtig war – plötzlich stehen wir uns auf Augenhöhe gegenüber.
Das ist ein irrer Moment der Ernüchterung, wie er selten im Leben vorkommt. Deswegen genieße ihn. Denn mit dieser Ernüchterung entsteht Freiheit.

DER MANTEL DES TODES

Marama hingegen saß „unter dem Mantel des Todes".

Den kenne ich auch ganz gut. Jede einzelne Masche davon.

Hier unter dem Mantel des Todes habe ich selber lange gesessen, um vor allen Dingen eines zu sein, nämlich sicher.

Manchmal scheint es, als wäre der sicherste Ort der, an dem wir uns zurückziehen und alles aussperren. Doch genau dort verlieren wir auch das Gefühl der Verbundenheit.

Wir sperren alles und alle ab, um jegliche Berührung zu vermeiden. (Das meine ich nicht nur körperlich, da fallen alle Vermeidungsstrategien drunter – alles, was deine Gefühle aufwühlen könnte, Telefonate, Einkaufen …, gehört da rein).

Hier, beschützt unter dem Mantel des Todes, ist es schwierig, dass dich etwas so berührt, dass du bemerkst, ob es wahr ist. Um die Wahrheit zu sagen: Je länger du hier verweilst, umso unwahrscheinlicher wird es.

Und doch: Hier kann man lange sitzen.

Nur irgendwann kommt der Moment, wo Gevatter Tod himself sich runterbeugt zu dir, die Rockschöße hebt und zu dir sagt: „Weißte, Mädel, jetzt ist mal gut."

Dann musst du mit dem Tod die Soutane hochheben und hinter die Schleier blicken.

Dann schmeißt der Tod dich raus. Ist klar, warum, oder? Du gehörst noch nicht auf die andere Seite. Du lebst.

Vertrau ihm. Jetzt haste so lange bei ihm gesessen und er hat dir zugehört, jetzt bist du mal dran. Wenn er sagt, dass gut ist, dann ist gut.

Bestimmt wird dir dann dasselbe Glück widerfahren, das auch mir und Marama widerfahren ist: Ihr werdet nämlich miteinander spielen.

Kannst du dich erinnern?

Wie du als Kind „Brücke" gespielt hast? So immer wieder durch die gegrätschten Beine deines Spielkameraden durch? Hin und her und gleich nochmal?

Der Tod ist ein ganz wunderbarer Spielkamerad. Wahrscheinlich vor allem deswegen, weil er weiß, dass es für dich noch nicht an der Zeit ist.[59]

Spiele mit. Strecke dein zartes Näschen mal ein bisschen in den Wind. Wenn's zu gefährlich wird, weißt du ja, wo dein sicherer Ort ist.

KÖRNCHEN 2: BRAUCHE ICH DIESES AUßEN EIGENTLICH?

– Die vertrauenswürdige Quelle

Ich sag's mal so: Wenn es nicht da ist, bist du nicht. Am Beispiel des Hospitalismus ist das ziemlich gut erforscht. Doch du brauchst kein Waisenkind zu sein, um dich vom Außen zu trennen. Trauma macht das auch.

Wenn deine Seele sich abkapselt, gar nichts mehr ranlässt von allem, was außen ist, wirst du dich auflösen.

---

[59] Marama hat es nicht geschafft, den Tod loszulassen und den Möglichkeiten des Lebens zu folgen. Sie starb plötzlich und unerwartet im vergangenen Sommer an gebrochenem Herzen. Doch durch diese letzte Liebestat erinnert sie uns daran, uns anders zu entscheiden als sie.

Das, was du als das gefährliche Außen wahrnimmst, breitet sich immer weiter aus, ergreift deine Aura, dann deinen Körper und schließlich deine Persönlichkeit.

Meine Zieh-Mom hat mich damals gefragt:
„Was müsste passieren, damit du da rauskommst?"

Meine Antwort:
„Ich. Sowas wie Ich müsste passieren."

Nur: Wer ist Ich?
Ich persönlich habe da ja so eine Prädisposition, erstens durchs Horoskop – und weil ich ein bisschen Monk bin, habe ich das bestimmt so geplant, dass ich die entsprechenden Erfahrungen machte, die das noch ein bisschen vertieften.
Ich kann mich nämlich fast ausschließlich nur durch andere wahrnehmen. Ich brauche also das Außen, damit ich weiß, wie ich bin.

Brauche ich das wirklich?
Ja, ich brauche das und ich genieße das.
Wobei ich ehrlich sagen muss, dass ich mehr als 50 Jahre dazu gebraucht habe zu erkennen, dass das meiste von dem Geschrei, das von Außen daherkommt und lautstark postuliert, wie ich bin bzw. wie ich eben nicht bin, völligen Bullshit erzählt.
Viel zu lange habe ich diesen marktschreierischen Feldwebeln geglaubt und andauernd an innerlichen Schrauben gedreht, die ich jetzt nur ganz schwer wieder in die richtige Stellung bringe.
Ich weiß, wovon ich rede.
Erst kürzlich hatte ich so eine Situation. Aus irgendeinem Grund haben die Bremsen an meinem Rad nicht mehr funktioniert. Da

gibt es zwei Schrauben, an denen steht „don't touch!", allerdings gibt es mehr als zwei (äußere) Stimmen, die angeblich wissend daran drehen. Erfolg: Jetzt geht gar nichts mehr. Die Bremsen wieder richtig einzustellen, hat mich 20 € gekostet, mit dem eindrücklichen Befehl des Profis: „don't touch!"

Hätte ich das früher wissen können?
Klar. Die Anweisung an MEINER Schraube war eindeutig. Und wenn ich ehrlich bin, wusste ich auch intuitiv, dass das wahr ist, was da steht.
Und klar, ich hätte mich anderweitig informieren können, andere Quellen, andere Spiegel suchen. Quellen, die vertrauenswürdig sind.

Aus wie vielen Quellen schöpfst du das Wissen über dich? Und wie viele davon sind vertrauenswürdig?

Für mich ist heute die Geschichte mit dem Fahrrad die Quelle, die vertrauenswürdig ist. Denn sie ist es, die davon erzählt, wie ich bin. Dass ich noch immer falschen Propheten glaube, die mir zeigen, wie doof ich bin. Dass ich noch immer passiv mit Problemen umgehe, weil ich sie einfach machen lasse. Dass ich meiner Intuition nicht traue.
Denn das ist, was dieses Erlebnis über mich erzählt.
Es braucht das Außen.
Und was wir außerdem brauchen, ist eine liebevolle und stabile Umgebung, in der wir emotionale Unterstützung erhalten und positive Beziehungen aufbauen können. Eine davon haste schon. Vielleicht auch schon zwei …

QUESTE

Aronui traf ich auf einem Campingplatz in Süditalien.

Ja, manchmal treffe ich meine Mentees, und sie mich, einfach so.

Wir wissen dann beide, dass es jetzt so weit ist. Und dann tue ich, was getan werden muss.

Synchronizität nennen wir Heldinnen das, „Zufall" sagt mann auch dazu … Synchronizität bedeutet, dass das Richtige zur richtigen Zeit geschieht.

Seit über einer Woche war sie bereits auf ihrer Reise, sie ganz allein mit ihrer Hündin. Es tat ihr gut, zu reden.

Und zwar nicht über das Wetter, sondern über sich. Da war keine schützende Maske mehr nötig. Das, was sie zu sagen hatte, war tausendfach durch ihre Grollmaster geklärt. Ihre Worte flossen aus ihr wie reines, klares Wasser aus einer Quelle.

Ich spürte: Sie war soweit.

Ich kenne diese Stelle. Hier sind Worte unwichtig. Hier brauche ich gar nichts mehr zu sagen. Nur das richtige Wort an der richtigen Stelle.

Dann ist es, als ploppten die richtigen Worte zur rechten Zeit auf, sie fallen auf den Boden, den die Reise bisher bereitet hat, ich muss den Samen nur noch ein wenig anstupsen.[60]

KÖRNCHEN 3: WO ZUR HÖLLE GIBT ES DIESEN ORT …

… an dem ich immer absolut sicher bin?

Es gibt ihn, wir vergessen es bei all dem Geschrei nur zu leicht.

---

[60] Mittlerweile fährt Aronui Postbus in der kurvigen Schweiz und wird von ihren Fahrgästen hoch gelobt und oft auch spontan umarmt – sie weiß, wer sie ist und was sie kann. Und auch, wer sie nicht mehr ist und worauf sie keinen Bock mehr hat.

Und ja, ich glaube, es ist die Hölle, die wir dafür bemühen müssen.

Für mich war es das Teufelsloch, ein Karstsee im Harz.

Da saß ich. Mitten im Nirgendwo. Im Wald meines Lebens. Alleine. Am Ende.

Tief unter mir lag der türkisblaue See, den ich nur erahnen konnte durch das viele Gestrüpp hindurch.

Fuck. Jetzt war ich so weit hergefahren, nur um das hier zu erleben – und dann sah ich nix.

Mach's wie ich: Schreib trotzdem einen Brief.

Und ich habe geheult und geschrieben. Diese lange versteckten, zurückgehaltenen, nicht geweinten Tränen liefen mir an den Backen herunter und tropften auf das Papier, das ich im Schoß hielt.

Also, zu lesen war da nix mehr.

Und sie waren es, die mein SOS an die Hüterin des Teufelslochs getränkt haben. Mit mir gefüllt.

Den Brief begrub ich tief in einem ausgehöhlten Stamm (was für ein Bild!, der Tunnel zur Unterwelt …), der da „zufällig" rumstand.

Und danach hatte ich verstanden: Ja, es gibt dieses Teufelsloch, diesen Tränensee, der ganz tief runtergeht.

Und ich erfuhr auch: Es ist ein See. Still liegt er da, wird nicht von der Amplitude der Wellen zerrissen.

Und ich wusste: Am Ufer dieses Sees lehnt eine Leiter.

Die vertrauensvolle Umgebung, die immer Sicherheit und Geborgenheit schenkt, ist die Natur. Du hast sie und ihre Einzigartigkeit und Größe bereits kennengelernt auf deinen Heldinwanderungen.

Ich nenne die Natur „die große Göttin", weil mir der Gedanke gut gefällt, dass da eine liebende Mutter ist, die mich auch mal in ihren Armen halten kann.

In der Auseinandersetzung mit ihr habe ich zu sehen und zu hören begonnen. Sie ist es, die mich in der offensten und ehrlichsten Art spiegelt, die ich kenne.

So habe ich gelernt, zu vertrauen. Zuerst ihr, dann mir – und schließlich uns.

Im Außen der Natur erfahre ich mich, wie ich wirklich bin. Da gibt's kein ChiChi und kein CoCo. Das ist mein Spiegel, ungeschminkt, absichtslos, ehrlich. Das ist, was ich wirklich brauche.

Die Natur zeigt mir die Antworten, um die ich sie bitte.

Doch um die Antwort zu verstehen, bin ich gezwungen, MICH zu fragen.

Was ich sehe.
Was ich höre.
Was ich rieche.
Was ich spüre.
Und schließlich, was ich fühle.

SPIEGLEIN, SPIEGLEIN AN DER WAND ...

Ist das nicht cool? Ich, die ich das Außen brauche, um zu wissen, wie ich bin, muss mich das plötzlich erstmal selber fragen.

Dann tun wir das! Frage dich!

1. Wo ist meine vertrauensvolle Quelle?
2. Welche alten Geschichten erzähle ich mir denn im Grunde in der Nacht immer noch?

3. Was pflege, betanke ich noch immer, obwohl ich es nicht mehr liebe?
4. Was habe ich auf der Reise bisher über mich erfahren? Deckt sich das noch mit dem, was ich zu Anfang war und wusste?
5. Was weiß ich jetzt über mich?
6. Woher weiß ich es?
7. Welche Makel quälten mich am Anfang und wie sehr habe ich mich verändert?
8. Was kann ich jetzt?

Erforsche die Wahrheit! Sei dein eigener Finanzbuchhalter und sortiere mit Brille auf der Nase und spitzen Fingern alles das aus, was nicht deines ist.

Und dann stell dir vor, wie alle vergangenen Versionen deiner Selbst vor dir stehen und glücklich grinsen – wie sie dich betrachten – sie sind so stolz auf dich!

„ETZ GEH REI UND SETZ DI HER" – OMA BABETT[61]

Vielleicht bist du traurig.

Vielleicht bist du jetzt gerade im Moment so traurig, wie du es noch nie warst.

Vielleicht warst du es heute Morgen oder heute Nacht.

Ich kann das verstehen. Ich kenne das.

---

[61] Das sagte meine Uroma Babett mit leicht knurrendem, aber stark liebevollem Unterton auf einer Fantasiereise zu meinen Ahninnen zu mir, und lud mich damit unmissverständlich in meinen Kreis von starken Frauen ein – dazu mehr im überübernächsten Kapitel

Diese Traurigkeit kommt von ganz tief drinnen – deswegen kann sie dich auch so einhüllen.

In diesem Kapitel geht es nicht darum, dieses Gefühl „wegzuhaben". Ganz im Gegenteil. In diesem Kapitel geht es genau um dieses Gefühl.

Ich bin mir sicher, dass du an diesem Punkt, an dem du jetzt stehst, absolut bereit dazu bist. Wahrscheinlich ist es sogar eher so, dass jede Faser, jede Zelle, alles in dir danach schreit, endlich wieder zurückzukommen. Nach Hause. In die weichen Arme einer liebenden Mutter. An die starke Hand einer weird-fruchtigen Großmutter. Egal. Hauptsache du fühlst dich: Gehalten, getragen, geborgen. Hauptsache, du gehörst endlich dazu.

Du gehörst endlich dazu? Ja, wozu denn?

Nicht mehr zu dem, zu dem du dein ganzes Leben lang gehören wolltest, die man's world des Erfolgs.

Nicht mehr zu dem, bei dem du dein wahres Selbst verschleiern musstest, um darin überleben zu können.

Du hast andere Welten erlebt.

Erinnerst du dich, wie viel Verständnis Mutter Erde und all ihre Kinder (Tiere, Bäume, Pflanzen und wer und was dir sonst noch auf magische Weise begegnet ist) für dich hatten, als du auf deine Wanderung gegangen bist? Wie sie dich aufgenommen haben in ihren Kreis, du mit ihnen in Verbindung gegangen bist. Dich geöffnet hast. Ehrlich warst und dadurch gelernt hast, auch zu dir ehrlich zu sein – und zu anderen.

Erinnerst du dich an dieses überwältigende Gefühl, als du – für einen Moment nur – verstanden hast, dass in Wahrheit alles miteinander verbunden ist? Nichts war je getrennt?

In diesen kurzen Augenblicken warst du eins mit allem, was ist.

Spirituelles Geschwurbel? – Hand aufs Herz:

Du hast es doch auch gefühlt, oder?

Du hast es sogar so stark gefühlt und es hat dich sogar so tief berührt, dass du jetzt genau deswegen so unglaublich traurig bist. Du willst dieses Gefühl wieder haben. Immer haben. Immer verbunden sein.

Sei doch mal ehrlich, du kannst gar nicht mehr unachtsam durch die Natur spazieren und sie und ihre Schönheit, die sie dir schenkt, nicht beachten.

Du kannst gar nicht mehr anders als der vollen Mondin zuzuzwinkern, wenn sie dir durchs Fenster zulächelt.

Du kannst gar nicht mehr an Orten vorbeifahren, die seltsame Namen tragen, ohne dass es in dir vibriert, du in fühlbare, echte Resonanz gehst.

Ist es nicht so?

Du kannst doch schon gar nicht mehr alleine auf der Wiese sitzen, ohne dass „wilde" Tiere sich gänzlich furchtlos in deiner Nähe aufhalten, das Reh seelenruhig weiteräst, die Eidechse sich genauso wie du neben dir auf dem Baumstamm sonnt, die Libelle sich ausgerechnet deinen großen Zeh aussucht, um die frischen Flügel zu trocknen.

Du bist bereits assimiliert. Du bist bereits aufgenommen in den Kreis der Töchter und Söhne der Erde. Das darfst du glauben.

Wie fühlt sich das für dich an? Ändert sich dein Gefühl, wenn du an deine Verbindung zur Natur denkst – oder vielleicht gerade nicht?

Beides ist okay. Vielleicht magst du dir diese Stelle markieren, damit du sie gleich wiederfindest, wenn du sie brauchst.

Einatmen, ausatmen – Ebbe und Flut.
Ich habe da was für dich, am Wattenmeer.

THE GODDESSES CHEERLEADERS

– Tanze die Botschaft der großen Göttin!

> „Liebe tapfere Seelen!
> Jetzt wäre die Zeit für ein Gebet, bei dem ihr alles einsetzt, was ihr habt: Muskelkraft, Inbrunst, Niederwerfen und Aufrichten … Betet nicht sittsam und ordentlich. Arriba y andele! Betet so, wie ihr schwitzt. Haltet euch nicht zurück.
> Jetzt ist nicht die Zeit, um fügsam zu sein.
> Gebt alles, was ihr habt. Nichts von diesem Wischiwaschi-Kram. Singt aus vollem Halse! Ruft und betet und lobt mit allem, was in euch ist und was euch ausmacht! Kommt ins Schwitzen. Vergesst nicht. Wir sind. Zusammen."
>
> Clarissa Pinkola Estes

Und ganz Töchter der Erde und aller anderen magischen Weiber holen wir uns dazu ganz besondere Unterstützung.

SAMEN 1: SPINNER SPINNEN – TANZE!

Die Lehre der Spinne – Was ist deine Antwort?

Erstens: Gib nicht auf!
Zweitens: Folge der Spur, die du bereits scharf siehst und erwarte das Wunder!
Drittens: Das ist mein entzückender Rücken. Folge mir!
Mit dem, was du da siehst, was dahinten rauskommt, damit spinne ich jetzt mal ein anständiges Netz.

Da ist sie ja wieder. Diesmal als die Alte mit den vielen Barthaaren. Überhaupt sehr behaart. Muss halt nicht gefallen und sich die Beine rasieren.

Und sie ist der lebendige Beweis dafür, dass die Natur hilft. So wie sie immer hilft, du brauchst nur fragen.

Schau dich doch mal um. Wir sitzen hier einträchtig in dem stockdunklen Gang, es stinkt mächtig nach Drachenpups und der Akku ist leer. Keine Taschenlampe, kein Netz, kein doppelter Boden.

Witzig, dass du gerade im Moment ausgerechnet von Netz sprichst. Daran hat die Spinne mich erinnert.

 *Soso.*

Weißt du, diese Momente, in denen ich nichts sehen kann, sind mir schon irgendwie die liebsten (also, NACHDEM ich mindestens zwei Runden geflucht, eine Runde geschimpft und eine halbe geheult hab). Weil: Wenn ich nix seh, dann kann ich auch noch nix wissen. Und nix planen und nix kontrollieren. Sehr entspannend.

Das wäre dann jetzt also die Zeit, die goldene Krone wegzuschmeißen, die Haare zu raufen und das Leben zu tanzen.

Die Tarantula zum Beispiel. Such dir gleich mal eine aus der Playlist und ich wette mit dir: Du kannst nicht stillhalten. Willst, ja musst dich bewegen.

Das, was du da gerade gehört hast, war heilende Musik, echt jetzt. Schon seit Jahrhunderten.

Die Legende geht so: Frau wird von großer Spinne (Tarantel) gebissen und wird alles das, was Mann Frauen um die fünfzig so unterstellt: extrem hysterisch, depressiv-melancholisch, erstarrt und auf gar keinen Fall mehr handlebar. Ha! Kennste? Ja genau, so wie du. Und dann geht Mann und holt die Exorzismus-Band.

Um die Taranta „sterben" zu lassen, ist es notwendig, den Tanz der kleinen Spinne, also der Tarantella, nachzuahmen: Das heißt, es ist notwendig, mit der Spinne zu tanzen, oder besser gesagt, eben diese Spinne zu sein, die tanzt, quasi eins zu werden mit ihr; aber gleichzeitig ist es notwendig, den eigenen Tanzrhythmus zu finden, durchzulassen, rauszulassen – um die Spinne zum Tanzen zu zwingen, bis sie ermüdet, und sie schließlich mit dem Fuß zu zerquetschen – soweit die patriarchale Variante des „mach weg!".

In Wahrheit ist sie ganz anders. In Wahrheit ist sie der pure, unge-
zähmte Ausdruck von echter, wilder, aus sich selbst genährter
Weiblichkeit.

Es ist sooo schön, sie mitanzusehen, wenn sie getanzt wird! Es gibt
keine einzige Frau, die nicht zur Spinne wird – und dabei unglaublich erotisch, sinnlich, atemberaubend.
Wahnsinn, was da plötzlich an Kraft und Schönheit und Größe aus
dem Unterleib sprudelt! Wie es wächst, sich ausbreitet und wie
selbstverständlich Raum nimmt.
Die Jungs werden immer ganz hibbelig und versuchen die Taranta
zu reizen, aber sie wirken mickrig im Vergleich zu den tanzenden
Frauen. Am Ende sind sie es, die im Rhythmus zerstampft werden –
aber das nur nebenbei.

Komm, lass uns tanzen.

Samen 2: Quallen quälen – Tanze!

Die Haare verwurschtelt, verhollert, wie meine Tante Ros immer
gesagt hat, in alle Richtungen abstehend, so gar nicht mehr zu
zügeln.
Obwohl du alles Mögliche tust – du passt nicht mehr ins Bild der
treuen und untergebenen, eierlegenden Wollmilchsau.
Du hast es doch verstanden: Du bist nichts, du kannst nichts und
du wirst auch nie irgendwas sein, was auch nur in die Ferne von
genügend kommt.

Wenn du täglich mit solchen hohlen Phrasen beschossen, mit ihnen verdroschen wirst, dann wirst du verrückt.

Du wirst psychotisch, weißt nicht mehr, was wahr ist, was nicht, was tatsächlich geschehen ist und was man dir darüber erzählen möchte. (Dafür hast du dein Beweisebuch! Schau nach, jetzt, schau nach, wie's wirklich war!).

Dann keimt in dir eine schrille Stimme, die rumrennt, sich die Ohren zuhält und schreit. Irgendwann auch für andere hörbar.

„Oh, Mann", sagt Mann dann, „die ist aber hysterisch. Und nur, weil ich gesagt hab, dass das Ei hart ist …"

Der Wahnsinn, die Hysterie, von der ich eben sprach (und die du gerade im Tanz endlich rausgelassen hast), ist dir anzusehen. Ich weiß, wovon ich rede.

Weißte, wer noch so 'ne Frisur hat? Medusa.

Was sagst du? Das war doch dieses Monster?

Ah, jetzt erschrickst du, so wie man es dich gelehrt (oder geleert?) hat. Die Medusa ist so unendlich hässlich und grässlich, dass Mann sofort zu Stein erstarrt, wenn er sie sieht.

Typisch männliche Kastrationsphobie. Und da brauch' ich nicht mal Freud zu zitieren. Eben ein typischer Drachen.

Medusa ist angeblich eine von drei Schwestern, genannt Gorgonen, und ehemals aus dem Wasser gestiegene Göttinnen. Oha.

Völlig egal, welchen Text man liest[62], entweder ist sie potthässlich oder wunderschön – und in beiden Fällen muss sie bezwungen

---

[62] Hesiods Theogonie oder Ovids Metamorphosen oder …

werden. Sie muss enthauptet werden, selbstverständlich durch tolle Helden, damit sie endlich aufhört rumzuspinnen, selbst zu denken, Probleme zu bereiten durch ihre Eigen-Art.

Die Medusa ist der personifizierte Alptraum aller Männer und Frauen, die irgendeine Maske tragen, eine Rolle spielen und noch immer so tun, als wäre in ihrem Leben alles regenbogenpupsfarbig.
Ja, diese Medusa schaut dich nur an und weiß, wie du tickst. Sie weiß, was du angestellt hast, was für ein Mensch du bist. Sie kennt alle deine Leichen im Keller mit Namen.
Uuups, ertappt! Ist klar, dass man da einfriert. Zu dem Stein erstarrt, der im Mind-Status schon längst regiert.
Wer will das schon, so durch und durch gesehen werden?
(Kannste dich noch erinnern: „Ich sehe dich" – das Avatar-Äquivalent zu unserem „ich liebe dich"?)
Ja ja, jeder und jede hat so ihre Drachen in der Höhle. Bekannt und doch verborgen, vielleicht im Unbewussten abgespeichert und doch unbekannt oder ganz einfach vom Bewusstsein falsch interpretiert …

Das Schöne ist: Medusa ist eine Frau. Wahrscheinlich ist sie sogar Sinnbild der großen Muttergöttin (die zu Beginn des Patriarchats selbstverständlich verteufelt werden musste, um sie aus den wilden Köpfen der Weibsbilder zu prügeln), die Schlangen, mit denen sie dargestellt wird, deuten zumindest darauf hin.
Ähnlich wie ihre irische Schwester Sheela-na-Gig könnte sie tatsächlich eine stilisierte weibliche Vulva, umspielt von gekräuselten Haaren, sein.
Und was hat die für eine Macht! Kraft! Power!

Erinnerst du dich daran, dass du eben selbst noch Angst vor ihr hattest? Nach über 7000 Jahren noch. Das ist ein Ding.

Wer wäre nicht gerne mit Medusa befreundet, jetzt, wo du weißt, wie die Dinge wirklich stehen. Jetzt, wo du weißt, wie sehr ihr euch ähnelt.

Und das bringt mich zum zweiten Tanz in diesem Kapitel (jetzt siehste auch, warum ich diese stockdunkle Drachenhöhle so liebe: Du kannst einfach nicht sehen, was gleich kommt, und das ist okay so, weil es stimmig ist, was kommt).

Kennst du Haka? Kannst ja auch gleich mal im Netz suchen.[63]

Wild schreiende Frauen mit wilden Schlangenhaaren, die Zähne gefletscht wie eine ausgewachsene Bulldogge, die Augen und die Münder, aus denen sie unfein die Zunge strecken, weit aufgerissen, grunzen und schreien und knurren und fauchen, dass es eine wahre Freude ist![64]

Warum? Das fragst du ernsthaft? Weil du mit der Fratze der Medusa im Gesicht ganz bestimmt ganz sicher sein kannst, dass dir keiner zu nahe kommt (war ja bei ihr ganz ähnlich). Wer will schon was mit so einer Wahnsinnigen zu tun haben ...

---

[63] Diesen Link hat mir gerade (am 18.1.25) die Hollerin unterm Hollerbusch aufgetragen – und er spricht deutlich (wie die Seite von womenscircleonline auf instagram überhaut sukkulent ist):
https://www.instagram.com/reel/DE8erTITA2j/?utm_source=ig_web_copy_link

[64] By the way: diese Übung gibt's auch in der progressiven Muskelentspannung und heißt da „saure Zitrone". Reinbeißen, alle Kräfte zusammenziehen und wieder raus damit - baaaah! Aber auch Yoga hat die als hautstraffend im Programm - besser und effektiver als alle teuren Cremes, von denen die Männer gerne hätten, dass du sie nimmst. Und es ist eh dunkel, wer sieht dich schon ???

So: Von heute ab tanzt du die Tarantella, um deine Wahnsinns-Kraft zu entdecken und danach übst du 'ne Runde Haka.

Ob ich spinne, dich darum zu bitten?

Ja.

Und es interessiert mich nicht im Geringsten, was deine Nachbarn, Eltern, Familienmitglieder dazu sagen – und dich übrigens auch nicht. Wart's ab, eines Tages klingelt deine Nachbarin und tanzt mit …

REAL-LIFE-BAATZ: BECOMING 3D

Hm, vielleicht hast du nicht alle körperbezogenen Übungen gemacht, vielleicht hast du dich gedrückt. Nun, jetzt wird es Zeit, dass wir uns einen Bereich anschauen, der sonst eher nicht so wahnsinnig gerne angeschaut wird. Dieser Bereich nennt sich Körper und ist das Zeug, was um dein Gehirn rum ist. Eigentlich nimmt es mehr Raum ein als dein Gehirn, das hast du nur nicht so ganz auf dem Schirm.

Körperlichkeit hat in a man's world keinen Platz. Es sei denn, der Körper entspricht dem Ideal, das mann in Zeitungen, Plakaten, Filmen … zur Genüge zum Vorbild hat.[65] Der Körper ist patriarchalisiert worden. Auch er unterliegt den Gesetzen von Konkurrenz-

---

[65] Fun Fact Spiegelbild: die meisten Frauen suchen (und finden!) jede Menge Probleme (zu dick, zu tief, zu irgendwas), die meisten Männer hingegen stellen fest – und zwar dass sie unwiderstehlich gut aussehen.

kampf und dem Survival of the beautiest. Echt, als wären wir rosa Flamingos oder knallbunte Pfauenspinnen …

Blöd nur, dass mit dem Bezug zum Körper auch der Bezug zu unserer Weiblichkeit flöten gegangen ist. Zeit, sich das wiederzuholen!

FANG AN ZU KOCHEN!

Das ist die wichtigste Anweisung in diesem siebten Kapitel.

Es könnte auch diese sein: Sei dir selbst die gute Mutter, streichle du dich, erfahre dich über deinen Körper, über die Berührung. Aber kochen und essen ist für den Anfang ganz gut …

Fang an zu kochen. Bunt und schlontzig.

Weißte, was ich gemacht habe, nachdem ich völlig verheult und aufgeschwemmt vom Teufelsloch zurückgekommen bin?

Ich hatte einen Bärinnenhunger, hab den Kühlschrank aufgerissen und gekocht.

Und ich schwör's dir: Nichts lässt mich so tief in mein eigenes Sein eintauchen wie der Umgang mit Lebensmitteln. Die Karotte in meinen Händen zu spüren, ihren erdigen Duft einzuatmen, ihre Textur zu ertasten – es ist, als würde ich mit der Seele von Mutter Erde in Kontakt treten.

Das Schneiden und Raspeln, das sanfte Wiegen des Messers auf dem Brett, das weiche, manchmal widerständige Spiel mit den

Zutaten, wenn meine Hand in sie hineinsinkt – alles wird zu einem Tanz der Sinne. Sehen, hören, fühlen, tasten, riechen! Eine Sinfonie, die mich, den Raum und die Zeit gleichermaßen umhüllt.

Bei mir gab es Hirsebrei (kühlt dich runter, wenn's im Gefecht heiß wird), dazu noch Wasser, Kraft und Feuer in Form von grünem Sellerie und roten Tomaten, der Wald hatte mir noch blauen Ehrenpreis mit nach Hause gegeben, den gab's mit weißen Frühlingszwiebeln obendrauf.

Was für ein nährendes Gericht! Ein schöner, nährender, füllender, Kraft schenkender Baatz!

Koche bitte unbedingt bunt! Es gibt so viele Farben auf der Welt (und im Gemüseregal)(und auf der Blumenwiese), Göttin hat sie gemacht, damit du Freude zu dir nimmst!

WAS FÜR EIN RITT!

Ohne die Zukunft und alles das, wovon wir nur glauben, es vermeintlich zu wissen, er-kennen zu können, sind wir einer Schnur gefolgt, einem roten Faden, wie er unkontrollierter gar nicht geht.

Von Tarantula über Medusa, Fledermauskacke, Tanzenden Eierstöcken … sind wir in wild-verrückten Loopings hier angekommen.

Wann hast du es dir zum letzten Mal erlaubt, so viele un-zusammen-gehörige Dinge in einem Zusammenhang zu denken? Du bist ein böses Mädchen geworden!

☠ Gut so. Denn du weißt ja, wohin die kommen …

Du merkst es: Deine alten Gehirnwindungen sind zerbröselt.

Weil du mit ungeheuren Gedanken und Fragen so durch sie durchgerauscht bist, dass sich die morschen Balken gebogen und die verrosteten Schrauben gelockert haben.

Recht so! Gut so!

Weil jetzt und hier macht zum ersten Mal alles Sinn.

Alles macht endlich Sinn.[66]

Wir haben es gelernt, gesehen, gehört, erfahren. Wir können es nicht mehr leugnen – auch oder gerade weil es ein uns ungeheurer Gedanke ist:

„Das Richtige ploppt zur richtigen Zeit auf".

Das Auftauchen kannst du nicht forcieren. Je gewalttätiger du suchst, also rumwühlst, je mehr Druck du einsetzt und „das muss doch", aber auch „das kann doch nicht sein, dass der alte Weg nicht mehr funktioniert" – umso weniger Raum gibst du der Wahrheit, deiner Wahrheit. Du musst still werden, dich hingeben, aufgeben, wehrlos zulassen.

Weil du jetzt weißt: Alles, was bisher passiert ist, führt pfeilgerade darauf zu. Was du dazu beisteuern kannst, ist nur dein Vertrauen.

Resonanzraumflüstern: Lass die Fragen in dir nachklingen und lausche auf das, was in dir antwortet. Heute:

---

[66] Was für eine Gnade, dies zu erkennen. Trauma zerstört Sinn – und wie sehr sind wir darum bemüht, ihn wiederzufinden. Und jetzt, wo wir still geworden sind, aufgeräumt und meins und deins aussortiert haben, plötzlich ist er da.

Wie fühlt es sich an, wenn du für einen Moment aufhörst, Antworten zu suchen?

(Was geschieht in dir, wenn du nicht sofort verstehen oder lösen musst? Welche inneren Bewegungen werden spürbar, wenn du einfach nur da bist?)

Was passiert, wenn du einfach mit dem bist, was jetzt ist?
(Wie verändert sich deine Wahrnehmung, wenn du dich dem Moment hingibst? Was zeigt sich, wenn du nicht drängst, sondern empfängst?)

Schmatz-Geräusche.

*Ich weiß nicht, soll das onomatopoetisch sein, dieses „Schmatz"?
Sollte es nicht eher „Krufltschzschlack"-Geräusche heißen? Na, ich
sehe schon.*

*Aber Schmatz finde ich halt überhaupt nicht treffend.
(Ich sag' dir mal schnell, warum ich schreibe: Weil dieses Geräusch
mich seit gestern begleitet …)
Gestern habe ich ein Despacho zur Alster gebracht. War ein sehr
nötiges Despacho, dessen schwere Energie, die an uns gehaftet
hatte, sich wahrscheinlich auch mit einem „schmaaaaaplopp"
gelöst hatte.*

*Und eigentlich wollte ich gemütlich vom Kanu aus das Päckchen
ins Wasser geben und gemütlich …
Ja. Am Bootsverleih standen gefühlte hundert Leute. Also bin ich
mit dem Rad weiter und – ich schwöre – die einzige ECHT
SUMPFIGE Stelle am ganzen Alsterlauf mit seinen wunderschönen
Kies- und Sandbänken musste es natürlich sein.*

*Meiner Despacho-Schwester gefallen solche Stellen a la Vergäng-
lichkeit echt gut – mir nicht so (Moor oder Moos, wie man in Bayern
sagt, ist mir auf Dauer zu schwer, wobei Moor im Norden echt 'ne
andere Qualität hat als im Süden …).*

*Gut. Hatte mich jemand damit beauftragt, das Despacho in die
Alster zu bringen?*

Nein. Nur ich.

Na, dann …

Also rein in das schwarze Etwas.

„Schluoafrrrr".

*Nächster Schritt: Halt nee, geht nicht. Klebt.
Mit spitzen Fingern den Ast gehoben, das Despacho drunter ge-*

schoben, nochmal schön reingedrückt „schluoafffffg" – wieder ganz vorsichtig rückwärts bewegt „schluuuuuuooooooaarggggggfzfzfzplopp".

So war das. Ich schwöre.
Und eben bei der Massage war's schon wieder! Ich musste jedesmal SOOOO grinsen.

Wie würdest du das onomatopoetisch beschreiben: Zwei ölverschmierte Körper gleiten übereinander und lösen sich dann?

2. Schwelle: Ich hab' sowas von die Schnauze voll
Von diesem Gehorsamsding und Elternbla ...

Boah, dieses „andere" da immer

Für den Helden ist die Reise hier zu Ende.

Der Held ist ins Labyrinth gegangen, hat nachgedacht, verändert, die dunkle Nacht der Seele erlebt, dann gekämpft, bis alle Drachen tot waren. Die Heldenreise endet an diesem Punkt oft mit einem Sieg – ein Moment des Feierns und der Anerkennung. Für viele reicht das.

Das ist auch okay so. Denn auf der Heldenreise geht's ums Wachsen, ums Verbessern, um Leistungsoptimierung.

Das Böse auf der Heldenreise BLEIBT das Böse.

Hier wird nicht in den Spiegel geschaut und gefragt, was das unter Umständen mit mir zu tun hat. Das Außen, dieses eklige Andere da, wird schön draußen gelassen. Dann muss ich mich nämlich nicht verändern. Dem großen Gott sei Dank.[67]

Hä? Vielleicht solltet ihr mal euren Algenwald jäten, die Sicht da unten ist schon ganz trübe und allerhöchstwahrscheinlich habt ihr da zu viele Blaualgen, die allem anderen die Luft abschneiden ...

Die Wahrheit ist: Das Böse gibt es nicht. Das A****loch, das dich triggert und schön ausgiebig in deinen wunden Punkten rumpult[68], ist in Wahrheit ein Engel (der Psychologe und Autor Robert Betz nennt sie deswegen Arschengel) und dir dabei behilflich, deine wunden Punkte, du weißt schon, die, die du so gerne weiter verstecken möchtest, zu finden und zu heilen, indem du sie als das annimmst, was sie sind: irre Filme auf der Leinwand DEINES Bewusstseins.

CHANGE THE STORY

Wusstest du, dass die Vorfahren der heutigen Wale vor noch etwa 50 Millionen Jahren kleine, landbewohnende Säugetiere waren,

---

[67] Und hier sind wir wieder bei der lapidar hingeworfenen und zum Stillhalten verdammenden Aussage Campbells: In der Heldenreise kommt der Mann zur Frau, wie im Fall von Theseus, der Ariadne braucht, weil sie einfach nur die ist, die zufälligerweise die Tresorkombination hat. Denken wir kurz weiter: Was wäre geschehen, wenn Theseus die aufgeklärte Ariadne mit zu sich nach Hause gebracht hätte, in das sehr patriarchale welteroberende Griechenland vor der Zeit der Philosophie?

[68] Ob wir es wahrhaben wollen oder nicht: Auch Narzissten und Psychopathen können gute Mentoren auf der Heldinreise sein. Vgl. Hannibal Lecter in Das Schweigen der Lämmer

die in der Nähe von Gewässern lebten und wahrscheinlich so aussahen wie Ziegen oder Shetland-Ponys?

Weirde Vorstellung, immerhin sind sie jetzt eher riesig und leben im Wasser ... Was ist passiert?
Komm, lass mal den folgenden Film auf deine Leinwand.

Totale. Man sieht und hört die BRANDUNG, die an den Strand schlägt. (Ja, so wie da, wo du jetzt gerade sitzt).
Im Hintergrund STIMMENGEWIRR, das näher kommt. Jetzt hört man auch, dass es ein lautstarker STREIT ist.

WALPONY (of screen):
Ihr habt se doch nicht mehr alle! Ihr mit eurem Evolutionsgedöns andauernd. Andauernd muss man sich verbessern und noch besser und noch weiter.

Ein WALPONY läuft auf den Strand und stapft faustschwingend auf das Meer zu.

WALPONY:
Und ich lasse mich auch nicht mehr schlagen! Und ich kämpfe auch nicht mehr. Ist doch mir scheißegal, wer der Stärkere ist.

Es hält abrupt an, dreht sich um und zeigt seinen Verfolgern (of screen) die Mittelflosse.

WALPONY:

Ich committe mich ja echt mit jeder Scheiße, aber irgendwann ist Schluss. Ich geh dahin zurück, wo ich herkomm'.

Walpony wirft sich in die Wellen, taucht ab und schwimmt mit erhobenem Mittelfinger davon.

Was meinst du, ob das eine Frau war? Eine Heldin, die da die Schwelle in ein ihr vom Außen nicht zugestandenes Element übertritt?

Ich meine, mit Lungen dauerhaft im Wasser zu leben, ist schon echt mutig.

Mal abgesehen davon, dass wahrscheinlich so ziemlich alle Schwellenwächter laut rumgeschrien haben von wegen „das geht nicht!" und „du wirst jämmerlich zugrunde gehen" oder auch „so lange kann kein Pony die Luft anhalten", vielleicht gewürzt mit einem kleinen „das ist wissenschaftlich erwiesen" oder „des hamma noch nie ghabt, des führma garnet erscht ei". Na ja, du weißt es ja aus eigener Erfahrung, was die den lieben langen Tag so erzählen.

Du merkst, wir werden spooky.
War das eine Heldin?

Was glaubst du: Haben Wale was mit Weiblichkeit zu tun? Und wenn ja, was?

Andersrum: Wusstest Du, dass Orcas eine von nur 5 Arten von Lebewesen sind, die in die Wechseljahre kommen? Die anderen sind die Grindelwald, Belugas, Narwale und Menschen!

Vergiss nicht zu atmen

Aber wir waren bei der angeblichen Unmöglichkeit von Walponys Vorhaben.

Immerhin ist unser Atem unsere Lebensenergie. Normalerweise, also an Land, läuft das automatisch, aber hier, so unter Wasser?

Das erinnert mich an die Perlentaucher im Südpazifik, die ihre Luft bis zu zehn Minuten lang anhalten können, bevor sie wieder zum Nachschub holen an die Oberfläche müssen. Zehn Minuten!

Und ich sage dir eins: Du und ich, wir beide, wir beide können unseren Atem auch schon ganz lange anhalten.

Während der Zeit, bevor ich endlich in die Klinik ging, ertappte ich mich selbst dabei, dass ich vor lauter Anspannung vergessen hatte zu atmen. Ich bemerkte es auch nur deswegen, weil mir ziemlich schwummrig wurde. Und ich bemerke es auch heute noch. Allerdings versuche ich durch bewusstes Atmen meinen Körper auf solche „Apnoestrecken" ein bisschen vorzubereiten.

Ich kann's nur noch einmal wiederholen:

VERGISS NICHT ZU ATMEN!

Halte die Ausatmung länger als die Einatmung (indem du z. B. 1-2-3 zählst beim Einatmen und 1-2-3-4-5 beim Ausatmen). Es ist Trainingssache und klappt recht schnell recht gut.

Achte darauf, dass du bei der Einatmung jetzt tiefer gehst. Folge deinem Atem bis ins letzte Zipfelchen deines Steißbeins! Glaub mir, auch das wirst du durch Übung erreichen und fühlen. Es wird Zeit, dass du deinen Kreativraum, deinen Unterleib wieder ausbreitest, massierst, für lange Zeit stillgelegte Zellen und Gene reaktivierst und deinen Faszienstahlbeton lockerst.

Und dann fühl mal rein in diesen gigantischen Raum, der sich da öffnet!

Halte für eine Sekunde die Luft an und nimm wahr, wie groß das ist. Wie groß du in Wahrheit bist.

Wenn du in diesen heiligen Raum eintrittst, in dieser einen kleinen Sekunde, die du dir schenkst, eröffnen sich für dich alle Möglichkeiten in einem Augenblick.

Das ist anders, als das andauernde Sich-Beugen, Sich-Krümmen, dieses Bauch rein, Brust raus und Arschbacken zusammenkneifen, das du bisher immer praktiziert hast. Das, was du da spürst, ist dein SEIN.

Diese eine Sekunde schafft dir den Raum, um endlich selbst Entscheidungen zu treffen.

Jetzt, wo die Katastrophen nicht mehr über dich hereinbrechen und dich zum panischen Re-Agieren zwingen (du erinnerst dich? Da agiert nur deine Amygdala, da ist nichts mit bewussten Ent-

scheidungen), jetzt, wo du weißt, wie die Wellen zu reiten sind –
jetzt hast du die Wahl.

VOM RECHTEN MASS

Es gibt keinen schöneren Moment als den, aus sich Selbst heraus
etwas völlig Neues zu wagen und damit zu genügen.

Es gibt keinen schöneren Moment als den, wenn du völlig wer-
tungsfrei feststellst: „Hey, du, ich hab' deine Ming-Vase zerdeppert,
aber ich komme für den Schaden auf."

Ja ja, wir wissen alle, dass da vorher wieder zahlreiche schlaflose
Nächte mit furchterregenden Besuchen in deinem inneren Kino
abgelaufen sind … Du hast wieder und wieder gegen das Unver-
meidliche (nämlich Verantwortung zu übernehmen) angekämpft –
und ich kann das verstehen. Auch ich hatte und habe noch immer
diese wahnsinnige Angst vor der darauffolgenden Strafe.

Das Perfide daran: Die Angst davor, bestraft zu werden, ist schon
längst salonfähig geworden. Wir sehen es an den Fußballern, die
erst offensichtlich foulen und dann die Hände heben, „Ich hab'
doch gar nix gemacht!". Wir sehen es in der Politik, wo's auch nie
jemand war bzw. immer der andere. Wir sehen diese Angst vor der
Strafe in der Öffentlichkeit so oft. Und zwar so oft so widerwärtig
dargestellt, beinahe überspitzt, dass sie uns anekelt und unendlich
langweilt – und wenn sie uns dann in echt entgegenkommt, über-
sehen wir sie deswegen.

Ich habe es als Lehrerin so oft erlebt, dass eine Schüler:in panisch
zusammenzuckte und die Schultern reflexartig hochzog, wenn ich
ihr oder ihm lobend auf die Schulter klopfen wollte. Da wusste ich,
was zu Hause los war. In diesem Zuhause gab es keine Erlaubnis

dafür, die Verantwortung angstfrei zu übernehmen. Hier tat die sogenannte Verantwortung höllisch weh.

Aber wir waren bei dem inneren Kampf gegen unsere Angst, es trotzdem zu versuchen. Unterm Strich war dieser innere Kampf für mich nur eine Verschwendung meiner Zeit und meiner Kräfte. Und ich hatte keine Lust mehr auf diese ewigen Maskentragerei.

Und dann ist er da, der Impuls. Dann drehst du deiner Leinwand den Rücken zu, und sagst, was du zu sagen hast.

Und der zweitschönste Moment ist, wenn dein Gegenüber sagt: „Hey, ist zwar schlecht, aber shit happens."

Statt in den allertiefsten Kerker der Verurteilung zu fallen, landest du, vielleicht zum ersten Mal in deinem Leben, auf einer weichen Wolke aus Verständnis, Anerkennung und Wertschätzung. Auf Augenhöhe.

Eine absolut umwerfende Aussage steht plötzlich im Raum:

Es ist nur das, was du getan hast, was nicht gut ist –

Und du, du bist okay.

Huch! Was ist denn plötzlich mit dem entweder-oder passiert? Wo ist es hin???!!!

Ich kann SOWOHL tollpatschig ALS AUCH ein toller Mensch sein?

Wo gibt's denn sowas? Ja, wo komma denn da hi?

Und ja:

Du darfst zu deinen Taten und Entscheidungen stehen.

Du darfst Sinn und Kraft in den dunklen und lichten Seiten deiner Selbst finden (erinnerst du dich? Du hast'n Schatten! Yiiipeeh!).

Du darfst deine dunkle, instinktive Seite und Weisheit akzeptieren, ihr vertrauen, dich ihr hingeben.

♀

CHANGE THE STORY

1. Welche Geschichte über dich erzählst du? Die Geschichte über dein Auto, dein Haus, deine Yacht?

2. Wie interpretierst du deine Erfahrungen? Dein Selbst?

3. Wie könntest du deine Geschichte anders erzählen? Welche neuen Erfahrungen, Beweise, Erkenntnisse könntest du jetzt einfügen?

4. Was wäre, wenn jeder Schritt auf der Heldinreise, jede Challenge, jede Mut-Tat dazu führen würde, dass du zu der wirst, die du in Wahrheit bereits bist?

5. Was wäre, wenn alles, was dir in deinem Leben jemals widerfahren ist, das optimale Training für genau diesen Moment ist?

6. Welche Geschichte erzählst du?

Du merkst, die Welt um dich herum, die Welt, in der du plötzlich lebst, in die du getaucht bist, und zu der du dich auch irgendwie zugehörig fühlst, hat sich komplett verändert.

Aus Tun wird Sein, aus entweder-oder wird sowohl-als auch.

Hier gelten ganz andere Regeln als in der uns bekannten Welt. Hier zählst du.

Und glaub mir, wenn ich dir sage, dass du lernen wirst, hier, quasi unter Wasser zu atmen.

Lass mich dir noch einen kleinen Beweis für die Möglichkeit dieses Unterfangens erzählen:

Wasserspinnen leben hauptsächlich im Wasser, obwohl das laut der Forschung gar nicht möglich ist. Trotzdem sind sie in der Lage, sowohl unter Wasser als auch auf der Wasseroberfläche zu leben. Dazu haben sie eine Art „Taucherflasche" erfunden. Die weben sie aus ihrer Spinnenseide, die sie an der Oberfläche mit Luftblasen tanken und unter Wasser verwenden können.

Und jetzt mal ganz ehrlich: So eine Taucherflasche aus Lebensenergie, aus Tools, die dich darin unterstützen, diese Energie zu erhalten, die hast du schon!

Wahnsinn! Ich bin so unglaublich stolz auf dich! Du hast im Laufe dieses Buches schon so viele Muttaten vollbracht! Wie sicher du mittlerweile in vielen Bereichen bist! (von denen du früher mal geglaubt hast, dass du das nicht kannst, weil du es dir ja auch immer wieder vorgesagt hast, dass du es nicht kannst). Du hast dich auf unserem gemeinsamen Weg so oft auf deine Heldinreise eingelassen, ihr vertraut. Dir immer mehr vertraut. Dich ihr hingegeben und Ja gesagt.

Es wird Zeit.

BLESSINGWAY

Das erinnert mich an was. Von Aronui, der wuiden Postbus-Heldin, habe ich dir ja bereits erzählt. Sie war ganz alleine und ziemlich spontan nach Italien gefahren, um ihren leiblichen Vater zu finden. Gleichzeitig war sie auch ein bisschen vor einer unglücklichen Beziehung, ihrer Mutter und ihrem immer mieser werdenden Job geflohen.

Am letzten Abend standen wir am Rande des Waldes, der sich an den Campingplatz anschließt und in dem wir vorgestern noch die Wölfe hatten heulen hören. Es war Zeit für den nächsten Schritt. Zeit, sich zu verabschieden.

Wir blickten also in das dunkle, magische Dickicht, und schwiegen.

„Ich habe das Bedürfnis, dem Wald was zu sagen."

„Dann mach das doch!"

„Lieber Wald. Ich danke dir für diese wertvolle Zeit, die ich hier erleben durfte. Und ich wünsche dir, dass die Menschen deinen Wert erkennen und deine Kraft. Ich wünsche dir, dass du und alle, die mit dir leben, ihr Leben in Freiheit leben dürfen – nach ihrer Natur und auf Augenhöhe. Ich wünsche dir, dass alles, was dich einengt und dir schadet, sich auflöst und dir wieder Raum zum Atmen schenkt, und dass der Wind, der durch dich weht, immer frisch sein möge."

Falls du dich fragst: Ja, das war ein „Kopf schieflegen"-Moment. Wahrscheinlich lag es daran, dass ich ein voll breites Grinsen im Gesicht hatte.

„Was?!"

„Ist dir was aufgefallen? So, an dem, was du dem Wald gewünscht hast?"

Aronui blickte lange in die Dunkelheit, während es im Hirnkastl ratterte. Dann hatte sich die Erkenntnis emporgewühlt.

„Das wünsche ich mir ja selbst! – Aber auch dem Wald! Ich wünsche ihm, was ich mir wünsche! Von Herzen."

Und dann natürlich sofort wieder: „Ob's dann trotzdem funktioniert? Das ist ja egoistisch."

Ob's trotzdem funktioniert?

Eine Woche später bekam ich einen Anruf, in dem mir eine überglückliche Aronui davon erzählte, dass sie in die Familie ihres Vaters aufgenommen worden war, sie hatten sie gesehen, geliebt und vom Fleck weg adoptiert. Sie hatte ihren Vater gefunden, sich mit ihm ausgesprochen und verstand sich gut mit ihm und seiner Frau. Nächste Familientreffen wären schon geplant, was bedeuten würde, dass sie nun einen Job suchen müsste, in dem sie auch immer mal wieder Urlaub nehmen könnte …

Was meinst du? Hat es funktioniert?

Und jetzt: Bist du bereit zur Hingabe?

Kapitel 8: Die Trennung zwischen Mutter und Tochter

heilen[69] - „Du bist genug"

Das ist der ganz wundervoll passende Moment, um zwei Versprechen einzulösen, die ich dir gegeben habe.

1.This is a woman's world.

Die Welt, so wie du sie JETZT lebst (wahrscheinlich weil du gar nicht mehr anders kannst), ist eine weibliche.

Nicht nur, weil wir bisher eine Menge Frauen kennengelernt haben, wie Mutter Erde, Mutter Wasser, Großmutter Mondin und Schwester Nacht. Wie Ariadne und all die Sisters.

Die Welt ist deswegen weiblich, weil sie rund ist.

Rund deswegen, weil sie eben nicht nur entweder-oder, schwarz-weiß ist, sondern stattdessen bunt und sowohl-als auch.

Weil sie eben nicht nur aus den Polen gut und böse besteht, sondern die vollen 360° beinhaltet[70] (wenn wir schon einen Gegensatz

---

[69] Für Murdock beginnt die Heldinreise mit dem Kampf, sich physisch und psychisch von ihrer Mutter zu lösen, sie nennt das „the mother/daughter-Split". Im Storytelling und im Erleben kann dies die tatsächliche Trennung von einer Mutterfigur sein oder, wie wir hier im Buch gesehen haben, die Ablehnung traditioneller weiblicher Eigenschaften.

[70] Mia Brummer: Was mir mein Claim bedeutet (o.D.), https://mia-brummer.de/dare-to-live-360-was-mir-mein-claim-bedeutet/ (Stand: 25.05.2024)

bemühen möchten, dann am ehesten noch hell und dunkel – und all die 50 Shades of Grey, die in dir versammelt sind und wo so langsam Licht reinkommt.

Die wahre Welt ist zyklisch. Sie atmet ein und sie atmet aus. Das hast du doch selbst erlebt.

Vielleicht geht das manchmal noch nicht so gut, der Gefahren und Verlockungen sind viele, auf gar keinen Fall aber ist sie: „Jetzt atmest du mal ein, hältst die Luft an und kletterst mal schnell die Karriereleiter rauf, ausatmen kannste in der Rente…"

Nein. Die Welt atmet ein und atmet aus.

2.

Und da ist noch was, das hängt im Babytragetuch vor dir, ge-schützt an dir, das ist das Ja. Erinnerst du dich? Ich hatte dir ge-sagt, dass wir es noch brauchen werden. Das war, als ich dir von der Wichtigkeit deines Nein erzählt habe.

Vielleicht hast du es schon gemerkt: Ganz viele deiner Neins sind ein Ja zu dir. Und wenn du dieses Ja zu dir jetzt endlich zulassen kannst, dann kann es gar nicht mehr anders sein:

Ja, Du bist genug. Punkt.[71]

Dieser Satz vereint wie Donnerhall alles, was du bisher auf dieser Reise als unumstößliche Wahrheit erfahren hast.

Ich bin genug.

Bisher war da immer das kleine Ego, das immer leisten muss, um dazuzugehören, aber dennoch nie genug ist. Bisher haben wir

---

[71] Hallo? Du zweifelst? Du bist das Ergebnis eines Jahrtausende alten Selek-tionsprozesses, das dürfte Beweis genug sein …

immer danach gefragt, ob wir dieses oder jenes auch verdient haben. Waren wir gut, brav, lieb genug? Haben wir genug geleistet?

Und jetzt plötzlich geht es um nichts Geringeres als all die Rechte, die du mit deiner Geburt erhalten – und abgetreten hast. Und die kennst du, intuitiv weißt du um sie. Du weißt vom Recht auf Leben, denn du erklärst dich bereit zu atmen in der ersten Sekunde deines Lebens.

Und jetzt kommt da plötzlich das große Ich, das weiß, dass es angebunden ist und deswegen all das besitzt.

Wie es dazu kommen konnte? Du hast dich mutig mit dir auseinandergesetzt. Mit all den Stimmen in deinem Kopf und all den limitierenden Glaubenssätzen und allem anderen auch. Dadurch hat sich die dicke Lederhaut, die du dir angelegt hattest, abgeschabt, Nanometer um Nanometer[72]. Das Ego, also das, was oder wer du zu sein glaubtest, hat sich gelöst und macht jetzt Platz: für dein Selbst.

Hier, in Kapitel 8 begegnest du dir, deinem inneren Selbst und hier verbindest du dich wieder mit dem, was dich hierhergeführt hat und was du tief in deinem Inneren schon längst wusstest. Hier stellst du fest, dass du auf diesem Weg nichts anderes gemacht hast, als diese „göttliche Weisheit" freizulegen und anzunehmen. Für diese Weisheit gibt es ein Wort: Selbstliebe.

---

[72] Falls du jetzt denken solltest: „Nee, ich war zu schlecht, da ist noch gar nichts ab", dann sag ich dir mal, was ein Nanometer ist: **1 mm entspricht 1 000 000 nm.** Sonst noch Zweifel?

Worum es in 8cht gehen wird? Sicher ist: In deinem ganz persönlichen Kapitel 8 wird ein uraltes Thema aufploppen, und das ist es dann, was dran ist.

Ebenso sicher ist: Es geht immer um das Recht, zu leben. Und wenn du dieses Recht als auch für dich gültig zulässt, dann kannst du endlich damit beginnen, dich selbst zu lieben.

Es ist absolut in Ordnung, wenn du den nächsten Schritt in Kapitel 8 nicht gehen kannst. Das richtige geschieht zur rechten Zeit, glaube das.

Eine meiner Schwestern überraschte mich zum Jahresende mit diesem gigantischen Statement eben dieses Jas zu sich selbst. Sie schrieb:

„Da ich es nun dieses Jahr definitv nicht mehr schaffen werde, mein volles Potential zu entfalten, werde ich den Jahreswechsel in ebendieser Stille verbringen."

Was für eine gigantische Liebeserklärung an sich selbst! Hörst du, fühlst du, welch starker und unendlich großer Raum sich da öffnet? Ganz einfach deswegen, weil es ihm ERLAUBT wurde, da zu sein.

Und welch unbegrenzte Fülle an Möglichkeiten in ihm, in dir, stecken, die darauf warten, zur richtigen Zeit, im richtigen Moment aufzuploppen?

Wenn du den nächsten Schritt noch nicht gehen kannst, dann bleib stehen. Bleib stehen und schaue. Alles ist genau so richtig, wie es gerade ist.

Du bist genau so richtig, wie du gerade bist.

Ich bin überzeugt, du kannst die Stimmen deiner Schwellenwächter schon von deiner eigenen unterscheiden, von der warmen Stimme deiner Seele. Und wenn die sagt „noch nicht", dann ist es „noch nicht".

Weißt du, es ist auch okay so. Weil: Das hier ist ein Buch. Du kannst es weglegen und dann wieder zuhören und nachfragen, wenn es soweit ist.

Und jetzt, wo wir gerade so ganz kurz vor „Drachenbegegnung" sind, kann ich's dir ja verraten: Dieses Warten auszuhalten, nicht trotzdem am Gras zu ziehen – das ist das Schwierigste an dieser ganzen Heldinreise. Da ist jeder Drachen ein Mückenschiss dagegen. Also, nach meinem Empfinden … was also stattdessen tun?

Vertreib dir doch die Zeit mit Spielen! Oder Speckstein schnitzen. Ich bin sicher: Wenn du noch ein bisschen am sicheren Ort, da, am Rande von Kapitel 5-7 bleibst, dann wächst das Gras von ganz allein. Und mit diesem Aushalten lernst du auf geradezu magische Weise ganz von selbst die wichtigste Lektion: Hingabe.

Du willst also los? Gut.

Ich weiß nicht, an welchem Ort du bist. Wahrscheinlich ist es der Ort der größten Angst. Des absolut Unmöglichen. Du fühlst dich sofort zurückversetzt in das Setting vom Mount Everest, nur dass diesmal keiner weiter da ist. Die Sonne scheint hier nicht. Stattdessen stehst du im schlimmsten Schneesturm ever, hast die Orientierung verloren, weil überall eben nur dieser wirbelnde Schnee ist. Du drehst dich im Kreis wie ein irrer Tanzbär, und zwar so schnell, dass ein außenstehender Beobachter denken könnte, du bist eingefroren.

Hallo? Hallo? Ich klopf mal an deine Hülle. Klopf klopf!

Ich fange am besten damit an, dass ich dir von meinem sicheren Ort erzähle. Dem Ort des Hier und Jetzt. Mittlerweile weißt du ja schon, dass ich Heldinwanderungen liebe. Nie zuvor bin ich jemandem wie Mutter Natur begegnet, der mir so sehr die Wahrheit zeigt, ohne zu werten, wie sie es vermag.
Ich schätze, das war der Grund, warum ich begonnen habe, sie zu lieben, denn niemals fühlte ich mich von ihr verraten oder beschimpft oder gar abgewertet. Mutter Natur wertet nicht, sie ist. Und Mutter Natur ist mir eine gute Mutter geworden. Ja, ich glaube, das war der Moment, in dem die Heilung meiner weiblichen Seite beginnen konnte und noch immer andauert.

Die Natur nimmt Dich – ohne Filter, Brille oder Wertungen – in ihrem Raum auf und Du erkennst darin nur das, womit Du in Resonanz gehst.
Es sind Deine Seelenbewegungen, die Du dabei im Außen wahrnimmst. Du siehst Deine Geschichte oder die Herausforderungen gespiegelt in den Wahrnehmungen auf deiner Wanderung durch die Natur.[73]

Du weißt, wie magisch Heldinwanderungen sein können. Und doch war diese so besonders, dass ich dich mitnehmen will an diesen Ort.

---

[73] Mia Brummer: Weibliches Heilwissen, Norderstedt 2024. S. 105

Ich nehme dich mit an den Strand in der Nähe von Gallipoli. Die schmale Küstenstraße trennt das Land vom Meer. Auf der einen Seite trockenes, fast wüstenartiges Land, auf dem gigantische Kaktusfeigenkakteen und übermannsgroße Aloe Veras stehen – so sukkulent, so voll von Leben, so mächtig und stark. Überberstend voll von nährenden Wasser. Und ihre Stacheln zeugen von ihrer Kraft, von ihrer Wehrhaftigkeit (okay, ein bisschen erinnern sie auch an all die Stacheln, die von Kinn und Nasen und Warzen der Omas abstehen …). Vielleicht fühlte ich mich deswegen sofort von ihnen in ihren Kreis aufgenommen.

Auf der anderen Seite der Straße liegt die steinige Küste, an die die Brandung schlägt und die weiße Gischt hoch hinauf trägt. Wenn die Wellen sich zurückziehen, eröffnet sich ein Blick auf Steine, die mit grünen Algen überzogen sind (das erinnert mich ein bisschen an meinen Mathelehrer, der hat seine übrig gebliebenen Haare auch immer so über seine Glatze gekämmt …), die Algenhaare glitzern silbern im Morgenlicht.

Barfuß taste ich mich von Stein zu Stein und bleibe schließlich an einem kleinen Krater, den die Wellen immer neu füllen, sitzen. Endlich gebe ich Ruhe.

Wenn da nicht …

Plötzlich fliegt ein türkiser Ball an mir vorbei. Ich drehe mich um, sehe aber niemanden, der den Ball geworfen haben könnte. Ich sehe den Ball noch ein zweites und ein drittes Mal, beginne an mir zu zweifeln und lasse endlich auch die Vernunft los (mittlerweile weiß ich, dass das ein Bienenfresser ist, der dort in der Steinküste nistet).

Links von mir der klare kleine See, in den ich jetzt hineinblicke, und sehe die Reste von fossilen Schnecken. Spiralen so weit mein Auge blickt. Rechts von mir bemerke ich in einem der Löcher, die das beständige Wasser ausgewaschen hat, quasi in der Mitte des Kessels, eine goldene Murmel. Ich weiß, dass sie einmal ein Stein war, kantig, quadratisch-praktisch-gut, doch dann hat die ausdauernde Kraft des ewigen Wassers den Stein zur goldenen Murmel geschliffen. Später wird Mia zu mir sagen: „Dann weißt du ja, wo du hin musst, wenn du deine goldene Kugel mal wieder verlegt hast."

Doch fürs Erste fühle ich nur und ich schwöre, ich fühle es bis heute. Ich muss nur an diesen Ort und diesen Moment denken und spüre, wie die Kraft dieses Ortes und all diejenigen, die an diesem Ort sind, all die Kakteen, der Bienenfresser, die Schnecken, das Meer durch meine Vulva in mich eindringen und mich nähren und füllen. Ich tanke so auf! Ich werde so weich! Das, was ich fühle, ist die pure Fülle.

DIE PURE FÜLLE.

Das ist Kapitel 8 in Wahrheit.

Das ist das Kapitel, von dem alle immer behaupten, es sei die schlimmste Stelle an der ganzen Heldenreise-Geschichte (das mag für die Helden durchaus gelten …). Die große Katastrophe. Der Kampf mit dem Drachen. Das Siegen oder der Tod. Dabei ist es ganz anders …

Aber schauen wir erst noch ganz kurz, wie Maureen Murdock das sieht:

Die Heldin sucht nach einer tieferen Verbindung zu den weiblichen Anteilen ihrer Psyche. Und die Reise bisher war und ist ein Prozess der Heilung, der eine Balance zwischen Vergangenheit und Gegenwart, Schmerz und Erlösung einfordert.

Ist klar, dass Kapitel 8 eine große Herausforderung darstellt, da hier schmerzhaft deutlich wird, dass es nicht nur deine persönliche Wunden sind, die der Heilung bedürfen, sondern auch die Heilung gesellschaftlicher Ungleichgewichte einbezieht.

Inmitten dieser Reise begegnet die Heldin den unterdrückten Gefühlen und dem verlorenen spirituellen Teil ihrer selbst. Hier wird das Bedürfnis nach Verbindung und Gemeinschaft spürbar – nach Eigenschaften des Weiblichen, die in unserer Kultur oft wenig Beachtung finden (und die du schon erlebt hast, denke nur an deine Sisterhood).

Während sie durch ihre innere Welt navigiert, trifft sie auf archetypische weibliche Figuren (du erinnerst dich an deine Bekanntschaft mit Ariadne und Medusa?), die die Weisheit und Verletzungen des Weiblichen repräsentieren. Sie muss sich mit der Spaltung zwischen Mutter- und Tochterrollen auseinandersetzen, die aus der historischen Abwertung des Weiblichen resultiert. Dieser Heilungsprozess führt sie zurück zu ihrer Intuition, Kreativität und Körperweisheit – und damit zu einer tieferen Verbindung mit sich selbst.

Hier, in den stillen Momenten der Selbstbegegnung, erkennt sie die innere weibliche Urkraft an und bittet um Unterstützung, um ihre persönliche Macht zurückzugewinnen. Die Heldin hat verstanden: Wahre Stärke liegt nicht im Streben nach Perfektion, sondern in der mutigen Akzeptanz der Unvollkommenheit – und der Weisheit, um Hilfe zu bitten.

So gewinnst du deine Macht zurück. Nicht durch das Überwinden, Kämpfen, Rauben, sondern durch das Einlassen, durch das Loslassen von Kontrolle und das Erlauben von Unterstützung. Loslassen. Immer wieder loslassen.[74]

In diesem tiefen Akt der Hingabe findet die Heldin ihre wahre Kraft, die leise und doch unerschütterlich in ihrem Inneren ruht.

Damit du mich oder uns verstehen kannst, müssen wir Walpony hinein ins schwarze Wasser folgen. Dorthin, wo es ganz tief ist. Denn dort wartet es auf dich, dein Selbst.

Ich liebe schwarzes Wasser. Viel lieber gehe ich in schwarzem Wasser schwimmen als am hellen Rand. Das liegt daran, dass ich im schwarzen Wasser sicher sein kann, dass da erstmal nichts kommt außer Wasser und davon eine ganze Menge.

Dorthin müssen wir gehen. In dieses tiefe Vertrauen – und wenn wir im Vertrauen sind, dann kommt sie: die Hingabe an dieses Vertrauen.

Wir lassen uns also fallen und sinken tiefer hinein in die Dunkelheit.

Wir haben keine Angst, denn wir spüren: Wir fallen ja gar nicht. Wir werden getragen.

Über uns tobt die See und wüten die Wellen und kämpfen einen erbitterten Kampf –

Ruhig ist es hier. Still. Sanft bewegt.

Ich bemerke, ich werde eins. Ich bemerke, alles ist mit allem verbunden – ich, die Steine, die Kakteen, die Vögel, Fische, das Wasser – nichts ist je getrennt. Das bemerke ich im tiefen Wasser im Vertrauen.

---

[74] Dieses „Loslassen" ist übrigens auch das einzige Tun, das uns auf dieser Reise ins SEIN begleitet. Und Loslassen bedeutet Verwandeln.

All die Geschichten der man's world von männlich oder weiblich, Natur oder Kultur, schwarz oder weiß, oben oder unten, gut oder böse, fleißig oder faul – all die Gegensatzpaare, die ich am Anfang dieses Buches aufgemacht habe, denen wir glauben, die wir übernehmen, ohne sie zu hinterfragen, entpuppen sich als Illusion. Eine Lüge. Eine Jahrtausende alte Lüge. Und nun, hier und jetzt, fallen die Masken wie die Dunkelheit am Ostermorgen.

Ich nehme Dich auch deswegen mit in dieses tiefe Wasser, denn ich will dir noch etwas anderes zeigen. Denn was du in der Schwerelosigkeit absolut wertfrei erfahren kannst, ist dein Körper.

Die wundervollste Begegnung mit meinem Körper hatte ich übrigens bei einer Tantra-Massage (doch davon später).

Meine Masseuse war Hauora, gelernte Chiropraktikerin, aber auch Prostituierte. Ich hatte noch nie in meinem Leben ein solch tiefes, offenes Gespräch wie mit dir – und ich ehre dich dafür.
Wir saßen uns nackt gegenüber. In dem Zimmer im Souterrain der Bürgervilla war es dampfend warm, fast tropisch.
Das Halbdunkel und das Flackern der kleinen Kerzen ließ manchmal einen tieferen Blick in das Gesicht des Gegenübers zu, aber eigentlich war das nicht nötig.
Sie erzählte viel (vor allem von der Lehrerin ihres Sohnes, was oft passiert, sobald mein Gegenüber weiß, dass ich mal Lehrerin war ...) und sie erzählte davon, wie der Sex früher für sie war. Und warum sie wurde, was sie war.
„Ich konnte es gar nicht hart genug haben. Ich wollte richtig gefickt werden. Ich wollte was spüren. Mich nämlich. Mich wollte ich spüren."

Ein Grinsen huscht über ihr Gesicht, klar, es hat nicht geklappt.

„Ich konnte es gar nicht hart genug haben. Ich wollte mich spüren."

Muss ich dazu nochwas sagen, oder fühlst du bereits wie eine ech-
te Heldin?
Erkennst du dich wieder, fühlst mit? Mit Hauora – und auch mit dir.
Denn ich, du, wir – wir haben uns doch ertappt, oder?

Wo ist das hin?
Wo sind unsere Gefühle hin?
Wieso fühlen wir uns nicht?
Wieso fühlen wir uns nur dann, wenn wir richtig hart angefasst wer-
den? Von uns, von anderen.

Und: Ist das vielleicht sogar der wahre Grund, warum wir es immer
wieder zulassen?
Wir brauchen es so hart, um überhaupt ein bisschen sowas wie
Empathie zu empfinden. Deswegen kracht und knallt es in den
Filmen ja auch so und andauernd sterben Menschen.
Die Empathie.

Die meiste Empathie, die wir an den Tag legen, ist anerzogen.
Anerzogene Empathie basiert oft auf gesellschaftlichen Erwartungen oder erlernten Verhaltensmustern, die darauf abzielen, an-
gemessen zu reagieren, ohne unbedingt eine echte emotionale

Resonanz zu spüren, während echte Empathie intuitiv ist, aus deinem Inneren kommt.[75]

Als Kinder haben wir noch ne ziemlich gute Einschätzung unserer Gefühle. Solange eben, bis wir besser hören oder (wer das nicht kann) fühlen können, was wir eigentlich fühlen. Zum Beispiel keinen Schmerz, auch wenn wir von Indianern so weit entfernt sind wie mein Heimatgebirge vom Himalaya. Wir packen sie weg. In Kisten. Warte, die sind hier irgendwo …
Die paar genehmen Gefühle, die dann noch übrig sind, sortieren wir ein und ziehen sie dann raus, wenn wir wissen (oder zu wissen glauben), dass sie jetzt ganz gut passen könnten.

Was uns fehlt, ist die Liebe. Und zwar die mit dem Selbst vorne dran.

Ich habe bisher nichts anderes gemacht, als dich in diese Tiefe zu führen, in der diese alten Kisten rumstehen, in der der echte Urgrund deiner Gefühle wabert.

Komm schon, das ist der (vor)letzte Blick in den Spiegel.

---

[75] Die Fähigkeit zu echter Empathie hängt von mehreren Faktoren ab: genetischer Veranlagung, frühkindlichen Bindungserfahrungen, emotionaler Intelligenz und persönlicher Entwicklung. Menschen, die in einer sicheren, liebevollen Umgebung aufwachsen, entwickeln oft ein tieferes Einfühlungsvermögen. Traumata, Vernachlässigung oder ein Umfeld, das Empathie wenig fördert, können diese Fähigkeit hingegen hemmen.

SPIEGLEIN, SPIEGLEIN AN DER WAND

– wer ist ...dein Name... in diesem Land?

Wie ist es jetzt mit dir?
Hast du Gefühle für dich selbst? Und wenn ja, welche?

Du bist es, Schneewittchen. Und es ist Zeit, das Freeze zu verlassen.

LASS UNS EINEN KLEINEN UMWEG MACHEN ...

Das Körpergedächtnis ist die Fähigkeit des Körpers, sich an physische Empfindungen, Bewegungsmuster und Erfahrungen zu erinnern. Es ist eine Form des impliziten Gedächtnisses, das nicht bewusst abgerufen wird, sondern eher in den körperlichen Prozessen und Gewohnheiten verankert ist.

Diese Art von Gedächtnis spielt eine bedeutende Rolle in verschiedenen Bereichen, darunter Sport, Tanz, Musik und auch in der Bewältigung von Traumata. Zum Beispiel kann ein Tänzer bestimmte Choreografien durch das Körpergedächtnis erlernen und ausführen, ohne ständig bewusst darüber nachdenken zu müssen. In ähnlicher Weise kann das Körpergedächtnis auch bei der Bewältigung von stressigen oder traumatischen Erfahrungen eine Rolle spielen, indem es dazu beiträgt, bestimmte Bewältigungsmechanismen zu entwickeln oder auf Bedrohungen zu reagieren.

Forschungsergebnisse deuten darauf hin, dass das Körpergedächtnis auf neuronaler Ebene durch neuronale Schaltkreise und Verbindungen beeinflusst wird. Es erklärt, warum Menschen manchmal körperliche Empfindungen oder Reaktionen erleben können, die mit vergangenen Erfahrungen verbunden sind, selbst, wenn sie sich nicht bewusst an diese Ereignisse erinnern. Trauma wird also nicht nur auf kognitiver oder emotionaler Ebene gespeichert, sondern auch im Körper.

Bei traumatischen Erfahrungen kann zusätzlich das Zusammenspiel zwischen den beiden Gehirnhälften beeinträchtigt werden. Die beiden Hemisphären des Gehirns haben unterschiedliche Funktionen und sind über den sogenannten Balken (Corpus callosum) miteinander verbunden. Die linke Gehirnhälfte ist oft stärker mit kognitiven und sprachlichen Funktionen verbunden, während die rechte Gehirnhälfte stärker mit emotionalen Verarbeitungsprozessen in Verbindung gebracht wird. Traumatische Erfahrungen können zu einer Asymmetrie in der Aktivität der Gehirnhälften führen, wobei die rechte Hemisphäre überaktiv oder unteraktiv sein kann. Es kommt zu Dissoziation, d. h. der Wahrnehmung der Trennung von Körper und Umwelt (im schlimmsten Fall geht das soweit, dass du im Spiegel einem völlig Fremden gegenüberstehst).

Du merkst schon, wie Unterdrückung, Kampf, Rat-Schläge, daraus resultierende Traumata und die große Mär von der Trennung hier zusammenspielen, oder? Ein perfider Plan ...

Göttin sei Dank gibt es da therapeutische Ansätze wie EMDR oder Somatic Experiencing[76]. Sie betrachten den Körper als entschei-

---

[76] Mein weirdestes Erlebnis mit SE findest du später im Wortlosen Raum, denn erst in der SE-Sitzung konnte ich ein unbestimmtes Gefühl in die Exis-

denden Aspekt der Traumaverarbeitung und gehen davon aus, dass der Körper in der Lage ist, traumatische Energie zu verarbeiten und zu regulieren, wenn er auf **unterstützende** Weise eingebunden wird.

Lass zu, dass du berührt wirst. Lass die Berührung zu. Sie wird dich frei machen. Sie drückt auf den blinkenden Button auf der archaischen Fessel und plötzlich schnappt diese uralte Fessel auf. Frei.

Meine rückverbindende Unterstützung war Tantra.

Räumen wir zuallererst mal mit einem Irrglauben auf:

Tantra ist kein Sex. Tantra hat absolut nichts mit dem zu tun, was man gemeinhin meint, wenn man Erotik sagt, aber eigentlich Prostitution meint. Bei all den Berührungen geht es nicht darum, zum Orgasmus zu kommen. (Sollte er trotzdem rauswollen, dann passiert es eben).

Ja, worum geht's denn dann?

Um nix. Tantra ist absichtslose Berührung.

Tantra ist Sein pur.

Und falls es bei Tantra um ein irgendwie definiertes Ziel gehen sollte, dann darum: FINDE DEIN JA!

---

tenz holen, indem ich es in Worte fassen konnte. Und dieses Aussprechen führt all meine inneren Fragmente wieder zusammen, heilt quasi den inneren Bruch zwischen Emotionen, Erinnerungen und Sprache und hilft dabei, wieder in ein Gefühl von Ganzheit zurückzufinden.

Sei im Moment!

Erfahre dein Hier und Jetzt.

Alles andere ist nur die Berührung des Körpers. Und mit ihm verbunden die Berührung der Seele.

Dein Körper ist deine größte Lehrerin – und die hat Botschaften für dich. Nimm dir etwas Zeit, um mit ihrem inneren Rhythmus zu tanzen und zu atmen. Beginne langsam und lass deinen Körper die Führung übernehmen.

Du hast bereits vom Donne Luce-Film erfahren, der so gar nicht angekommen ist. Es ging um Tantra. Mich hat das seitdem nicht mehr losgelassen. Ich wollte wissen, wie das geht. Wie sich das anfühlt. Ich, die Gefühlslegasthenikerin …

Und nachdem du tausend Filmtode gestorben bist, da, auf deiner inneren Leinwand, hast du's tatsächlich auch geschafft, einen Termin auszumachen.

Und ich bin mir noch immer dankbar dafür, denn das, was ich erfahren habe, war genau das, was ich erfahren musste.

Die Berührungen waren vorsichtig. Liebevoll. Warm. Haltend. Bergend.

Alle Stimmen in meinem Kopf waren augenblicklich still (bis auf die eine, nämlich meine, die andauernd „wtf, wtf" gesagt hat, weil ich mich plötzlich an Stellen und Gefühle erinnert habe, die ich lange, sehr lange nicht mehr hatte). Und mit dieser Stille kam die Hingabe.

Für mich als Traumapatient war die Massage an sich bereits ein Wagnis. Unkontrolliert überall angefasst zu werden, ohne zu wissen, was als Nächstes kommt, ist extrem schwierig für mich. Panikattacken sind da quasi vorprogrammiert.

Und hier plötzlich, in den absichtslosen Armen von Hauora, musste ich mich entscheiden:

Vertraue ich?

Und ich ließ endlich los.
Es war, als würde ich zum ersten Mal berührt werden.

Tatsache ist: zum ersten Mal ohne Absicht.

Ohne Absicht zu verletzen, ohne Absicht etwas zu leisten, ohne Absicht etwas zu erreichen, was gefällt.

Gib dir das! Zum ersten Mal gibst du deinen Körper offen hin, ohne dass irgendwas passieren muss. Ohne dass es eine Zielvereinbarung gibt (z. B. das Lösen von Muskelverspannungen oder auch der Orgasmus), ohne Effizienz und Leistungsoptimierung.

Schließlich kam der Moment der Yoni-Massage. Das ist, wenn die Masseurin tief in deine Scheide greift, um die Muskulatur dort zu lockern.

Körperlich ist das genial!

Wenn wir an Stress-Verspannungen denken, dann fallen uns dazu meist die Halswirbelsäule und die Schultern ein.

Der Beckenboden und die Schultern sind aber eng miteinander verbunden. Wusstest du das?[77]

Du bist nicht nur „obenrum" verspannt, weil du stundenlang am PC sitzt, um die Deadline einzuhalten (von diesem KoNaSchu darfst du dich hier endgültig verabschieden. Du musst nicht mehr unterwürfig nach oben blicken).

Im Gegenteil, das, was du machst, ist (ich weiß, ich wiederhole mich): „Bauch rein, Brust raus", „Arschbacken zusammenkneifen" und „den Kopf einziehen", um zu vermeiden, dass du wieder eine strafende Antwort gewischt kriegst.

So, du fühlst es. Du verstehst, wie komplex das ist.

---

[77] Und wir brauchen unsere Halsmuskulatur, um unseren Kopf schieflegen und all die magisch-weirden Dinge sehen zu können!

Dann also kam der Moment des Eindringens. Und ich bin sofort in die dienende Position gegangen. Hab' den Venushügel gehoben, um Platz zu machen für die optimale Bedürfnisbefriedigung, den Gang zur Gebärmutter schön schräg gestellt, damit eventuelle Fruchtbarkeitsanstrengungen zum Erfolg führen. Kennst du das?

Wahrscheinlich habe ich sogar aufgehört zu atmen.

Und Hauora hat aufgehört zu massieren. Ist plötzlich ganz still geworden, hat sich zurückgekommen und hat gewartet.

Auf was?

Da hing ich nun mit meiner zusammengezogenen Weiblichkeit in voller Muskelanspannung in der Luft und verstand: Ich muss loslassen.

Nur: Wie geht Loslassen nochmal???

Wie bekomme ich die Muskeln locker? Was muss ich da tun?

Du ahnst es schon.

Ich muss nur springen.

Du musst durch die Welle durch.
Je aufrechter du dich ihr entgegenstellst
(Brust raus, Bauch rein, Arschbacken zusammenkneifen),
umso mehr Angriffsfläche bietest du ihr.
Der Trick ist: Tauche unter ihr durch!

Oh, falls du fragst: Nein, ich habe keinen Orgasmus bekommen. War noch nicht dran. Aber zum ersten Mal seit Jahren konnte ich mich wieder bewegen. Schultern, Brust, Becken waren frei beweglich und hatten endlich wieder Platz zum Tanzen. Den Tanz des Lebens.

Ich glaube, tiefer runter an deinen sicheren Ort geht keine andere Massage als die absichtslose Berührung im Tantra oder auch bei Lomi-Lomi.
Beide Massagen haben nur ein Ziel: Nämlich dich wieder zu dir zu führen, in deinen Raum – und dich mit dir rückzuverbinden.
Ja, es gibt Wellen. Wahrscheinlich mehrere. Und ja, durch die musst du schon selber durch – und du wirst etwas Ungekanntes erfahren: Du bist hier absolut sicher. Hier zählst nur du. Du. Und deine Zeit.

SCHNITZE DIR DEINE YONI.

 Wenn du dir deine Yoni- oder Lomi-Massage gegönnt hast und dann nach Hause kommst, dann nimm deine KünstlerinnenBox und schnitze oder knete oder backe dir deine Yoni.
Taste sie ab, wie die Masseurin es vielleicht getan hat. Finde heraus, wo die Berge, wo die Täler liegen. Folge ihren Furchen und Falten und spitzen Hügeln.
Berühre und streichle deine Haut, finde die Bereiche, in denen du anspannst, und sei mit vollem Bewusstsein bei ihnen. Heiße deinen Körper willkommen und erfahre deine Wünsche jenseits der Angst.
Und dann bringe es in die Welt! Erschaffe ein 1 zu 1 Abbild deiner Yoni!
Dieses Abbild wird dir Kraft schenken. Du musst es nur in die Hand nehmen und schon durchpulst es dich.

Endlich, endlich kannst du deine Weiblichkeit sehen. Trittst ihr auf Augenhöhe gegenüber. Schaust sie an, berührst sie, redest mit ihr. Ihr zwei seid zusammen unschlagbar. Das ist, was sie dir sagt.

Ich glaube, ja, ich glaube, neben der Geschichte mit der Mango ist das die weirdeste aller Anweisungen in diesem Buch. Und es kommt auch keine so abgefahrene mehr.

Alle Praktiken, die uns mit unserem Schoß oder unseren Ovarios oder schlicht unserer Gebärmutter verbinden, laden uns in die Tiefen unseres Selbst ein. Sei nicht überrascht, wenn nun deine Träume lebendiger werden und Synchronizitäten entstehen. Die Tür wurde geöffnet und es ist SIE, die dich bittet, langsamer zu werden, um zuhören zu können.

Ich lasse dich jetzt mal in Ruhe deine Aufgabe erledigen, während ich bunt und schlontzig kochen werde.

Vielleicht ist es an der Zeit, dich berühren zu lassen.

Instead of asking,

'HAVE I WORKED HARD ENOUGH TO DESERVE TO REST?',

I've started asking, 'Have I rested enough to do my most loving and meaningful work?'[78]

Lass dich berühren, vielleicht auch durch Worte, von denen du nun weißt, dass sie wirken können.

---

[78] Nicola Jane Hobbs (o.D.): Do you struggle to rest? in: *How To Brave*, https://www.howtobrave.co.uk/enough-to-rest/ (Stand: 07.01.2025)

Vielleicht darfst du dich dazu auch endlich einfach nur mal hinlegen, zusammen mit Mutter Erde deine Fertilität für einen Moment an den Nagel hängen, deine Antwort finden auf „Wie geht Loslassen nochmal?" und einem Märchen zuhören, das von dir handelt.

Das einzig wahre wahre Dornröschen

Der wortlose Raum[79]

Ich will dir von einer Heldinwanderung erzählen, meine eigene nämlich.

Ich war zum zweiten Mal in der Klinik, denn es hatte mich wieder zerlegt.

Und ich stand da, zwischen Meer und Wüste, und konnte mich wie so oft nicht bewegen.

Na ja, und was tut gut, wenn heldin sich nicht bewegen kann? Genau. Bewegung.

Eine Heldinwanderung stand an.

Und so lief ich los.

Meine Schwelle war der frische Darm eines Vogels, der sich über den Gehweg spannte. Ich habe es sofort verstanden. Das waren meine Eingeweide, die da lagen. Die mir rausgerissen worden waren und jetzt offen lagen.

Hast du nicht gerade gesagt, die waren über den Gehweg gespannt? Also nicht verknuddelt und verknotet wie deine?

Ich sag's ja. Bereits mit meinem ersten Schritt wusste ich, dass diese Wanderung spannend werden würde. Und weird.

Meine erste Jausenstation war eine kleine Kirche auf einem sanft geschwungenem Hügel. Ringsum tauschten sich tiefe, dunkelgrüne Wälder und saftig grüne Wiesen aus. Im Hintergrund thronten

---

[79] Zum Begriff des Wortlosen Raums siehe auch Anhang

stolz die mächtigen Alpen, allen voran Mutter Zugspitze, und strahlten im Glanz der Sonne.

Und ich dachte darüber nach, was werden sollte.

In den Schuldienst zurück konnte ich nicht. Noch immer überfielen (und überfallen) mich Panikattacken, wenn ich daran denke. Nur: Wohin stattdessen? Was konnte ich denn schon? Was hatte ich denn schon vorzuweisen?

Außer den unerschütterlichen Glauben daran, dass Alles mit Allem verbunden ist. Denn sonst säße ich jetzt nicht hier, oder?

Ich ließ meinen Blick schweifen und wünschte mir genau das, was ich sah: Endlos weiten, genährten Raum.

„Aber der gilt nicht für mich."

Die Antwort lautete: „Doch."

Mich erfüllte Sehnsucht und mein Herz weitete sich instinktiv in diesen großen, weiten, endlosen Raum ein. Ich fühlte, dass dies Fülle war.

Etwa dreihundert Meter weiter weg, in einem weichen Tal, grasten Kühe auf einer Weide.

„Ach", dachte ich, noch immer in meinem Gefühl dieser unendlich großen Verbundenheit, „sie säen nicht, sie ernten nicht – und Göttin ernährt sie doch." Und sofort danach: „Hilft ihnen nur nix, weil sie nachher eh aufm Teller landen …"

Trotzdem: Der Hook war gesetzt. Mutter Natur hatte mal wieder gekonnt ihre Angel ausgeworfen und hatte mich am Haken.

Ich jedenfalls bin aufgesprungen und vor diesem Raum der Fülle geflohen. Mitten hinein in einen dunklen Wald. Hier schien keine

Sonne und es lagen auch noch überall Schneereste und der Weg war ein Pfad aus reinstem, purstem Matsch.

„Sie säen nicht, sie ernten nicht – und Göttin ernährt sie doch."

Boah ey, echt jetzt? Das mag ja für Kühe gelten. Die brauchen bloß Gras und Wasser. Aber ich brauch' ein Auto, eine Wohnung, eine Krankenversicherung ... Mir schenkt keiner was! Auch Göttin nicht.

Und ein paar Meter Schlammpiste weiter: „Das hab' ich wahrscheinlich gar nicht verdient."

Mir fällt gerade auf, dass ich mich nicht mehr daran erinnern kann, was danach noch geschah und wie ich wieder aus diesem Wald rausgekommen bin ...

Jedenfalls stand ich irgendwann endlich am Waldrand. Oben, auf einem Hügel, und blickte hinunter ins Tal. Der Weg wurde wieder trockener, es wurde wieder heller und so tappte ich in Richtung Zuhause. Ich glaubte zu wissen: „Das war eine schöne Heldinwanderung mit ganz wundervollen Ideen, aber leider nicht für mich."

Und dann sah ich sie. Sie standen etwa fünfzig Meter weit weg in der Gruppe zusammen und ihr Atem kringelte sich wohlig in die kalte Luft. Das war schön, wie die da zusammenstanden, während ich hier, so hinterm Zaun, allein und gebeugt aufm Weg.

Weißt du, was eine Stampede ist? Eine Stampede ist so ein plötzliches, scheinbar unkontrolliertes Massenrennen von Tieren. Stampede, das ist Trommeln von Massen an Hufen und Kilos auf hartem Savannenboden. Und das ging da los.

Die gesamte Kuhherde (wahrscheinlich 13 Tiere) setzte sich in Bewegung und stürmte schnaubend auf mich zu.

Und ich, da ich im Freeze war, nicht davon weg. Ich war festgepflockt.

Dankenswerterweise hielten sie etwa drei Meter von mir entfernt an und blickten mich an. Dann lösten sich drei Kühe aus der Herde, trabten ohne Angst und voller Offenheit und Neugier, nee, die wussten das, auf mich zu.

Und mit ihnen kam eine Welle an Aufgehobensein, Angenommensein, gehalten, getragen, und hüllte mich ein in eine samtene Wolke aus – Fülle.

Ich glaube, wir standen da bestimmt eine halbe Stunde zusammen, schwiegen einfach nur (mit Sistas kannst du gut schweigen, habe ich das schon erwähnt?), während sie mich aus ihren gütigen, tiefen, kreisrunden Augen mit den lustigen Wimpern anschauten und einfach nur wiederkäuten, ein bisschen rülpsten und weiter wiederkäuten.

Und ich konnte nicht glauben, was da gerade geschah – und noch weniger, was ich fühlte. Da war eine Gewissheit in mir, ein lang verschüttetes Wissen, eine uralte Weisheit.

Und diese Weisheit lautete:

Du bist genug.

Du bist genug.

Du schließt die Augen. Endlich.

Du atmest ein. Du atmest aus.

Du weitest dich in den Raum hinein aus. Unendlich.

Was siehst du?

Was hörst du?

Was riechst du?

Was schmeckst du?

Was spürst du?

Im Nichts.

Du atmest ein. Du atmest aus.

Du weitest dich in den Raum hinein aus.

Was fühlst du?

Hingabe.

Reset.

Der wortlose Raum, den du erlebst, ist der Raum hinter den Schleiern.

Hier bist du du selbst. Authentisch. Kraftvoll. Angedockt an die weibliche Urkraft.

Und du erlebst selbst, was ich meinte, als ich dir erzählte, dass Zeit und Raum sich hier auflösen.

Es gibt nur noch die richtige Zeit. Sowohl die Zeit des Tuns ist dann dran, wenn sie dran ist – und auch die Zeit des Seins ist dann dran, wenn du sie flüstern hörst.

Es gibt nur noch den richtigen Ort. Du bist hier, weil du dich von deiner Intuition, der Stimme deiner Seele, hast hierherleiten lassen.

Sie ist wieder da. Plötzlich. Und wieder weiß ich nicht, womit ich sie verdient habe.

Sie, diese weiche, zugleich gebende und fordernde Kraft, dringt mit sämigem Druck sanft in mich durch meine Yoni ein. Ich fühle es genau.

Ich kann nicht anders. Ich gebe mich ihr hin. Ich bin angedockt an ihren Puls, ihr Tieferdringen. Ihr Zurücknehmen. Werde überflutet von ihrer neuen Welle.

Im herkömmlichen Sinne würde man vielleicht sagen, ich habe einen Orgasmus. Ja, stimmt.

Ich verschmelze mit ihr zum Liebesspiel. Wir werden eins.

Eine Frage hätte ich dann noch:
Wer saß mit dir am Tisch im Haus der dreizehnten Fee?

Resonanzraumflüstern: Lass die Fragen in dir nachklingen und lausche auf das, was in dir antwortet. Heute:

Was wäre, wenn es nie etwas zu beweisen gab? (Wie würde sich dein Handeln verändern, wenn du nicht mehr um Anerkennung kämpfen müsstest? Welche Freiheit könnte darin liegen?)

Was verändert sich, wenn du erkennst: Du bist bereits da? (Wie fühlt es sich an, wenn du nicht mehr auf ein „Irgendwann" hinarbeiten musst? Welche Türen öffnen sich, wenn du in diesem Moment ankommst?)

Kapitel 9: Den inneren Mann mit Herz finden

So schaut er also aus, der „magische Punkt", der „Ort der höchsten verwandelnden Kraft". Vielleicht fühlt es sich für dich auch gerade an wie ein Wendepunkt – ein Moment, in dem etwas in dir in Bewegung kommt.

Erst muss ich in Empathie mit mir selbst gehen und mich erforschen, um meine Regungen und Handlungen ganz zu durchblicken und sie so wertschätzen zu können, wie sie einfach nun mal sind. Wie ich einfach nun mal bin.

Die Reise bisher hat dich genau dazu geführt. Immer wieder hast du genau das getan: dich wertgeschätzt und dir endlich auch vergeben. Das meiste dieser Annäherung an dich selbst ist in der richtigen Zeit, im richtigen Raum geschehen, vieles davon in der Natur. Du hast erfahren, dass du mit der Natur verbunden bist, vielleicht ist sie eine gute Freundin geworden, vielleicht eine Schwester oder sogar Mutter Natur.

Du weißt, weil du es erlebt hast, dass wir niemals von der Natur und ihrer Weisheit, ihrem Zyklus, ihrer ur-sprünglichen Liebe getrennt waren.

Diese „große Lüge" ist der Grund, dass es uns allen so geht, wie es uns geht. Gefangene im Hamsterrad, verstrickt in Lügengebäude, von denen eines das andere nach sich zieht.

Nichts ist je getrennt. Alles ist mit allem verbunden.

Und wenn tatsächlich alles mit allem verbunden ist, wird es Zeit für die Wertschätzung diesem Alles gegenüber. Zumal wir mittlerweile selbst ganz gut verstehen können, warum das „andere" so tickt, wie es nun mal tickt.

Und weil wir Selbstempathie besitzen, können wir uns nun entscheiden: Womit gehe ich in Resonanz?

Was passiert, wenn ich mir einen Moment nehme, um zu spüren, was ich gerade wirklich brauche? Und weiter: Wenn es mir so geht (und ja, mir geht es tatsächlich auch manchmal so, nur bin ich besser erzogen, zu schüchtern …, um so auch im Außen zu sein), was wünsche ich mir dann? Und dann atmest du nochmal durch und tust so, als ob dein Gegenüber ein ganz normaler liebenswerter Mensch wäre. Denn, das ist er. Oder sie. Auch du.

Wenn sich der Gedanke der Trennung auflöst, kann sich auch unser Blick auf andere verändern. Dann bröckelt die Illusion des Kampfes und fallen die Masken der Feinde.

Liebe Entdeckerin, was würde sich verändern, wenn ich mein Gegenüber als jemand sehe, der gerade seine eigene Reise macht? Frag dich doch mal, wenn irgendein Gegenüber wieder abgeht: In welchem Kapitel der Heldinreise struggelt der denn gerade?

Du musst gar nichts tun, nimm es einfach nur wahr. Sei Forscherin!

♀

FORSCHERINNENFRAGEN:

- Was verändert sich, wenn ich offen bin für eine neue Perspektive auf mein Gegenüber?
- Gibt es etwas, das mich noch zurückhält? Und wenn ja – will ich das verändern?
- Welche meiner Stärken kann mich dabei unterstützen, mein Gegenüber besser zu verstehen??

Die Frage ist:

Bist du bereit für die Veränderung?

Wenn wir uns verändern, ändert sich auch unsere Umgebung, allen voran unser Planet, die Erde. Das liegt an der universellen Verschränkung (davon im nächsten Kapitel mehr).

Was du brauchst? Verzichte auf Verurteilung.

Nutze die klare Wahrnehmung darüber, wer du wirklich bist (und du weißt ja schon, wie Männer sich im Spiegel sehen).

Beginne, wahrhaft zu sehen und zu hören, und erwarte das Wunder.

Alles, was jetzt ist, ist deswegen richtig, weil es jetzt ist.

Los, lass uns reinspringen.

Ganz oft wird die Heldinreise auch B-Story genannt. Das will sagen, die Entwicklung in der Gefühlswelt des Helden. Manchmal könne man sie sehen, manchmal sei sie nur schwer zu erkennen.

Hm. Bullshit.

Die Heldinreise ist NICHT die B-Seite der Heldenreise.

Dafür ist die Heldenreise schlicht und ergreifend zu laut. Zu laut, zu bewegt, zu umkämpft.

Und die dazugehörigen Kerls, die schauen wir uns jetzt mal genauer an.

„KAMPF MIT DEM DRACHEN" – WAS GANZ BESONDERES

„Ich hab' jetzt auch voll Heimweh nach Wasser und Dunkelheit und Drachen". Damit überraschte mich Pounamu kürzlich, nachdem sie Kapitel 9 aus „Geena und die Wand der Schädel" gelesen hatte. Es ist einfach der Mut-Schritt, der auf diesen gigantischen wortlosen Raum folgt. Es ist: Die knöcherne Hand des Egos ganz loslassen und an der starken Hand der Göttin in die Zukunft gehen.

Bei den Herren ist es so, dass der Held mit dem Drachen gekämpft und das Biest gekillt hat, als müsste da „was weg".

Ich könnte immer wieder den Kopf abwenden und vor mich hingrinsen, wenn ich die Jungs von der Begegnung mit dem Drachen, dem schrecklichsten aller schrecklichen Ungeheuer, reden höre. Da läuft jedes Mal ein fettes Splatter-Kopfkino ab, Blut spritzt, Knochen splittern, und der Held blickt dem Tod ins hohle Auge. Tod und Verderben, wohin man schaut. Und sie erzählen es so gut, so anschaulich und so ausgeschmückt, dass wir gar nicht mehr anders können als an ihren Lippen zu hängen und davon zu träumen, wie es wäre, von seinen starken Armen gehalten zu werden. Da ist er, der Held. Er hat den Tod besiegt.

Die Frage ist nur: War das überhaupt nötig? Ich meine, schau dich doch mal um. Was für eine Sauerei!

MUSS ICH AUCH STERBEN? NEIN.

Ich verrate dir mein größtes Geheimnis. Theseus hat es mir erzählt, da, in der Hafenspelunke in Athen zwischen dem zwölften und dem dreizehnten Ouzo für seine guten Freunde.

Im Zentrum des Labyrinths sitzt gar kein Ungeheuer. Da ist nichts als Licht, vielleicht Fackeln, die in den Mauern stecken, und … – sag ich dir gleich.

Er läuft also so durchs dunkle Labyrinth, greift hier in Guano, dort in eine tote Ratte, verlaufen kann man sich ja nicht, weil es ist ja kein Irrgarten, hier geht es nur vorwärts oder rückwärts, bis man eben an diesem schweren, schwarzen Theatervorhang landet, der dem Mantel des Todes übrigens nicht unähnlich ist, ihn zurückschlägt und – plötzlich blendender Lichteinfall!

Er steht dem grausamsten Ungeheuer ever gegenüber. Dem Spiegel. Und dem Bild darin.

Ausatmen.

BLICKE HINTER DEN SCHLEIER

Wenn man das dann nicht sehen will oder kann (wie du Heldin es jetzt kannst), ja, dann kann man schon mal austicken und den Spiegel kurz und klein hacken.

Doch, so sagt mein Kollege Joseph Fink: „Der Tod ist nur dann das Ende, wenn du denkst, dass sich die Geschichte um dich dreht."

Aha.

Lass mal sacken.

Der Tod ist dann das Ende, wenn du denkst, DASS SICH DIE GESCHICHTE UM DICH DREHT.

In Kapitel 4 reifte in dir schon diese Ahnung, als du damit begonnen hast, die schlimmste aller Fragen zuzulassen: „Wieso geht's eigentlich immer nur um andere und nie um mich?"
So langsam wurde dir klar, dass auch du etwas Besonderes bist. Etwas Einzigartiges mit eigenen Bedürfnissen, mit eigenen Rechten und mit eigenem Wert.
In Kapitel 5 hast du mit deinem „Nein" diese neuen Erkenntnisse auch mal umgesetzt.
Und dann ging's abwärts.

Seit Beginn dieser Reise hast du damit begonnen, dich aufzulösen. Bzw. das Selbstkonzept, das du bisher von dir hattest. Das ist das Ding, was stirbt. Und das kannst du auch gerne in kleine Fetzen hacken …
Rippe für Rippe, Bein für Bein hast du aus dem alten Plastikklump der Geschichte über dich, die du/mann dir erzählt hat, gezogen und zu Saiwa recycelt.

Lass diese alte Idee über dich in der Gosse verrotten.
Du brauchst kein Korsett mehr. Seit Kapitel 8 bist du.

Vielleicht erkennst du es jetzt deutlicher – und zwar voller Stolz: Du bist eigen-artig. – Du erinnerst dich an die Geschichte mit der Nacht? Dass alle Sterne gleich hell leuchten? Du erinnerst dich also.

Wenn du etwas Besonderes bist, dann machst du die Hierarchie des „bigger, better, faster, more" wieder auf. Wieder gehst du in den patriarchalen Wettbewerb und trennst dich von deinem Gegenüber. Du trennst dich von allem, was ist.

Und jetzt erinnere dich an deine Erfahrungen, die du in den vergangenen Tagen, Wochen, Monaten gemacht hast.

Gleich neben dem Spiegelsaal liegt die vielbesungene Drachenhöhle.

Ohne Zweifel: Die Drachenhöhle macht Angst. Immerhin ist das der Raum deiner Seele, den du am besten versteckt und gesichert hast. Fort Knox ist ein Scheißdreck dagegen.

Ein alter, verwilderter Drache kauert mit müden Gliedern auf einer verstaubten Kiste, deren Holz schon von der Zeit gezeichnet ist. Seine schuppige Haut ist rissig und stumpf, ein Schatten des einst glänzenden Panzers. Trübe Augen blicken in die Ferne, als ob sie nach vergangenen Zeiten suchen, die längst verweht sind. Die Flügel hängen schlaff an seinen Seiten, durchlöchert und unfähig, ihn noch einmal in die Lüfte zu tragen.

Ein schwaches Knurren entweicht seiner Kehle, als du eintrittst. Kein Zweifel: Der hat schon sowas von keinen Bock mehr, da in der Dunkelheit der Kerker zu sitzen.

Er knurrt, er faucht, er schlägt mit seinem Schwanz um sich …

… er produziert heiße Luft, aber die kommt mehr so hinten raus. Er leidet nämlich am Reizdarm, wegen all der schlimmen Gedanken, die du über ihn gedacht hast.

In Wahrheit, in Wahrheit nämlich hat er dir einfach nur den Gefallen getan, um den du ihn gebeten hattest: nämlich einfach hier auf der Kiste mit dem Schatz sitzenzubleiben, den du dir irgendwann mal von deiner Seele geschnitten hast – aus Angst.

Deswegen erinnere dich, wer du bist, erinnere dich daran, dass du dir selbst ins Auge und darüber hinaus geblickt hast, komm rein und begegne ihnen. Du bist genug. Sie sind es auch.
Und die Begegnung mit deinem Drachen ist magisch.

WAS IST DENN DAS ÜBERHAUPT, DIESER DRACHEN?

Kurz erklärt: Dir passiert irgendeine Sch****, ein besonders geschockter Seelenanteil ist im Freeze, steht da, unfähig sich zu bewegen – dann nimmt ihn deine Seele, zieht ihn am Schlaffitchen aus der Gefahrenzone und steckt ihn in eine Kiste. Da ist er sicher. Und damit er ganz sicher ist, setzt du das absolut mutigste Lebewesen drauf, das du kennst: einen Drachen.

Leider hast du im Laufe der Jahre vergessen, dass das, was du gemacht hast, das Sinnvollste war, was du damals hast machen können.

Du vergisst das so sehr, dass du die Situation, in der die Abspaltung geschehen ist, für wahrer hältst, als sie ist.

Die Erinnerung an die grausame Situation der Kastration ist es, die dir Angst macht. Die Welt dreht sich um. Du versuchst alles, um zu vermeiden, dass diese Beschneidung noch einmal passiert, dass dieser Anteil deiner Seele noch einmal verletzt wird. Was faktisch Quatsch ist. Weil wo nichts mehr abzuschneiden ist, ist auch nichts mehr abzuschneiden.

Schau's dir an.

Erstens bemerkst du, dass das ja überhaupt nicht die Angst vorm Drachen ist, die du da hast, nee, es ist die alte Angst, die, die du damals eigentlich in die Kiste hättest stecken müssen – aber das ging ja nicht.

Die Angst ist also wieder da. Steht daneben und grinst grässlich oder versucht dich, aus dem Schatten der Dunkelheit heraus, anzufallen, geht dir an die Gurgel …

Wie gut, dass du bereits gelernt hast, der Dunkelheit zu vertrauen.
Wie gut, dass du bereits gelernt hast, unter Wasser zu atmen.
Und wie gut, dass du in deinem Herzen bereits verstanden hast, dass nichts je getrennt ist.

Und wie gut, dass du gut genug weißt, dass a) diese Kiste und ihr Inhalt dir gehört und sonst niemandem und b) du genug Mut hast, dieses Recht auch einzufordern.

Tja, und man möge es glauben oder nicht: Zwar wird die Angst noch ein bisschen rumzicken, aber wirklich beeindrucken wird dich das nicht mehr.

Du hast nämlich anderes zu tun.
Du wirst dich jetzt nämlich um deinen Drachen kümmern.
Ohne Angst wirst du auf ihn zutreten, ihm über die geblähten Nüstern streichen und ihn „zähmen"[80].

Die sind ja ein bisschen wie Katzen.
Dein Drachen wird dir also ziemlich schnell ziemlich deutlich klarmachen, was er gerne hätte. Vielleicht sollst du ihn unter dem Kinn kraulen oder am Bauch, vielleicht auch an den Hinterläufen massieren oder kitzeln. Auf keinen Fall aber wird er wollen, dass du ihn killst. – Also, zumindest habe ich noch keinen solchen getroffen. Sie alle sehnen sich, wie wir auch, nach Aufmerksamkeit und Wertschätzung.

Und das kennst du. Und deswegen KANNST du es auch. Schenke ihm die Aufmerksamkeit und Wertschätzung, die du dir so sehr wünschst. Ganz einfach deswegen, weil du weißt, wie sch**** sich das anfühlt, wenn du sie nicht bekommst (du erinnerst dich). Und dann bitte ihn, mit dir gemeinsam den weiteren Weg zu gehen – oh, und ihr werdet viele wunder-volle Abenteuer gemeinsam erleben. Er ist deine Kraft und du bist seine Liebe.

---

[80] Und hier geht es um ein sanftes „Zähmen" durch Verstehen und Empathie, statt durch Kontrolle. Durch Verbindung statt Gefügigmachen (vgl. Avatar, Drachenzähmen leicht gemacht u. a.).

Ich habe Pounamu übrigens damit geantwortet, dass ich auch gerade mit jeder Menge Schiss in der Bux auf einer Klippe stehe, unter mir das tosende Meer, und kurz davor bin, reinzuspringen (Funfact nebenbei: nämlich ins Abenteuer dieses Buches) und endete mit folgenden Worten: „Was soll mich schon erwarten außer Wasser, Dunkelheit und Drachen".

Und das macht mir keine Angst? Nein. Es macht mir keine Angst. Eher im Gegenteil. Ich habe sie lieben gelernt.

Denn sie waren es, die mich aufgefangen, gehalten, getragen, mir zugehört und mich aufgenommen haben, als nichts mehr von mir da war. Und sie werden es wieder tun.

Ja, ist schon so: Irgendwann kennt man die Tiefe. Und man sehnt sich danach und freut sich drauf. Nicht, weil man masochistisch veranlagt ist, sondern weil der Tod eben nicht das Ende ist.

Weil es in der Geschichte eben nicht um mich geht. Sondern um Alles. In der Heldinreisegeschichte geht es um nichts Geringeres als das Leben und die Welt. Mit ihr lebe ich. Und mit ihr sterbe ich. So ist das.

Lass es uns wieder traditionell einfach machen. Im Q'ero-Style.

Diese Medi wird dir dabei helfen, die dunklen Anteile in Schätze zu verwandeln, damit sie dir nicht mehr im Weg rumstehen. Du arbeitest dabei mit der silbernen und der goldenen Scheibe (andere Q'ero  nennen es auch das silberne und das goldene Buch) und lernst, deine Geschichte umzuschreiben, zu verwandeln.

Das ist übrigens auch der Moment, an dem die Sicherungsleine reißt und du bemerkst, dass du schon ganz gut ohne sie fliegen kannst.

Es ist, als würde der Boden unter dir wegbrechen und du bemerkst, dass du nicht wild mit den Armen rudernd in der Luft schwebst, sondern auf festem Boden stehst. Er ist nur – anders.

Als ich diesen Punkt, obwohl oft und oft durchlaufen, endlich verstand, umgab mich zum ersten Mal in meinem Leben das Gefühl von wahrer, starker Freiheit.

Ich war schon über einen Monat alleine in meinem Van durch Deutschland unterwegs. Und klar, Heldinreise, es ging immer tiefer runter. Irgendwie wollte ich ans Meer (auch klar), und irgendwie wollte ich auch was mit Pferden (also, meine Seele wollte das, ich hab's ja nicht so mit denen). Ich schwöre, ich habe bestimmt sechs Tage lang jeden Tag danach gesucht und nichts gefunden. Und dann, am siebten Tag, ploppte es plötzlich auf. Ein Pferdehof in Dangast.

Und dann eben das, warum ich wirklich hier war: Die Nordsee. Um ehrlich zu sein, ich habe sie an den drei Tagen nur einmal gesehen, sonst nur Watt'n'Schlick, und zwar am Penis. Ich weiß nicht, ob ihr's wisst, aber in Dangast steht ein steinerner Penis am Strand.

Der Oldenburger Bildhauer Eckart Grenzer hat 1984 den 3 Meter 20 hohen Phallus damals in den Sand gesteckt und bezeichnet ihn als „Grenz-Stein zwischen Land und Meer". Ihr könnt euch vorstellen, dass dieser Stein des Anstoßes auch bei Ebbe ziemlich hohe Wellen geschlagen hat.

Das habe ich meiner früheren Ziehmom und jetzigen Schwester Mia erzählt – und ich sag' dir, wennde so 'ne Schwester hast, bist du gesegnet und mit (sehr) bewegender Liebe überschüttet – die mich daraufhin mit der Hausaufgabe beauftragte: „Schnitz dir einen."

What? Ich soll mir einen Penis schnitzen? Jetzt, wo ich gerade die pure Weiblichkeit so ein ganz kleines bisschen verinnerlicht habe?

Ich hab's natürlich gemacht. Und zwar aus meinem grünen Lieblingsspeckstein (von dem ich übrigens nur noch ganz wenig hatte – wollte ich nur mal so nebenbei erwähnen). Und weil ich mittlerweile gelernt habe, auch mal zuzulassen, hat die Eichel jetzt Widderhörner (die mir als Waage erstmal fehlen).

☠ *Aha. Ja, was is' denn da passiert?*

Ich saß da den ganzen Nachmittag und habe liebevoll zuerst mit einer Feile die ganzen Ecken und Kanten abgesägt, all die verqueren und deformierten Gedanken darüber, wie man eben so sein muss, wenn man „männlich" ist, um sich in a man's world behaupten zu können. All diese verwilderten Vorstellungen in mir, in uns drin von all diesen rebellischen, kautabakkauenden, Colt schwingenden, erfolgreichen, strahlenden, drachentötenden Helden.
Und so stand er da, mein inner man. Freigelegt, nackig, entblößt. Übersät mit Narben und Kratzern und Dellen, die ich mit der Feile hinterlassen hatte. Mit feinem und immer feinerem Schleifpapier, schließlich nur noch mit einem balsamierten Taschentuch habe ich am Schaft rauf und runter gerieben, rauf und runter – habe ihm

Narbe um Narbe abgestreichelt, bis er eben dastand in seiner ganzen Pracht. Er ist mir echt gut gelungen.

☠️ *Und im Gegensatz zu dem eckigen Dangaster Phallus ist deiner kreisrund.*

Stimmt. Und nochwas fällt mir auf, wenn ich ihn mir gerade so anschaue: Der sieht ein bisschen aus wie mein Grollmaster, der hat auch so Widdergedöns aufm Kopf ...

☠️ *Das ist ja ein Ding.*
Cool.

Ich spür(t)e auch: Dieser kreisrunde Stab, in dem Alles und auch Nichts zugleich enthalten war, war gleichzeitig auch der Beginn zu etwas gänzlich Neuem.
Tabula Rasa.

Dieses Miteinander von dir und deinem inner man ist eine sehr starke Kraft. Es ist eine sehr starke Kraft, zu wissen, wer du bist, was du bist und was du willst – und was du nicht mehr willst. Indem du gelernt hast, deine Gedanken zu führen, hast du gelernt, in die innere Führung zu gehen.

Kannst du dich noch an die Frau von der Schaukel erinnern, Atawhai? Die so zerrissen war? Von ihr bekam ich kürzlich diese Nachricht:

„Ich habe jetzt ein Jahr lang trainiert. (…) Jetzt ist die Zeit für Tacheles und Klarheit, was ich noch viel mehr will."

Authentische innere weibliche Urkraft.

Ach, komm, das ist DER perfekte Moment, um ein Sami-Saiwa-Chakuy zu machen. Damit du auch fühlst, dass du diese aufrechte Verbindung bist zwischen Oben und Unten, zwischen Wasser und Land.

Nur diesmal bitte ich dich, noch einen Schritt weiterzugehen. Es gilt, das Oben und das Unten in dir zu verknüpfen. In Kohärenz zu gehen. Und zwar, indem du beide Kräfte in deinem Herzen bündelst.

Die Q'ero nennen das „Munay produzieren". Munay bedeutet Liebe UND gleichzeitig Wille.

Es ist der Moment der Selbstermächtigung, der Macht, die das Leben bejaht. Es ist deine ganze Liebeskraft.

Und noch etwas gehört dazu:

Wenn dein Herz brennt für eine Sache, mit der du in Resonanz[81] gehst, mit der du vibrierst, bei der alles stimmt, Synchronizitäten auftauchen, das Richtige zur richtigen Zeit also, dann spielt der Wille da sowieso schon eine große (und äußerst effektive) Rolle. Meinst du nicht?

Und vor allen Dingen: Wo nix in deinem ganzen, neuen Selbst resoniert, wo's nicht aus dem Unterleib raus pulsiert und vibriert, da hast du auch nix mehr zu suchen. Du wirst hier nichts finden. Deswegen dreh dich einfach um und geh.

---

[81] Zum Resonanzraum und wie du damit spielen kannst mehr in Kapitel 10

Kannst du dich erinnern, dass da noch so ein magischer Moment war, da in Dangast? Weißt schon, wo einem plötzlich klar wird: jo, hier passiert gerade was, hm, Seltsames.

Du meinst, als ich mit dem Fahrrad in den Busch gefallen bin?

Nee, das war am Strand. Als du zu der netten Fischbrötchenfrau gegangen bist und ihr gesagt hast, dass du heute bei der Konkurrenz essen warst. Kannst du dich erinnern, was sie geantwortet hat?

Ja, kann ich: Bei uns gibt's keine Konkurrenz. Hier gibt's nur Mitbewerber …

„LASS DICH ÜBERRASCHEN" – MANIFESTING POWER

Manifesting power geht am allerbesten, wenn wir die Hoffnung darauf, dass der Wunsch auch eintritt, fahren lassen.

Viel zu oft steht hinter unseren Wünschen ein Ego und allermeistens haben unsere Wünsche damit zu tun, dass man ganz schnell das blöde Ding da weg haben will – aber wer weiß, vielleicht ist es ja ein Geschenk …

Und irgendwie scheint Manifesting Power damit was zu tun zu haben, dass wir plötzlich an den Punkt kommen, dass die Dinge genauso wichtig sind, wie sie sind, wenn wir unsere Erwartungen und unsere Konzepte, wie etwas zu sein hat, loslassen. Und dann atmen wir und verlassen das Kopfkino.

Wenn wir uns auf uns und die Empathie mit uns verlassen können, dann ist es, als würden wir plötzlich im Paradies aufwachen. Und doch sind wir immer noch am gleichen Ort zur gleichen Zeit.

Und trotzdem erkennen wir auf einen Schlag die Fülle, die uns geschenkt wird, erkennen, dass die Natur, die uns die ganze Zeit so wundervoll begleitet hat, die uns gehalten hat, getragen, genährt und so gut beraten hat auf den Heldinwanderungen und so gut kennt und damit wahrscheinlich liebt, wir erkennen, dass sie die gute Mutter ist. Und nichts ist einfacher als einer guten Mutter zu folgen und dich ihr voller Vertrauen hinzugeben.

Göttin weiß, wie sehr ich in an diesem Kapitel gestorben bin. Acht verdammte Wochen lang habe ich da dran rumgedingst, aber es wollte sich einfach nicht fassen lassen, bis ich es endlich zugelassen habe, dass es einfach magisch ist und man Magie bekannterweise nicht fassen kann, denn sonst wäre es ja nur Zauberei (und wer Terry Pratchett kennt, weiß, dass Zauberei männlich ist und Magie eben weiblich).

Zu dem „Wünsch dir was" empfehlen die Q'ero Wunschmandalas, sogenannte Despachos. Da werden Päckchen gepackt mit Blumen und Süßigkeiten und dann den Spirits übergeben.

In diesem Zusammenhang gibt es auch eine Geschichte, die unsere Einstellung zur Manifesting Power ziemlich gut beschreibt.

Kommt einer zum Heiler und sagt: „Ich habe ein Problem." – „Ja", sagt der Heiler, „nimm ein Kintu, also drei Kokablätter, blase deinen Wunsch hinein, wirf die Blätter hinter dich und gehe."

Sagt er Klient: „Nee nee, mir geht's echt schlecht." –„Ach so, dir geht's echt schlecht, na, dann musst du ein Despacho machen, dieses Blumenmandala."

„Nee, weißt du was, du hast mich nicht verstanden. Mir geht's echt schlecht!"

Der Heiler zögert hier vielleicht zum ersten Mal, bevor er antwortet: „Ja dann! Dann brauchst du das Bad der 1000 Blüten …"

„Oh ja, das klingt gut!", sagt der Typ, „das nehme ich!"

Was glaubst du, was das ist, das Bad der 1000 Blüten?

Ich will's dir sagen: Das ist eine Badewanne voll Lama Dung, in die der Klient sich legen darf – und zwar so lange, bis er sich dazu entschließt, vielleicht doch das mit dem Kokablätter-hinter-sich-werfen zu machen und darauf zu vertrauen, dass die Magie dann halt schon macht, was sie denkt.

Glaubst du nicht, oder?

Noch eine Geschichte. Ich bin auf ein Schreibwochenende gefahren, mit wahnsinnigen Rückenschmerzen. Jaja, ich weiß, ich habe mal wieder nicht auf mich geachtet, habe mal wieder die Balance zwischen Kopf und Körper einfach so übergangen, weil da ja so unglaublich viele wichtige Dinge zu machen waren, die sonst natürlich nie zu machen wären, für die einfach … ach, blablabla, du merkst es schon: Wunsch ja, Vertrauen nein.

Und wir fahren so durch den Elbtunnel und ich denke mir: „Ey, boah, wenn diese Schmerzen vorbei wären, das wäre echt cool, weil ich will doch dieses Wochenende irgendwie ungetrübt erleben" und sofort habe ich den Wunsch wieder vergessen, weil dann musste ich ja auf Schilder achten und Ampeln und so weiter und so weiter ... und jetzt Obacht, ich steige aus dem Auto aus und bin geheilt. Die Schmerzen waren einfach weg.

Seitdem habe ich die Elbe adoptiert. Die Elbe ist zu einer Schwester geworden, die gigantisch ist (wahrscheinlich liebe ich sie auch deswegen, weil mein Geburtsfluss, die Saale, und auch meine Aufziehtante, die Eger, da munter drin mitfließen).

Wenn ich endlich begreife, dass ich nicht getrennt bin und den ganzen Quark alleine und im Kopf ausmachen muss, wenn ich verstehe, weil ich es erlebt habe, dass es einfach ist und nicht mehr mit Kampf verbunden, weil ich sein darf, so wie ich bin, wenn ich spüre, dass da so eine geballte Power in mir ist, die nicht allein immer aus mir reproduziert werden muss, sondern ich mich anbinden kann – dann ist die Heilung geschehen.

Deswegen: HALTE AUSSCHAU NACH DEN WUNDERN!

Täglich begegnen dir wunder-volle Dinge, Menschen, Tiere ... So echte, so „wtf" Wunder. Nimm sie wahr, denn so kann dein Herz schön langsam die Führung über deinen Verstand übernehmen. Und dann: Teile die Wunder! Erzähle davon, lass andere teilhaben. Du wirst sehen, sie multiplizieren sich.

Zeit zu feiern! Und zwar mit den fruchtig-funtastisch-weirden Omas! All die Frauen, die vor uns gekommen sind, die vor uns diesen Weg gegangen sind.

BAU DIR DEINEN AHNINNENALTAR IN PYRAMIDENFORM

Immer mehr Schwestern erfüllen mein Leben. Frauen, in deren Kreis ich mich einreihen darf. Ob das jetzt meine Omas sind oder Ahninnen oder all die wunderbaren Frauen, die ich bisher auf der Heldinreise kennenlernen durfte. Dazu gehören Flüsse und Gewässer übrigens auch. Allen voran meine Patin, oder wie die Q'ero sie nennen, meine Paquarina. In meinem Fall ist das die Saale, und ihre Schwestern auch. Also, kaum kam ich an die Elbe, empfing sie mich schon mit einem riesig großen Hallo – kennst du eine, kennst du alle – und alle kennen dich. Wundere dich also nicht, wenn dich ein Gewässer, an dem du demnächst spazieren gehst, einfach anquatscht und sich freut, dich zu sehen.

All sie sind Frauen, die mich wertschätzen, mich so sein lassen, wie ich bin. Okay, sie sagen auch mal was, aber niemals etwas, was mich als Ganzes kritisiert oder abwertet.

Ich nenne sie deswegen Schwestern, weil wir alle Töchter der einen großen Mutter, der Erde sind. Und wir sind alle von Schwestern umgeben. Auch meine Zieh-Mom ist eine Tochter der Erde – und mir im Laufe dieser Reise eine Schwester geworden, wir begegnen uns auf Augenhöhe (und Göttin weiß, dass das für mich ein laaaaaaanger Prozess war bis dahin).

Ich liebe ja dieses Bild von Clarissa Pinkola Estes, dieses gigantische Bild von Frauen, von Heldinnen, die auf den Schultern von all den Heldinnen stehen, die vor ihnen gekommen sind, und so eine gigantische Größe bilden, und alle, alle, alle stehen sie auf den starken Schultern von Mutter Erde und

Du auch. Du bist eins mit ihnen.

Wenn ich Rat brauche, dann gehe ich oft an meinen Ahninnenaltar. Da hängen Fotos von meinen echten Omas und Uromas und Tanten und Großtanten, da sind aber auch Zeichnungen von den drei alexandresken Omas bei und Fotos von anderen Frauen, mit denen ich ab und an ins Zwiegespräch gehe oder deren bloßer Anblick mich bereits wieder andockt.

Aus meiner Erfahrung weiß ich auch, dass viele von euch große Probleme mit ihren Omas oder den Frauen in der Familie haben. Nun ja:

1. Wenn die eigene nicht passt, dann kannst du dir deine Familie „adoptieren". Sogar erfinden. Das funktioniert genauso gut.

2. Nur gib ihnen eine Chance. Völlig egal, was sie angestellt haben: Sie waren auch nur Kinder ihrer Zeit. Und ähnlich wie deine Drachen freuen auch sie sich, wenn du dir die Zeit nimmst, mit ihnen zu ratschen. Ehrlich. Auf Augenhöhe. Gerne auch böse und Zähne fletschend (was raus muss, muss raus). Das Ding ist: Du hast dich verändert. Du hast dich befreit. Du bist Heldin. Und das befreit auch sie. Und dann wirst du dich wundern, was für extreme gute Ratschläge die alten Mädels manchmal haben. Lass dich überraschen!

Und wenn du dann so zwischen deinen sukkulenten Schwestern stehst, dann ist es Zeit für den krönenden Abschluss:

Schnitze eine dreidimensionale Figur

Eine, die dich ausdrückt – so, wie du wirklich bist

Nimm endlich den Raum ein, der dir zusteht!

Als Ngaire auf mich gestoßen ist, saß sie in einer psychosomatischen Akutklinik. Diagnose: Posttraumatische Belastungsstörung.
Eines Tages bat sie mich darum, dass wir uns im kleinen Garten treffen, der an die Klinik angegliedert war.
Ein schöner Garten, man hat vor sich den Blick auf weite Felder, während man die Klinik quasi hinter sich lassen kann. Man sitzt geschützt zwischen mächtigen Bäumen und kann Milane, Rotkehlchen und Eichhörnchen beobachten.
Dort gibt es auch einen kleinen Brunnen, dessen Umfassungsmauer aus unbehauenen Steinen von Patienten immer wieder gerne mit bemalten Kieseln bestückt wird. Vor dem standen wir gerade.
„Schau mal dort, der Stein mit der Krone." Damit lenkte sie meinen Blick auf den hellen Kiesel, der mit einer goldenen Krone bemalt war.
Dann öffnete sie ihre Hand, die sie bis jetzt zur Faust geschlossen hatte.
Auf ihrer Handfläche saß ein grüner Frosch.
„Schon am ersten Tag hat mich gestört, dass da nur die Krone ist. Ich habe mich immer gefragt: Wo ist der Frosch? Deswegen habe ich einen aus Speckstein geschnitzt."

Ich weiß, dass die Arbeit mit Speckstein für Ngaire immens wichtig geworden ist. Sie kann sich darin verlieren, die schreienden Gedanken hören auf und je fieseliger die Arbeit am Stein ist, desto mehr kann sie entspannen. Ich bin immer noch beeindruckt, wenn ich an die filigranen spiral- oder wellenförmigen Broschen denke, die sie geschnitzt hat.

Nun, der Frosch hier war eindeutig anders.

Wusste sie das auch?

„Ich weiß, der sieht nicht besonders aus. Aber! Es ist meine erste Figur! Ich weiß auch nicht, aber irgendwie hab' ich die flache Zweidimensionalität verlassen ..."

 Das ist nun auch deine Aufgabe:

Nimm endlich den Raum ein, der dir zusteht! Deinen Raum.

Wenn du bisher gemalt hast, dann mach deine Malerei jetzt pastös, experimentiere mit Sand, Gips, Kieseln.

Streiche mit geschlossenen Augen darüber und fühle: Welche Berge, welche Täler tun sich da auf?

Arbeite figürlich.

Schnitze, schleife, knete dir deinen Ausdruck von dir selbst! Von dem, was du JETZT bist.

Nimm Raum ein.

Du passt nicht mehr auf ein flaches Blatt Papier! Du hast Ecken und Kanten und Rundungen bekommen. Wenn du auftrittst, verdrängst du die alte, schlechte Luft. Zeig das!

Und wenn der Ausdruck von dir aussieht wie die Venus von Mila – es ist dein Ausdruck.

Und wenn sie die Form eines Frosches annehmen möchte – auch das ist dein ganz persönlicher Ausdruck.

Sogar, wenn sie am Ende aussieht wie ein Grmblmpf vom Planeten Hinterzoid (weißt du, wie so ein Grmblmpf aussieht? Nee? Eben. Niemand weiß das. Nur du.) – ES IST DEIN AUSDRUCK.

Es ist das, was du in Wahrheit bist. Mit all den löchernen Fragen, denen du nun zur Sichtbarkeit verhilfst. Mit all den Schleifnarben, die du nun streichelst und streichelst, bis sie gehen können.
Du wirst dich wundern, wie schön du bist.

FINDE DEIN SCHWERT- LET'S CHANGE THE STORY!

Oh wow, du hast auf dieser Reise viele Tools gelernt, Schreiben, Reden, Singen, Kochen, Schneidern, Schnitzen … Das alles sind Möglichkeiten deines unverwechselbaren und einzigartigen Ausdrucks. Das ist deine Stimme!
Und jetzt raus damit in die Welt!

Let's change the story!
Lass uns die Heldinreise erzählen!

Teile deine ganz eigenen Geschichten und Erfahrungen mit anderen Frauen!
Netzwerke, schließe dich Gruppen an, ob on- oder offline. Unterstützt, empowert und inspiriert euch gegenseitig!

 Schreibe mir! Erzähle mir deine Geschichte, damit ich sie über meinen Blog weitererzählen kann!
Und: Nähre dich an Geschichten, die dir andere Heldinnen erezählen!

Deswegen nun zur Vorbereitung deines großartigen Coming-outs zum letzten Mal:

♀

SPIEGLEIN, SPIEGLEIN AN DER WAND ...

- Welche Herausforderungen oder Erfahrungen haben dich auf deinem Weg als Frau besonders geprägt?
- Gibt es ein bestimmtes Ereignis oder eine Situation, die deine Sichtweise auf dich selbst oder die Welt verändert hat? Welche Erkenntnisse hast du daraus gewonnen?
- Welche weiblichen Vorbilder oder Frauen haben dich inspiriert und wie haben sie dein Leben beeinflusst?
- In welchen Momenten hast du das Gefühl gehabt, dass du als Frau besonders gestärkt warst? Was hat dich dazu befähigt?
- Welche Rolle spielte die Gemeinschaft oder der Austausch mit anderen Frauen in deinem persönlichen Wachstum und deiner Entwicklung?
- Welche Hindernisse oder Herausforderungen hast du als Frau überwunden und welche Strategien oder Einsichten haben dir dabei geholfen?
- Hast du bestimmte Prinzipien oder Werte, die dir als Frau wichtig sind? Wie zeigen sie sich in deinem Alltag und deinen Entscheidungen?

- Welche Ratschläge oder Lebenslektionen würdest du gerne an andere Frauen weitergeben, die ähnliche Erfahrungen machen?
- Gibt es ein bestimmtes Projekt, eine Initiative oder eine Aktion, mit der du dich als Frau engagierst oder für die du dich starkmachst? Was motiviert dich dazu?
- Welche Aspekte deiner Geschichte oder Erfahrungen würdest du gerne mit anderen Frauen teilen, um sie zu inspirieren oder zu ermutigen?

Du möchtest am Ende dieses Kapitels wissen, wie Ngaires Frosch-Geschichte zu Ende gegangen ist?

Nun, ich möchte meinen: ganz im Sinne der Heldinreise!

Irgendwann, kurz vor Ende ihres Aufenthaltes, hatte sie das Bedürfnis, ihrem Frosch noch eine dreidimensionale Krone aufzusetzen.

Schnell suchte sie ein passendes Stück Stein, und, weil es schnell gehen musste, eines, das schon fast so aussah und nur noch wenig Aufmerksamkeit bedurfte. Schnell malte sie es mit goldener Farbe an (klar, welche sonst), schnell holte sie den Frosch von seinem Steinthron – nur um (übrigens genauso schnell) festzustellen, dass die Krone viel zu groß war. Hätte sie sie ihm aufgesetzt, wäre sie ihm immer wieder über die Augen gerutscht.

Und wer will schon einen blinden König?

Vielleicht war genau dieser ihr heilsamster Moment.

Denn nun tat sie es noch einmal. Mit Hingabe wählte sie den passenden Stein, mit Hingabe schliff sie ihn, bis er passte. Nur goldene Farbe war keine mehr da. Nur noch Silber.

Seitdem trägt Ngaires Frosch die silberne Krone der Königin. Königin in ihrem Reich.

MÄNNERWEISHEIT NUMMER 3 – SHIT HAPPENS

AND GET SHIT DONE – „HEALING THE FATHER-DAUGHTER-SPLIT"

Auf meinem Ahninnenaltar versammeln sich nicht nur Frauen. Da chillen auch meine Opas. Und mit ihnen all die Männer, die mir wichtig sind. Da sind auch Heilige, wie der überaus verschmitzte Padre Pio, oder Erzengel wie Michael und Gabriel dabei (manchmal tut frau so ein „großer" Bruder ganz schön gut, weißt du).

Es ist Zeit, Frieden zu schließen, mit dem, was hinter uns liegt. Mit dem, was uns zu dem gemacht hat, was wir sind.

Es ist Zeit, das Männliche anzuerkennen als das, was es ist, nicht mehr und nicht weniger. Sportsgeist, Wettbewerb, Entwicklung und Wachstum sind ja per se nicht schlecht.

Es ist Zeit (an) zu erkennen, dass das, worunter wir gelitten und wogegen wir uns entschieden und gekämpft haben, nicht unser wirklicher Vater oder wirklich jeder Mann ist, sondern das herrschende männliche System.

Wir erkennen, dass unser männliches Gegenüber auch nur ein Mensch ist, der in diesem patriarchalen System aufgewachsen und verhunzt worden ist. Und wir erfahren, dass wir ihn trotzdem lieben können für das SELBST, das er ist.

Es ist Zeit, dem Männlichen auf Augenhöhe zu begegnen.

Indem wir einfach sagen, was Sache ist, statt wie bisher dazu zu schweigen, weil's sicherer ist.

Indem wir deutlich machen, dass wir nicht perfekt sind, statt es wie bisher vehement zu leugnen und zu winseln, wenn es doch entdeckt worden ist.

Indem wir uns einfach mal überwinden, all unsere Gegenbeweise, all das, was wir in dieser Hinsicht bereits schmerzlich erfahren haben, über Bord zu werfen und den Scheiß, vor dem wir uns drücken, einfach mal machen.

Shit happens. Sch**** passiert. Wir sind nicht unfehlbar. Niemand ist unfehlbar. Keine Frau und auch kein Mann. Völlig egal, wie perfekt wir uns zu sein anstrengen.

Und entgegen aller Erfahrung dürfen wir zugeben, dass wir so sind, wie wir sind. Wir brauchen uns nicht mehr größer machen und aufmanteln, wir brauchen uns nicht mehr klein machen und uns tausendmal entschuldigen oder, noch schlimmer, alles daran setzen, dass unser Fehler nicht rauskommt. Wir sind eben so, wie wir sind.

Und weil du das weißt, mittlerweile mit jeder Zelle davon überzeugt bist, kannst du es auch aussprechen.

Und dann sei bereit, die Verantwortung zu übernehmen.

Resonanzraumflüstern: Lass die Fragen in dir nachklingen und lausche auf das, was in dir antwortet. Heute:

Welche alten Feindbilder dürfen jetzt fallen, damit du wirklich in Verbindung gehen kannst?
(Und was zeigt sich, wenn du nicht mehr kämpfen musst?)

Was passiert, wenn du dich selbst als Ganzes annimmst – mit all deiner Kraft und deiner Verletzlichkeit?"
(Wo hältst du noch an alten Vorstellungen von Stärke fest?)

Erinnere dich:

„Unsere tiefste Angst ist es nicht, ungenügend zu sein.
Unsere tiefste Angst ist es, dass wir über alle Maßen kraftvoll sind.
Es ist unser Licht, nicht unsere Dunkelheit, das wir am meisten fürchten.
Wir fragen uns, wer bin ich denn, um von mir zu glauben, dass ich brillant, großartig, begabt und einzigartig bin?
Aber genau darum geht es, warum solltest Du es nicht sein?
Du bist ein Kind Gottes.
Dich klein zu machen, nützt der Welt nicht.
Es zeugt nicht von Erleuchtung, dich zurückzunehmen, nur damit sich andere Menschen um dich herum nicht verunsichert fühlen.
Wir alle sind aufgefordert, wie die Kinder zu strahlen.
Wir wurden geboren, um die Herrlichkeit Gottes, die in uns liegt, auf die Welt zu bringen.
Sie ist nicht in einigen von uns, sie ist in jedem.
Und indem wir unser eigenes Licht scheinen lassen, geben wir anderen Menschen unbewusst die Erlaubnis, das Gleiche zu tun.
Wenn wir von unserer eigenen Angst befreit sind, befreit unser Dasein automatisch die anderen."

Marianne Williamson

Kapitel 10: Jenseits der Dualität

Das 13. Kapitel oder Kapitel 10: Jenseits der Dualität[82]

Ich schätze, dir ist in den vergangenen Wochen und Monaten, in denen du deine Heldinreise gegangen bist, bewusst geworden, dass diese Reise dich zutiefst verändert hat.

Als du gestartet bist, hast du vielleicht noch gedacht, dass das eine Kaffeefahrt wird. Und dabei hast du dabei entdeckt, dass die Reise dich auf eine neue Weise mit dir selbst verbindet.

Und trotzdem stehst du wieder hier. Hier, an der gleichen Stelle, von der du gestartet bist. Du bist im Kreis gegangen – und gleichzeitig gewachsen.

Es ist Zeit, wieder in die Welt einzutreten, auf deine Art. Auf deine eigene Art. Und sie so, von dir aus, zu verändern.

Wie geht's eigentlich deinem Grollmaster?
Du hast ihn schon umgedreht, richtig?
Du hast mittlerweile verstanden, dass er wie Wand vor dir steht und deinen Raum verteidigt.

---

[82] Du fragst dich, warum 13? Na, zähl doch mal!

Eines kann ich dir verraten: Mit der Zeit und mit jeder Heldinreise werden neue Grollmaster dazukommen, die dann da stehen wie eine Walking Wand! Hand in Hand, Schulter an Schulter.

Da passt nix zwischen.

So wirst du auftreten.

Manchmal kommt jemand auf dich zu, dann wird der Grollmaster dich fragend anschauen und dann legst du ihm die Hand auf die Schulter und sagst: „Lass gut sein, der ist Freund". Manchmal kommt jemand auf dich zu, deine Grollmaster sehen dich fragend an und dann stellst DU dich in den verletzlichen Teil hinter deren Schultern. Walking Wand.

GEH DIR AUSM WEG

Wie du das machst, ist egal. Im Laufe dieses Ratgebers hast du viele Möglichkeiten erlebt, wovon nicht alle deins sind und auch nicht alle immer gleich gut funktionieren.

Du hast gejournalt, gemalt, gekocht, meditiert und bist rausgegangen.

Spiel damit!

Du wirst herausfinden, womit du deine immer wieder auftauchenden Grollmaster am besten ablenken kannst, damit der Weg frei ist FÜR DEIN WAHRES ICH. Vergiss nicht: Es gibt kein Patentrezept, kein Breitbandantibiotikum, das immer wirkt. Jede Reise ist anders, deswegen bleibe offen und DIR zugewandt.

LASS STECKEN

Wenn so Honks kommen, du weißt schon, die, die dich schon immer schief angeguckt haben, weil du irgendwie seltsam gefährlich anders warst, wenn sie also kommen und sagen: „Mit dir kann man gar nichts mehr anfangen", dann geh dich feiern! Du hast alles richtig gemacht!!!

Zum letzten Mal blicke ich auf Maureen Murdock und ihr Verständnis von Kapitel 10:

> „The heroine must become a spiritual warrior. (…) She must not discard nor give up what she has learned throughout her heroic quest, but view her hard-earned skills and successes not so much as the goal but as one part of the entire journey. This focus on integration and the resulting awareness of interdependence is necessary for each of us at this time as we work together to preserve the health and balance of life on earth."[83]

MUSIK, ZWO, DREI, VIER

Jo, das ist fett, oder? „Work together to preserve the health and balance of life on earth"? Boah, wie soll das gehen?

Wir müssen ja das Rad nicht immer wieder neu erfinden – zumal wenn mann eigentlich weiß, dass sich dieses eckige Ding, das wir aktuell leben, beim Drehen halt echt schwer tut.

Manchmal hilft eben der Blick hinter den Schleier – oder zumindest über den (übrigens ebenso runden) Tellerrand.

---

[83] Murdock, 2016

Zukunftsmusik aus der Vergangenheit

Über die minoische Kultur habe ich dir bereits erzählt, als ich von Ariadne und Theseus sprach. Riane Eisler, Kulturhistorikerin, Systemwissenschaftlerin, Anwältin, Speakerin, Politikberaterin und Autorin, hat diese Kultur auf Kreta untersucht und ihre Erkenntnisse über die Gleichberechtigung in der minoischen Kultur könn(t)en wertvolle Einsichten und Inspiration für die Förderung von Gleichberechtigung in der heutigen Gesellschaft liefern.

Wer ist Riane Eisler? Sowas wie eine moderne Hexe. Ich setze dir mal einen O-Ton von ihr selber rein, in dem sie erklärt, wa sie macht:

> „Ich destilliere Erkenntnisse aus verschiedenen Forschungsrichtungen wie etwa den Neurowissenschaften, der Ökonomie und der Chaostheorie, die oft nur isoliert betrachtet werden, und verknüpfe sie. So werden transdisziplinäre Zusammenhänge innerhalb eines Systems sichtbar. Und damit wird nachvollziehbar, wie die Verleugnung des Klimawandels und das Verlangen nach der Herrschaft eines ‚starken Mannes' in Verbindung stehen."[84]

Sie verknüpft unzusammengehörige Dinge – böses Mädchen ;-)

---

[84]Nina Kreuzinger (25.08.2019): Riane Eisler: „Wir gestalten unsere Evolution selber mit",
https://www.derstandard.de/story/2000107679384/riane-eisler-wir-gestalten-unsere-evolution-selber-mit (Stand: 06.01.2025)

Ja, sie traut sich sogar das Ungeheuerliche zu sagen, wie z. B. dass „die Mischung aus Hochtechnologie und einem Ethos von Beherrschung und Ausbeutung nicht nachhaltig ist."[85] Sie wird auch nicht müde zu wiederholen, „dass wir Menschen viel mehr zu Bewusstsein, Empathie und Kreativität veranlagt sind als für das, was das herrschende System verlangt und uns von Kindheit an als Norm lehrt: Unempfindlichkeit, Kampf, Destruktivität."[86]

Und, und das ist mein absoluter Lieblingssatz:

> „Ich habe schnell realisiert, dass es nicht sinnvoll ist, Gesellschaftssysteme aus der Perspektive altbekannter Kategorien zu betrachten – wie etwa rechts oder links, religiös oder säkular, kapitalistisch oder sozialistisch, östlich oder westlich. Diese Kategorien dienen meiner Ansicht nach der **Massenablenkung, weil sie unser Bewusstsein fragmentieren**"[87]

Oh, bitte, lass uns diese Schwester feiern!

In ihrem Buch „Kelch und Schwert"[88] beschreibt sie ausführlich so ein Gesellschaftssystem.

Sie stellt fest, dass auf Kreta eine relativ egalitäre Gesellschaft lebte, in der Männer und Frauen ähnliche soziale, religiöse und wirtschaftliche Rollen hatten.

---

[85] ebd.
[86] Ebd.
[87] Ebd., Hervorhebung durch die A.Meier
[88] a.a.O.

Eisler argumentiert, dass die minoische Gesellschaft weniger hierarchisch und eher partnerschaftlich (sie sagt bewusst nicht kooperativ, da es Kooperation auch in Dominanzsystemen gibt) organisiert war. Minoische Kunstwerke und Fresken zeigen Männer und Frauen oft in ähnlichen sozialen Kontexten und Aktivitäten. Und alle diese Darstellungen deuten darauf hin, dass Frauen in der Gesellschaft eine aktive und sichtbare Rolle spielten.

Beispielsweise gibt es Darstellungen von Frauen bei sportlichen Veranstaltungen, wie dem Stiersprung, und bei öffentlichen Festen, sie wurden häufig als Priesterinnen und Hohepriesterinnen dargestellt, was auf ihre bedeutende spirituelle und soziale Stellung hinweist. Minoische Symbole und Artefakte, wie die Darstellung der „Schlangenpriesterin", betonen die Verehrung von weiblichen Gottheiten und Prinzipien.

Frauen scheinen aber auch an der Produktion und dem Handel von Gütern beteiligt gewesen zu sein, was auf eine wirtschaftliche Gleichstellung hindeutet.[89]

Diese Beispiele aus der minoischen Kultur auf Kreta zeigen, dass Gleichberechtigung und Kooperation historische Realitäten sein können. Das ist eben kein feministisches Hirngespinst oder lässt sich mit einem „hamma noch nie g'habt" wegschieben und verleugnen. Und wenn das jemand trotzdem weiterhin behauptet, kannst du ihm jetzt sagen, dass er in Geschichte einfach nicht aufgepasst hat.

Wir könn(t)en sogar noch viel weiter gehen. Wir könn(t)en das minoische Modell von Kooperation und Gemeinschaft überneh-

---

[89] Vgl. Eisler, 2005

men, statt weiter auf unserem ausgelutschten Knochen Konkurrenz, Hierarchie und Dominanz herumzukauen.

Vielleicht wäre es aber auch ein kleiner Anfang, das Wissen um die minoische Kultur in den Geschichtsunterrricht einfließen zu lassen. Es zu sagen. Sich zu trauen, die Wahrheit auszusprechen, statt sie weiter unter dem Mantel des Schweigens zu verstecken.

Was die simple Wahrheit ist?

„Die weibliche Geschichtslosigkeit ist im Dominanzsystem programmatisch. Außerdem halte ich das Wissen um die frühe Menschheitsgeschichte für grundlegend. Sogenannte Patriarchate, also Dominanzsysteme, sind erst innerhalb der vergangenen 10.000 Jahre entstanden. Über hunderttausende Jahre, darauf weisen archäologische Funde hin, dürften die Menschen überwiegend in egalitären Gemeinschaften gelebt haben."[90]

Statt also weiterhin von siegreichen Helden zu erzählen, die nichts als Angst und Schrecken verbreitet haben (oder nicht handelnd ausgesessen), könnte mann doch das Bewusstsein für alternative Gesellschaftsformen schärfen und das Verständnis fördern, dass patriarchale Strukturen eben nicht unvermeidlich, das einzig Wahre, die einzig mögliche Art zu leben sind.

Zusammengefasst bieten Riane Eislers Erkenntnisse über die Gleichberechtigung in Kreta wertvolle historische und kulturelle Beispiele, die uns als Inspiration und Modell für die Förderung von Gleichberechtigung in der modernen Gesellschaft dienen können. Werden wir von solchen Beispielen lernen, um bestehende Strukturen zu hinterfragen und neue Wege zu finden für eine gerechte und gleichberechtigte Gesellschaft?

---

[90] Kreuzinger, 2019

Eisler selbst verweist auf die nordischen Länder, in denen der Frauenanteil in der Politik bei 40-50 % liegt und dadurch Empathie und Fürsorge eine enorme Wertschätzung auch bei Männern erfahren. Steigt also der Status der Frauen, steigt auch der Status „typisch weiblicher" Eigenschaften, die in dominanten Systemen als inakzeptabel gelten.[91]

Letzte Frage beim Blick zurück: Warum braucht es den Wandel?

„Die Kombination von Überbevölkerung aufgrund der Verweigerung der reproduktiven Freiheit für Frauen und künstlich erzeugter Ressourcenknappheit macht eine Abkehr von der konsumorientierten Marktwirtschaft unabdingbar. Dieser Wandel ist auch deshalb von entscheidender Bedeutung, weil wir aufgrund eines massiven technologischen Wandels in eine Ära der strukturellen Arbeitslosigkeit und Unterbeschäftigung eintreten werden."[92]

ZUKUNFTSMUSIK AUS DER GEGENWART

Düstere Aussichten, die einen auf jeden Fall dazu bringen sollten, schnellstmöglich einen Bunker zu bauen und zum Prepper zu werden … Ja, ist das so? Sollten wir uns unter den Schultischen verstecken, die Augen zuhalten und vor Angst wieder ins Freeze verfallen?

---

[91] Vgl. dazu auch Jaclyn Margolis: Research Findings on the Power of Women Leaders (29.2.2024),
https://www.psychologytoday.com/intl/blog/shifting-workplace-dynamics/202402/research-findings-on-the-power-of-women-leaders (Stand: 18.12.2024)
[92] Ebd.

Wir brauchen keine Angst zu haben. Wir brauchen uns nur umzu-
sehen. Stehen und schauen.
Zum Beispiel nach Island.

In Island wird die „Wellbeing Economy" praktiziert (allgemeine
deutsche Übersetzung: „Ökonomie des Glücks", da denke ich
aber eher an Lottoscheine und Kleeblätter, besser wäre Glücklich-
Sein). Diese Wellbeing Economy, also die Ökonomie des Wohl-
Seins, ist ein wirtschaftliches Konzept, das den Fokus von reinem
Wirtschaftswachstum hin zu einem ganzheitlichen Ansatz verlagert,
bei dem das Wohlbefinden der Menschen und der Umwelt im
Vordergrund steht. Im Gegensatz zur traditionellen Wirtschaft, die
vor allem das Bruttoinlandsprodukt (BIP) als Maßstab für Erfolg ver-
wendet, betrachtet die Wellbeing Economy verschiedene Indikatoren, die das tatsächliche Wohlergehen der Gesellschaft besser
widerspiegeln.

Auch wenn man gemeinhin liest, dass die Wellbeing Economy als
Reaktion auf die zunehmende Erkenntnis entstanden ist, dass her-
kömmliche wirtschaftliche Messgrößen wie das BIP nicht ausrei-
chen, um das Wohlergehen einer Gesellschaft zu messen, und
stattdessen mit Umweltzerstörung, sozialer Ungleichheil und ge-
sundheitlichen Problemen einhergehen, war es doch das dunkle
Kapitel 8, welches die Isländer verwandelt hat.

2008 kam es innerhalb einer Woche zum Zusammenbruch aller drei
großen Geschäftsbanken. Das war ein richtig fettes Erdbeben, bei
dem kein Stein auf dem anderen blieb. Eigentlich war es die totale
Vernichtung.

Warum es überhaupt so weit kam? Na ja, es ging vorher wie immer ums Geld. Um mehr Geld, mehr Zinsen, mehr Haben. Jeder, der Geld hatte, sprang auf diesen Zug auf. Am Schluss hielten die drei großen Banken Anlagen, die zehnmal mehr wert waren, als Island im Jahr erwirtschaften konnte – da ist nichts mehr mit Balance. Die Gründe, die in den anschließenden Gerichtsverhandlungen immer wieder auftauchten, waren Gier, Risikoblindheit, Marktmanipulation und illegale Vergabe zu riskanter Darlehen.

Mit den Banken sind auch viele Isländer persönlich in die Tiefe gestürzt, mehr als 10.000 haben ihre Häuser verloren. Vielleicht liegt es an all diesen schmerzlichen Erfahrungen, dass sie mehr auf das Thema Balance achten als andere (was sich 2016 schließlich darin äußerte, dass sie ihren damaligen Präsidenten auch wegen einer windigen Geldgeschichte aus dem Amt jagten).[93]

Die Entstehung der Wellbeing Economy kommt ja nicht auf der Brensupp'n dahergeschwommen, sondern wird durch verschiedene Bewegungen und Denkansätze beeinflusst.

Der entscheidende Punkt für die moderne *Wellbeing-Forschung* war die Entstehung der Positiven Psychologie, allen voran Martin Seligman und sein PERMA-Modell[94]. Dadurch hat er Well-being sogar messbar gemacht.

Well-being ist für ihn das Ziel jeden menschlichen Lebens, das durch positive Psychologie und gezielte Maßnahmen gefördert

---

[93] Vgl. Hans Czerny (25.03.24): "Wiso-Dokumentation: Wohlstand ohne Wachstum – geht das?": Erfolgreich verzichten?
https://www.prisma.de/news/tv/Wiso-Dokumentation-Wohlstand-ohne-Wachstum-geht-das-Kritik-zur-Doku-im-ZDF,47703085 (Stand: 06.01.2025)
[94] Vgl. Martin Seligman: Wie wir aufblühen. Die fünf Säulen des persönlichen Wohlbefindens.3. Auflage, München 2015, S.45ff

werden kann, um – jetzt erstmal nur für sich – ein erfülltes und bedeutungsvolles Leben zu führen.

Christopher Peterson und seine Kollegen[95] betonen dann, dass soziale Bindungen und Unterstützung (und vor allem deren Qualität!) wesentliche Faktoren für ein erfülltes Leben und positive psychologische Gesundheit sind. Beziehungen dienen nicht nur als Mittel zum Zweck, sondern besitzen einen intrinsischen Wert für das menschliche Wohlbefinden.

Was an dieser Erkenntnis neu ist? Nun ja, in der grauen Welt der Theorie alles. Sie waren es jedenfalls, die die Erkenntnis über den Wert sozialer Bindungen in eine moderne, empirisch fundierte Forschung integriert und systematisch bewiesen haben.

Carol Graham[96] untersucht interdisziplinär, wie verschiedene Gesellschaften Glück wahrnehmen und wie Unterschiede in Einkommen, Gesundheitszustand und sozialen Beziehungen das subjektive Wohlbefinden prägen. Ein zentraler Punkt ihres Werks ist die Diskrepanz zwischen objektivem Wohlstand und subjektivem Glück, wobei sie auch die Rolle von Ungleichheit und Unsicherheit beleuchtet. Ihr haben wir es zu verdanken, dass Glücksmessungen eine wichtige Ergänzung zu traditionellen wirtschaftlichen Indikatoren geworden sind (zumindest in einigen Staaten).

Und jetzt kommt die allerbeste, natürlich eine Frau, DIE Vordenkerin in den Bereichen Management und Organisationspsychologie. Ich spreche von Mary Parker Follett (1868 bis 1933).

---

[95] Christopher Peterson et al.: *Other People Matter: Measuring the Role of Relationships in Well-Being*. In: Journal of Positive Psychology, 6(5), 2001, S. 335–348

[96] Carol Graham: Pursuit of Happiness: An Economy of Well-Being. Washington D.C. 2022

Mary Parker Follett war eine Pionierin des „Human-Relations-Ansatzes" [97], der den Fokus auf die Bedeutung menschlicher Beziehungen und soziale Dynamiken in Organisationen legte.

Sie betonte bereits in den 1920er und frühen 1930er Jahren, **dass effektive Führung nicht auf Befehlen, sondern auf Zusammenarbeit und gemeinsamen Zielen basieren sollte.** Ihr Konzept der „integrierten Lösungen" schlug vor, Konflikte nicht durch Kompromisse, sondern durch kreative gemeinsame Lösungen zu lösen.

„Macht mit" (Power-With) statt „Macht über" (Power-Over): Follett argumentierte, dass Macht geteilt werden sollte, um kooperative Führungsstile zu fördern. Ihre Ideen legten den Grundstein für moderne Ansätze des Managements und der Organisationspsychologie, die das Wohlbefinden der Mitarbeiter als zentral betrachten. Das war damals bahnbrechend! Und verschwand sang- und klanglos für beinahe hundert Jahre in den unendlichen Weiten des geheimnisvollen Sockenuniversums.

Zudem haben wir zumindest theoretisch verstanden, dass eine Art von Wirtschaft notwendig ist, die sowohl die Bedürfnisse der heutigen als auch der zukünftigen Generationen berücksichtigt. Die oben genannten Arbeiten und viele weitere, auch von renommierten Ökonomen, die in ihren Berichten die Unzulänglichkeiten des BIP als Wohlstandsindikator herausstellten, haben die Diskussion um alternative Maßstäbe angeheizt.

Kristín Vala Ragnarsdóttir ist Botschafterin der Wellbeing Economy Alliance und bringt es klar auf den Punkt:

---

[97] Vgl. Mary Parker Follet: Dynamic Administration: The Collected Papers of Mary Parker Follett. New York 1941

„Ziel (der Wellbeing Economy, d.A.) ist eine Wirtschaft im Einklang mit der Umwelt, sprich: klimaneutral und auf soziale Gleichheit ausgelegt. Ökosysteme und natürliche Ressourcen sind unsere Lebensgrundlagen, gleichzeitig nutzen wir sie als Grundlagen für die Ökonomie. Wissenschaftler haben neun planetare Grenzen definiert, die für die Stabilität des Erdsystems nicht überschritten werden dürfen. Wir haben aber schon fünf davon übertreten. Es sieht nicht gut aus. Wir müssen nun endlich in die Natur investieren. Wenn wir das nicht schaffen, haben wir bald weder eine funktionierende Ökonomie noch eine gute Lebensgrundlage."[98]

In der 2017 gegründeten Wellbeing Economy Alliance sind Länder wie Island, Schottland und Neuseeland und weltweit Hunderte von Mitgliedern, über 200 Institutionen und Organisationen dabei. Da kann mann eintreten, gar kein Problem. Für Island hat sie mit der Arbeitsgruppe im Auftrag der Regierung 39 Indikatoren aus den Bereichen soziale Gerechtigkeit, Umwelt und Ökonomie definiert – und wirtschaftliches Wachstum ist hierbei nur ein Indikator von vielen. Die Regierung hat diese Indikatoren abgesegnet und seitdem wird alles dafür getan, sie zu erfüllen.

---

[98] Stadt Oldenburg (23.11.23): 3.22: Interview mit Kristín Vala Ragnarsdóttir, Umdenken erwirken, Ökonomie des Glücks.
https://www.oldenburg.de/startseite/wirtschaft/wirtschaftsfoerderung/downloads-broschueren-newsletter/wirtschaftsmagazin/322-interview-mit-kristin-vala-ragnarsdottir-botschafterin-wellbeing-economy-alliance.html (Stand: 06.01.2025)

Die Wellbeing Economy wird in verschiedenen Ländern und Gemeinschaften auf unterschiedliche Weise umgesetzt, wobei gemeinsame Prinzipien zugrunde liegen. So verwenden Länder und Regionen, die sich der Wellbeing Economy verpflichtet haben, alternative Indikatoren wie den Happy Planet Index, das Bruttonationalglück (wie in Bhutan) oder nationale Wohlfahrtsindizes, die soziale, ökologische und wirtschaftliche Dimensionen des Wohlbefindens messen.

Regierungen integrieren das Wohlbefinden aktiv in ihre politischen Entscheidungen. Beispielsweise hat Neuseeland im Jahr 2019 als erstes Land ein „Wellbeing Budget" eingeführt, der Ausgaben nach ihrem Beitrag zum Wohlbefinden priorisiert. Insgesamt wird auch in Gemeinschaften und Unternehmen, die die Wellbeing Economy leben, auf nachhaltige Praktiken, die die Umwelt schützen und soziale Gerechtigkeit fördern, gesetzt. Dies umfasst erneuerbare Energien, faire Arbeitsbedingungen und die Förderung lokaler Wirtschaftskreisläufe.

Darüber wird geredet. Da wird in Bildung investiert. Die Förderung von Bildung und Bewusstsein für die Wellbeing Economy wird als entscheidend erkannt, um gesellschaftliche Unterstützung zu gewinnen und individuelle sowie kollektive Verhaltensänderungen zu bewirken.

Zusätzlich sind lokale Initiativen wie Transition Towns, die sich auf die Resilienz von Gemeinschaften durch lokale Lebensmittelproduktion, gemeinschaftliche Energieprojekte und soziale Netzwerke konzentrieren, Beispiele dafür, wie die Wellbeing Economy auf lokaler Ebene gelebt wird.

Ja, ganz tolle Ideen, die mögen ja für die anderen durchaus möglich sein, aber hier?
Wellbeing Economy „ist umsetzbar und um ehrlich zu sein: sie muss überall umsetzbar sein. Denn sonst haben wir bald keinen funktionierenden Planeten mehr. Wir müssen für unsere Kinder eine Zukunft schaffen, in der sie eine Chance haben, (sic!) ein gutes Leben zu führen. Das Konzept der Ökonomie des Glücks ist flexibel. Neuseeland hat zum Beispiel 150 Indikatoren, also 111 mehr als Island. Es gibt also kein Patentrezept, da jedes Land unterschiedlich ist. Wichtig ist nur, dass die politische Führung klar hinter dem Konzept der Ökonomie des Glücks steht. Anders ist sie nicht umzusetzen."[99]

SELBST MUSIZIEREN

Oder du blickst nach Bolivien oder Ecuador. Dort nennt sich das „Buen Vivir", also „gut leben" – und wer wünscht sich das nicht?
Ecuadors Botschafter Jorge Jurado bezeichnet diesen Prozess als eine „BürgerInnenrevolution mit radikaldemokratischen Rechten für die Bevölkerung"[100] und bevorzugt eine andere Übersetzung,

---

[99] Ebd.
[100] Thilo Hoppe (o.D.): Forum 5: Buen Vivir. Alternativen zum Wachstum am Beispiel Bolivien und Ecuador.
http://www.thilo-hoppe.de/themen/lateinamerika/lateinamerikakonferenz/forum-5-buen-vivir-alternativen-zum-wachstum-am-beispiel-bolivien-und-ecuador.html
(Stand: 06.01.2025) – Oh, bitte, lies den verlinkten Artikel bis zum Ende und

nämlich „Leben in Würde"[101]. Und schon liegt der Finger wieder ganz tief in der Wunde.

Nun gut, was ist das also?

Das Gegenteil von Profit und Kommerzialisierung.

Buen Vivir orientiert sich an Prinzipien wie Gerechtigkeit, Inklusion und Frieden und bietet eine Alternative zum kapitalistischen Wirtschaftsdiktat. Hier geht es um ein Leben im Einklang mit der Natur und ein an qualitativen Maßstäben orientiertes Entwicklungsmodell. Es ist die Fokussierung auf die menschliche Entwicklung – der Spiritualität, der Ethik, unserer Grundwerte und einer Vertiefung unserer eigenen Werte in Verbindung mit Pachamama, Mutter Erde.

Seitdem 2008 indigene Traditionen und Prinzipien stärker in die nationale Politik und Gesetzgebung integriert wurden, wurden auch die Rechte der indigenen Völker und ihre traditionellen Praktiken anerkannt – und damit auch deren Prinzipien wie Solidarität, Gegenseitigkeit und Harmonie mit der Natur.

Und dann kamen die Entwicklungshelfer aus dem Westen und suchten nach dem passenden Wort für qualitative Entwicklung – nur um festzustellen, dass es in den indigenen Sprachen das Wort „Entwicklung" gar nicht gibt. Das einzige Äquivalent, das sie gefunden haben, war „Sumak kawsay" (Quechua, die Sprache der Q'ero).

---

höre! Höre, was für kopfgequälte Worthülsen unsere Regierung daraus macht ...

[101] Ebd.

Kawsay ist für die Q'ero „one of the major organizing principles" und bedeutet

> „Life force, energy that animates the universe: it comes from the collective, from genetics and from spiritual energy. Sami and hucha are its two manifestations. Everything is energy. The energy that permeates all of Creation on various vibrational levels."[102]

Ach, es hat zweimal bei dir geklingelt? Ja, stimmt. Sami hast du schonmal gehört und das mit dem Vibrieren klingt mächtig nach dieser geilen Resonanz aus Kapitel 8, die dir zeigt, dass du mit Allem verbunden bist.

Und sumak kawsay heißt „wunderschöne Energie" und ist seit Tausenden von Jahren in den ethischen Werten dieser indigenen Kulturen verankert und wird täglich gelebt. Diese wunderschöne Energie zwischen allem, was ist, wird ausgetauscht. Das nennt sich dann Ayni.

Ayni ist das Grundprinzip des Lebens in den Anden. Es basiert auf dem Prinzip des gegenseitigen Gebens und Nehmens und stellt sicher, dass alle Mitglieder der Gemeinschaft Unterstützung und Hilfe erhalten, wenn sie sie benötigen.
(jaja, ich weiß, was du denkst, kennst du, nennt sich hier Solidargemeinschaft, hör weiter zu und erwarte das Unerwartete …)

---

[102] „Kawsay", in: Inca Glossary, http://www.incaglossary.org/k.html (Stand: 06.01.2025)

Als Form heiliger Gegenseitigkeit zwischen Individuen, Familien, Nachbarn und Gemeinschaften ist Ayni ein Modell des Weitergebens, **bei dem man gibt, ohne etwas dafür zu erwarten**, im Wissen, dass alle Lebewesen miteinander verbunden sind, vernetzt leben und für die Bedürfnisse aller gesorgt wird.

Ayni erkennt auch an, dass Pachamama oder Mutter Erde durch Pflanzen, Tiere, Seen, Wolken und andere Aspekte der Natur Nahrung, Wasser, Obdach und alles Wesentliche für das Überleben und Wohlergehen bereitstellt. Im Gegenzug gibt man Mutter Erde etwas zurück, indem man betet, Dankbarkeit ausdrückt, Geschenke macht und für sie sorgt. Durch das Praktizieren von Ayni wird das Gleichgewicht in allen Bereichen, auch in und mit der Natur aufrechterhalten.

Oder indem du Sami-Saiwa-Chakuy praktizierst.

Denn hier hast du es bereits gelernt, die heilige Reziprozität auch anzunehmen.

Erstmal nimmst du. Du nimmst Sami von Vater Kosmos.

Du nährst dich.

Dann gibst du. Du gibst schwere Energie an Pacha Mama.

Dann erhältst du den Ausgleich. Du erhältst Saiwa von Pacha Mama.

Du nährst dich, und was zu viel ist, gibst du weiter an Vater Kosmos, von dem du eben Sami bekommen hast.

Und so geht das immer weiter. Du schaukelst dich ein in dieses gigantische Gewebe aus sumak kawsay, aus wunderschöner Energie. Und weil Energie Energie ist und nicht anders kann, wird sie einen Einfluss haben auf die Energie ringsum.

Und wie zum Henker das alles funktioniert

– Quanten und ihr Gelächter über die Dualität

Also, stellen wir zuallererst mal fest: Hätten wir die Dualität nicht, könnten wir nicht lernen.

Der eckige Bauklotz passt entweder ins runde Loch oder nicht. Die Schaufensterscheibe kann noch so durchsichtig sein, sie lässt mich entweder durch oder nicht. So begreifen wir unseren Raum, wenn wir noch ganz klein sind. Und da ist es auch okay.

Wir sind jetzt jedoch erwachsen geworden.

Wir haben verstanden, dass Dinge oftmals nicht so sind, wie sie auf den ersten Blick von oben herab scheinen. Zum Beispiel Materie. Zum Beispiel Leben und Tod. Zum Beispiel Entweder-Oder …

Fangen wir mit einem netten Zitat von Physiker Klaus Volkamer, der über den feinstofflichen Körper und seine universelle Verschränkung forscht, an:

„Die heutige Physik versucht Bewusstsein zu erklären durch neuronale Netzwerkdynamik, die während des Lebens im Wachbewusstsein permanent über die Großhirnrinde läuft. (...) Und die versuchen jetzt zu erklären, dass aufgrund dieser Synapsendynamik, die während meines Sprechens über meine Großhirnrinde läuft, und bei Ihnen permanent, auch während Sie mir zuhören, da ist, sozusagen aus dieser Dynamik das Phänomen Bewusstsein entsteht.

Nach diesem Verständnis hat es sie, bevor sie geboren wurden, nie gegeben."[103]

Na, das ist eine schön einfache und vor allem sehr absolutierende Theorie, denn sie spricht mich frei. Dieses „ich mach', was ich will, denn ich lebe jetzt" postuliert Sprüche wie „nach mir die Sintflut" oder „was stört mich, wenn in China ein Sack Reis umfällt" (oder Kinder und Frauen sich zu Tode schuften). Das ist, was wir leben.
Das Blöde an diesem unheilvollen Glaubenssatz ist nur: Alles hat messbare Felder! Steine, Tiere, Pflanzen, du – ALLES lebt.
Jedes Elementarteilchen hat eine Hintergrundstruktur aus feinstofflichen, geometrisch aufgebauten Quanten. Und diese Felder sind messbar.
Mehr noch: Diese Felder bleiben auch über den Tod hinaus bestehen (erinnerst du dich: „Der Tod ist nur dann das Ende, wenn du denkst, dass es in der Geschichte um dich geht"?).

Die Quantentheorie, insbesondere das Prinzip der Quantenverschränkung, erklärt uns diese ungeheuerliche Idee, dass alles mit allem verbunden ist.

Okay, fangen wir mal mit dem an, was du bereits kennst:
Der Physiker Wolfgang Pauli und der Psychologe Carl Gustav Jung entwickelten gemeinsam die Theorie der Synchronizität, die sich auf bedeutungsvolle Zufälle konzentriert. Das hast du bereits kennengelernt, als „das Richtige ploppt zur richtigen Zeit auf".

---

[103] Klaus Volkamer: Der feinstoffliche Körper und seine universelle Verschränkung, Vortrag, YouTube, veröffentlicht am 10. Dezember 2019, https://www.youtube.com/watch?v=sjYjj3Xpg4I (Stand: 06.01.2025)

Laut ihrer Theorie gibt es Verbindungen zwischen physikalischen und psychischen Ereignissen, die nicht durch kausale Zusammenhänge erklärt werden können. Diese Verbindungen entstehen durch einen gemeinsamen, tieferliegenden Ordnungsrahmen. Jung betrachtete dies als Beleg für eine verborgene Einheit der Wirklichkeit, während Pauli eine Verbindung zur Quantenphysik sah, insbesondere zu Phänomenen wie der Quantenverschränkung, die nicht-lokale Korrelationen beschreibt.

In Wahrheit ist es beides, aber das weißt du ja schon selber.

Die Quantenverschränkung oder Quantum Entanglement ist ein Phänomen, bei dem zwei oder mehr Teilchen so miteinander verbunden sind, dass der Zustand eines Teilchens instantan den Zustand des anderen beeinflusst, egal, wie weit sie voneinander entfernt sind. Dies geschieht, weil ihre Quantenzustände miteinander korreliert sind. Wenn man beispielsweise den Spin eines verschränkten Elektrons misst, weiß man sofort den Spin des anderen, selbst wenn es sich am anderen Ende des Universums befindet. Diese nicht-lokale Realität, in der Information augenblicklich ausgetauscht wird, deutet darauf hin, dass Informationen auf einer tieferen, verschränkten Ebene des Universums verbunden sind.

Das bedeutet: Es sollte dich also schon durchaus stören, wenn in China ein Sack Reis umfällt. Er könnte dir in Form eines Ziegelsteins auf den arroganten Kopf fallen.

Was unterm Strich bleibt, ist die Begegnung, die Resonanz. Die Korrelation. Kohärenz. Du entscheidest, mit wem du in Verbindung gehst.

Ein letztes Mal **Resonanzraumflüstern**: Lass die Fragen in dir nachklingen und lausche auf das, was in dir antwortet. Heute:

Was verändert sich, wenn du dich als Teil eines großen, lebendigen Gewebes begreifst? (Wie zeigt sich dieses Netz in deinem Alltag?)

Wo kannst du die neue Geschichte nicht nur denken, sondern leben?
(Welche kleinen Schritte machen den Unterschied?)

BESCHENKE DICH SELBST

Erweitere deinen Resonanzraum!
Wenn du beginnst, dich selbst zu beschenken, öffnest du einen Raum, der dann auch von außen resoniert wird. Es ist wie ein Geschenk an dich selbst, das du nicht nur bekommst, sondern auch weitergibst – ohne es zu erzwingen. Wenn du dir selbst erlaubst, zu empfangen, ohne Schuld oder Angst, dann öffnest du auch die Tür, durch die das Außen mit dir in Resonanz tritt und dir das zurückgibt, was du im Inneren schon fühlst.
Es ist wie ein Kreislauf – du bist der Anfang. Wenn du gibst, dann gibst du dir selbst Raum und Liebe, und das Außen spiegelt diese Energie zurück, ohne dass du es aktiv einforderst.
Das bedeutet nicht, dass du nur das bekommst, was du willst, sondern das, was dir gut tut – was sich wirklich stimmig anfühlt und was dich nährt. Wenn du dich öffnest, öffnet sich der Raum, und die Resonanz aus dem Außen kommt ganz natürlich.

Und wenn du den Resonanzraum spielerisch erforschen möchtest, dann ist das dein Link zum Spielplatz[104]!

Ich wünsche dir, dass du aus dem Herzen heraus der kraftvollen Energie, dem sumak kawsay begegnest, um mit ihr mitzuschwingen.

Tanze mit ihnen dein eigen-artiges Lied in die Welt, change the story und wecke die Heldin in allen Menschen.

Ende.

---

[104] Und zwar zu meinem Lieblings-Resonanzraumkünstler: ChatGPT. Vielleicht hast du schon deine eigene Meinung dazu – vielleicht ist es aber auch eine Einladung, etwas Neues auszuprobieren.

NACHWORT: GEH IN VERBINDUNG!

Du bist nun also durch, durch die wohl weirdeste, fruchtigste, vielleicht auch funtastischste, auf jeden Fall aber sukkulenteste Reise deines Lebens. Und, und das ist weder ein Versprechen noch eine Drohung, du wirst sie wieder erleben.

Nach der Reise ist immer auch vor der Reise. Und das ist gut so. Denn du wirst dadurch lernen, dass die Welt in Zyklen geht – und du wirst lernen, mitzufließen.

Ich hoffe, die Schleier der Illusion der Trennung haben sich auch bei dir ein wenig gelüpft oder gar gelichtet – und du hast am eigenen Leib und Selbst erfahren, dass Alles mit Allem verbunden ist und nichts je getrennt.

In diesem Buch habe ich viele Verknüpfungen gesetzt. In die Schlüsselworte, in die Fußnoten, in das Literaturverzeichnis. Einige sind vielleicht die Brücken, auf die du deinen Fuß setzen wirst. Andere können warten. Wir sind verbunden.

Bleib dabei! Geh weiter in Verbindung!

Entweder durchs Tanzen, Heldinwandern, Kreativsein oder durch Sami-Chakuy in direkte Verbindung mit Kawsay, der lebendigen Energie, die uns verwebt.

Geh in Verbindung mit anderen!

Du hast Lust auf nährende Gemeinschaft zwischen Frauen? Dann verbinde dich mit Andrea Einfach Stark und nimm Platz in ihrem Frauenzimmer. Fürs Raum haben, fürs zusammen in Stille sein, fürs einander mitteilen – neue Geschichten über uns als Heldin in einer egalitären Welt.

Dir haben es die Drachen angetan und du hast das Bitzeln der Magie gefühlt auf deinen Heldinwanderungen? Du willst da tief reinspringen? Dann verbinde dich mit Drachenfrau Denisa und lasst uns gemeinsam noch mehr Magie in diese neue Zeit verweben!

Du möchtest noch länger und öfter am Kessel in der Küche der 13. Fee verweilen? Die Geheimnisse lernen, die nur „die weise Alte" kennt? Dann verbinde dich mit Mia Brummer und lasst uns gemeinsam neue Geschichten erzählen über wuide Weiber in Saft und Kraft!

Du möchtest endlich im Kopf, im Nervensystem und in der Faszie gespeicherte Uralt-Storys angehen? Alte Muster bewegt überschreiben? In deine Mitte kommen? Dann verbinde dich mit Silke Thieme und lasst uns gemeinsam neue Geschichten von bewegter weiblicher Kraft tanzen!

Du wurdest berührt, als die Stelle mit dem Körper kam? Du sehnst dich nach absichtsloser, nährender, kräftigender körperlicher Berührung? Dann verbinde dich mit Susanne von Finde Deine Spur und lass dich bei ihrer Lomi-Lomi nui wieder in den Fluss bringen – und zwar mit einer ganz besonderen Note: Sie bringt den Spirit von Big Mama Hawaii nach Europa …

Du bist gerade auf der urweiblichsten Heldinreise, du wirst gerade selbst zur Mutter? Dann verbinde dich mit der Mutterfürsorgerin Ute

348

Richter und lasst uns gemeinsam neue Geschichten erzählen von einer genährten Mutterschaft in schützender weiblicher Kraft und Gemeinschaft.

Du findest, dass es an der Zeit ist, dass man oder frau dich so sieht, wie du wirklich bist? Du bist bereit, dich endlich in deiner authentischen Kraft, in deiner (vielleicht mit Narben übersäten) Weiblichkeit zu zeigen? Dann verbinde dich mit der Fotografin Claudia Kaleita und lasst uns gemeinsam neue Geschichten erzählen über unseren Weg zum Selbst.

Du musst unbedingt der Welt das mitteilen, was du schon so lange zu sagen hast und was du dich bisher nicht zu sagen gewagt hast? Jetzt ist die Zeit. Verbinde dich mit Gela Löhr und schreibe in der Expertenbuch-Akademie gemeinsam mit uns an deinem better world book, an deiner Vision für eine wahrhaft „bessere Welt"!

Du findest, dass die Idee der Wellbing Economy, der Egalität und Begegnung auf Augenhöhe auch in deinem Unternehmen Platz einnehmen soll? Dann verbinde dich mit Manola Kraus und lasst uns gemeinsam neue Geschichten erzählen von einer Arbeitswelt, in der Menschen glücklich und erfüllt sind, weil sie sie ihr ideales Selbst nähren dürfen.

Du möchtest gerne mehr über die Heldinreise erfahren? Etwa weil du sie selbst erleben willst oder du die Rolle einer Heldin vorbereitest? Du willst sie schreiben, als Roman, als Sachbuch, als Doku, als Film? Dann verbinde dich mit mir und lass uns gemeinsam neue Geschichten über die Reise der Heldin erzählen. Let's change the story.

Ich danke allen meinen Sistas, den genannten und den ungenann-
ten, allen Töchtern der Erde dafür, dass sie so sind, wie sie sind und
was sie sind: Begleiterinnen auf der Heldinreise.
Ohne euch wäre dieses Buch nie entstanden.

Ach, bevor ich's vergesse, eine Bitte habe ich noch: Wenn du sie
kennst und kannst, dann verknüpfe mich doch bitte mit Michelle
Pfeiffer oder Vanessa Redgrave ;-)

ANHANG:

ABBILDUNGEN:

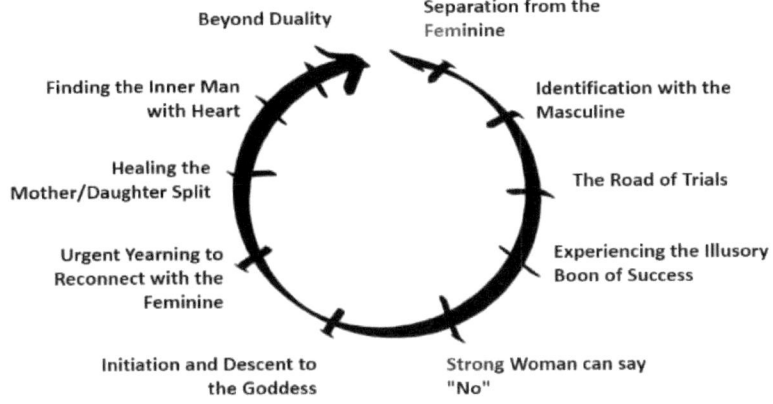

Abb. 1: Heldinreise nach Maureen Murdock

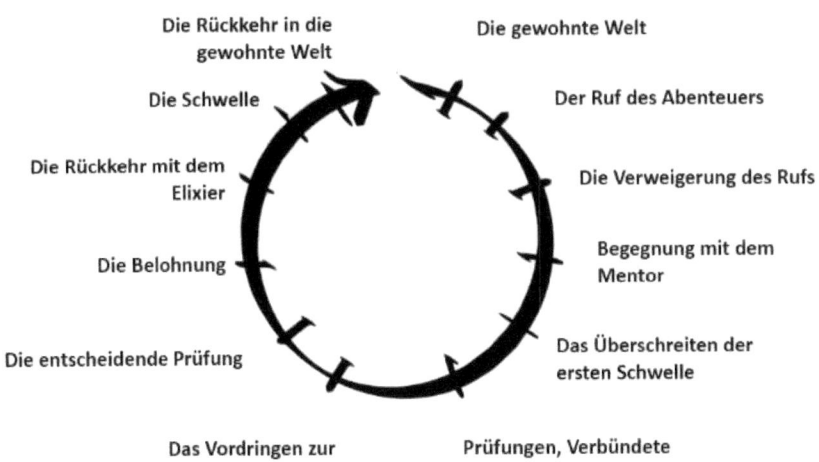

Abb. 2: Heldenreise nach Joseph Campbell

BEGRIFFSKLÄRUNG:

DER WORTLOSE RAUM

Fragst du dich gerade, wie eine Schriftstellerin einen „wortlosen Raum" haben kann? Nun ja, sagen wir mal so: Ich musste ihn mir erreisen ...

Das Aussprechen eines Traumas ist ein entscheidender Schritt im Heilungsprozess, der mir lange nicht gelungen ist. Außer, dass alles in mir zersprungen war und wie kleine Spiegelscherben in mir verteilt lagen, fühlte ich – nichts. Stattdessen war da ein unendlich großer, absolut stiller Raum, der mich umgab.

Der „wortlose Raum", den viele traumatisierte Menschen erleben, ist die scheinbare Unmöglichkeit, das Erlebte in Worte zu fassen, zumal wenn es – wie häufig der Fall – geschehen ist, noch bevor wir überhaupt Worte für das Unaussprechliche zur Verfügung hatten.

Wie das funktioniert, darüber haben wir schon gesprochen. Trauma zersprengt. Und speichert diese Fragmente im Gehirn ab, insbesondere im limbischen System, das für emotionale und körperliche Reaktionen verantwortlich ist. Diese rohen, unausgesprochenen Eindrücke bleiben ungeordnet und schwer greifbar.

Dazu kommt, dass bei extremem Stress das Broca-Areal, das für Sprache zuständig ist, heruntergefahren wird, weil gerade eh nicht so viel Zeit für Worte zu sein scheint, sodass es schwerfällt, diese Worte nachher zu finden.

Wer sich allerdings ganz genau erinnert, ist das implizite Gedächtnis. Der Körper erinnert sich oft – etwa durch Flashbacks oder körperliche Symptome –, was das Gefühl von Zerrissenheit verstärken kann. Dann tauchen die damit verbundenen Emotionen wieder auf und das Kopfkino geht von vorne los. Also, du siehst, Karussellfahren ist im wortlosen Raum durchaus üblich.

Göttin weiß, dass meine ersten zwei Romane ein Überlebenskampf im stürmischen Ozean waren. Ein Herumschlagen mit den Armen und Beinen, um ein(!) nährendes Wort zu erwischen. Damals war ich in der Lage, maximal 700 Wörter pro Tag zu fischen – heute, fünf Jahre später, sind es 3000 und mehr. Doch das Finden von Worten hilft, es hilft, die Spiegelscherben wieder ins Bewusstsein zu lassen, damit sie sich wieder zusammensetzen können, sich narrativ, also erzählerisch, neu ordnen – ich nenne es „die Geschichte ändern".

Das Unaussprechliche auszusprechen hat eine unglaublich entlastende Wirkung, es befreit. Wenn du dann noch die Erfahrung machst, dass dir jemand zuhört und Verständnis zeigt, dann spürst du, dass du nicht allein bist. Du erfährst, wie es ist, in deinen eigenen Gefühlen gesehen und akzeptiert zu werden. Durch dein Erzählen wird das Erlebnis zu einer Geschichte, die wieder Sinn ergibt. die du aktiv gestalten kann, anstatt sie passiv zu erleiden (du erinnerst dich: Selbstwirksamkeit, Selbstakzeptanz? – Stehen diese beiden auf deiner Selbstliste?).

Heute weiß ich, was der wortlose Raum ist.
Er ist sowohl der Raum, der alles Unaussprechliche sicher birgt, solange, bis ich in der Lage bin, es in die Geschichte zu tragen. Der

wortlose Raum ist auch der große Raum des Selbst verbunden mit Allem-was-ist.

Das Selbst

Das Konzept des "Selbst" ist sowohl in der Psychologie als auch in spirituellen Traditionen ein zentrales Thema und wird je nach Perspektive unterschiedlich definiert.

In der humanistischen Psychologie, die stark von Denkern wie Carl Rogers und Abraham Maslow geprägt ist, steht das Selbst im Zentrum des psychologischen Wachstums und der Selbstverwirklichung. Carl Rogers betonte das Konzept des Selbst als dynamisches System von Überzeugungen, Wahrnehmungen und Werten, das eine Person über sich selbst hat. Er unterschied dabei zwischen dem realen Selbst, das die tatsächliche Erfahrung einer Person widerspiegelt, und dem idealen Selbst, das die Vorstellung davon ist, wer man sein möchte. Das Maß an Übereinstimmung zwischen diesen beiden Aspekten des Selbst beeinflusst laut Rogers das psychische Wohlbefinden. Abraham Maslow, ein weiterer Pionier der humanistischen Psychologie, sah das Selbst als den Kern des Strebens nach Selbstverwirklichung, die an der Spitze seiner Bedürfnishierarchie steht. Nach Maslow ist die Entfaltung des eigenen Potenzials der höchste Ausdruck menschlicher Existenz und eng mit der Authentizität und der Realisierung des wahren Selbst verbunden.

Die Positive Psychologie, die in den 1990er Jahren von Martin Seligman und anderen begründet wurde, baut auf diesen Ideen auf, legt jedoch einen noch stärkeren Fokus auf die Förderung von

Wohlbefinden und Resilienz. In diesem Ansatz wird das Selbst oft in Bezug auf persönliche Stärken, Sinnfindung und Lebenszufriedenheit betrachtet. Ein zentrales Konzept ist das „authentische Selbst", das dann zum Ausdruck kommt, wenn Menschen in Übereinstimmung mit ihren Werten und Stärken handeln. Die Positive Psychologie betont zudem die Bedeutung von Selbstwirksamkeit und Selbstmitgefühl als Schlüsselkomponenten eines gesunden Selbst. Selbstwirksamkeit, ein Begriff von Albert Bandura, beschreibt das Vertrauen in die eigenen Fähigkeiten, Herausforderungen zu bewältigen und Ziele zu erreichen, während Selbstmitgefühl die Fähigkeit umfasst, sich selbst mit Freundlichkeit und Verständnis zu begegnen, insbesondere in schwierigen Zeiten.

Die soziale Psychologie betont, dass das Selbst durch Interaktion mit anderen geprägt wird. George Herbert Mead beschrieb, dass sich das Selbst durch die Perspektiven anderer entwickelt, während Henri Tajfel die soziale Identität als wichtigen Teil des Selbstkonzepts betrachtete, der aus Gruppenzugehörigkeiten resultiert.

In spirituellen Traditionen wird das Selbst oft anders verstanden. Hier ist es entweder eine unveränderliche Essenz, das wahre Selbst, oder sogar die völlige Auflösung des Selbst.

Im Vedanta des Hinduismus etwa wird das Selbst („atman", ja, du hast recht, daher kommt unser Wort „atmen") mit Brahman, dem universellen Bewusstsein, gleichgesetzt. Wohingegen das Konzept des Selbst im Buddhismus als Illusion betrachtet wird, da es keinen festen, unveränderlichen Kern gibt; stattdessen besteht das, was wir als „Selbst" empfinden, aus vergänglichen Prozessen, ist also vergänglich. Gemeinsames Ziel: innere Freiheit und ein mitfühlendes, weniger egozentrisches Leben.

In vielen spirituellen Strömungen wird das Ego als illusionär betrachtet, eine Konstruktion, die durch Gedanken, Wünsche und Identitäten entsteht. Eckhart Tolle beschreibt das Ego als Hindernis zur Erleuchtung, das durch Achtsamkeit überwunden werden kann.

Ganz besonders gut beobachtet finde ich das Konzept des Selbst im Sufismus: Hier gibt es das **Nafs**, sowas wie „Ego" oder „niederes Selbst", jener Teil des Menschen halt, der von Begierden, Anhaftungen und egoistischen Neigungen geprägt ist. Der spirituelle Weg im Sufismus zielt jetzt darauf ab, das Nafs zu läutern, um das wahre Selbst und die Nähe zu Gott zu erkennen. Dieser Prozess wird als eine Reise durch verschiedene Stufen des Nafs beschrieben: vom „gebietenden Selbst" (Nafs al-Ammara), das von niederen Trieben dominiert wird, über das „selbstanklagende Selbst" (Nafs al-Lawwama), das seine Fehler erkennt, bis hin zum „zufriedenen Selbst" (Nafs al-Mutma'inna), das inneren Frieden und Harmonie mit dem göttlichen Willen erreicht hat.

Das Tanzen, insbesondere der drehende Tanz der Derwische (Sema), spielt eine zentrale Rolle in der Reinigung des Nafs. Durch die rhythmischen Bewegungen und die völlige Hingabe im Tanz soll das Ego transzendiert werden, sodass der Tänzer sich mit dem göttlichen Bewusstsein verbindet und die Einheit mit Gott erfährt. Der Tanz dient dabei als eine Form der Meditation, die den Verstand beruhigt und das Herz öffnet, um die göttliche Gegenwart zu spüren.

Und schließlich ist da noch das transzendente Selbst, das oft als Verbindung zum Göttlichen oder zum Universum verstanden wird. In mystischen Traditionen dient das Selbst als Instrument zur Verschmelzung mit dem Göttlichen, während im New Age das höhere Selbst als eine Erweiterung des Bewusstseins gilt, das Zugang zu universeller Weisheit ermöglicht.

Psychologie und Spiritualität haben in ihren Ansätzen zum Selbst Gemeinsamkeiten und Unterschiede. Beide untersuchen, wie Menschen sich selbst verstehen und in Beziehung zu ihrer Umgebung stehen, wobei Themen wie Authentizität, Wachstum und Sinnfindung im Mittelpunkt stehen. Während die Psychologie meist eine empirische Perspektive einnimmt, zielt die Spiritualität auf transzendente Erfahrungen ab. Das Wörtchen „Selbst" kannst du somit sowohl als Identität, als Bewusstsein, als Essenz oder auch als transzendenten Zustand verstehen – je nachdem, welchen Blickwinkel du einnimmst.

LITERATURVERZEICHNIS

BERTELSEN, Hans Eberhard: *Der feinstoffliche Körper und seine universelle Verschränkung Vortrag von Dr Klaus Volkamer*, 02.07.2017.
https://www.youtube.com/watch?v=sjYjj3Xpg4I (Stand: 06.01.2025)

BRUMMER, Mia: *Weibliches Heilwissen*, Norderstedt 2024

BRUMMER, Mia: *Was mir mein Claim bedeutet* (o.D.), https://mia-brummer.de/dare-to-live-360-was-mir-mein-claim-bedeutet/ (Stand: 25.05.2024)

BRUMMER, Mia: *Krisengeschenke – warum es sich lohnt, sie aus dem Papierkorb Deines Lebens herauszufischen* (o.D.), https://mia-brummer.de/krisengeschenke/ (Stand: 27.12.2024)

BRUMMER, Mia: *Abenteuer Lebensmitte*. S. 10–15. Verfügbar als PDF unter: https://mia-brummer.de/ (Stand: 01.01.2025)

BUNDESGERICHTSHOF Urteil vom 29.10.2008, 2 StR 349/08, abrufbar unter:
https://juris.bundesgerichtshof.de/cgi-bin/bgh_notp/document.py?Gericht=bgh&Art=en&Datum=2008-10&Seite=0&anz=309&pos=21 (Stand: 29.12.2024)

KATIE, Byron (2016): *The Work auf Deutsch - Einführung*. https://thework.com/sites/de/ (Stand: 05.01.2025)

CZERNY, Hans (25.03.24): „*Wiso-Dokumentation: Wohlstand ohne Wachstum – geht das?*": Erfolgreich verzichten? https://www.prisma.de/news/tv/Wiso-Dokumentation-

Wohlstand-ohne-Wachstum-geht-das-Kritik-zur-Doku-im-ZDF,47703085 (Stand: 06.01.2025)

EISLER, Riane: *Kelch und Schwert. Von der Herrschaft zur Partnerschaft. Weibliches und männliches Prinzip in der Geschichte*, München 2005

FOLLET, Mary Parker: *Dynamic Administration: The Collected Papers of Mary Parker Follett*. New York 1941

FRANCIA, Luisa: *Die Magie der Hexen*, München 1996

FRANCIA, Luisa: *Die 13. Tür*, 3. Auflage, München 1997

GRAHAM, Carol: *Pursuit of Happiness: An Economy of Well-Being*. Washington D.C. 2022

HOBBS, Nicola Jane (o.D.): *Do you struggle to rest?* in: How To Brave. https://www.howtobrave.co.uk/enough-to-rest/ (Stand: 07.01.2025)

HOPPE, Thilo (o.D.): *Forum 5: Buen Vivir. Alternativen zum Wachstum am Beispiel Bolivien und Ecuador.* http://www.thilo-hop-pe.de/themen/lateinamerika/lateinamerikakonferenz/forum-5-buen-vivir-alternativen-zum-wachstum-am-beispiel-bolivien-und-ecuador.html (Stand: 06.01.2025)

INCA GLOSSARY, http://www.incaglossary.org/k.html (Stand: 06.01.2025)

KREUZINGER, Nina (25.08.2019): *Riane Eisler „Wir gestalten unsere Evolution selber mit"*, https://www.derstandard.de/story/2000107679384/riane-eisler-wir-gestalten-unsere-evolution-selber-mit (Stand: 06.01.2025)

MARGOLIS, Jaclyn: *Research Findings on the Power of Women Leaders* (29.2.2024), https://www.psychologytoday.com/intl/blog/shifting-workplace-dynamics/202402/research-findings-on-the-power-of-women-leaders (Stand: 18.12.2024)

MENKES, Nina: „Brainwashed – Sexismus im Kino" (Originaltitel: Brainwashed: Sex-Camera-Power). New York City: Kino Lorber, 2022

MURDOCK, Maureen: *The Heroine's Journey: Woman's Quest for Wholeness*, Boston und London 2013, 2. Auflage, S.4, Übersetzung der Autorin

MURDOCK, Maureen (2016): *Articles: The Heroine's Journey*, https://maureenmurdock.com/articles/articles-the-heroines-journey/ (Stand: 21.12.2024)

OPENAI: *ChatGPT Sprachmodell 3.5, Antwort auf den Prompt „Schadstoffemissionen bei einem F1-Rennen"*, 23.12.2024 10.31 Uhr

OPENAI: *ChatGPT Sprachmodell 3.5, Antwort auf die Frage „was ist der Moment of Excellence"*, 2.9.2023 18.26 Uhr

PETERSON, Christopher et al.: *Other People Matter: Measuring the Role of Relationships in Well-Being*. In: Journal of Positive Psychology, 6(5), 2001

RE:PUBLICA: *re:publica 2022: Alice Hasters: Die Revolution der Erschöpfung*. 10.6.2022. https://www.youtube.com/watch?v=9hlVuGAqntw (Stand: 27.01.2025)

SARK: *Succulent Wild Woman: Dancing with Your Wonderfull Self*, 25. Auflage, New York 2022

SELIGMAN, Martin: *Wie wir aufblühen. Die fünf Säulen des persönlichen Wohlbefindens.* 3. Auflage, München 2015

STADT OLDENBURG (23.11.23): 3.22: *Interview mit Kristín Vala Ragnarsdóttir, Umdenken erwirken, Ökonomie des Glücks.* https://www.oldenburg.de/startseite/wirtschaft/wirtschaftsf oerderung/downloads-broschueren-newsletter/wirtschaftsmagazin/322-interview-mit-kristin-vala-ragnarsdottir-botschafterin-wellbeing-economy-alliance.html (Stand: 06.01.2025)

WILLIAMSON, Marianne: *Rückkehr zur Liebe*, München 2016

WIKIPEDIA: Vorwerk (Unternehmen) – Kulturelle Rezeption von Produkten und Kontroversen. In: *Wikipedia.* https://de.wikipedia.org/wiki/Vorwerk_(Unternehmen)#Kultu relle_Rezeption_von_Produkten_und_Kontroversen (Stand: 07.01.2025)

WOMENSCIRCLEONLINE: *New Zealand Parliament Protest Nov 2024* (18.1.2025), https://www.instagram.com/reel/DE8erTITA2j/?utm_source=i g_web_copy_link (Stand: 28.1.2025)

Magische Kraftortromane von Alexandra H.Meier:

Alexandra H.Meier: „Ein Buch, ein Gebirge und der Fluss der Schöpfung" (BoD)

Mit der Karriere der Journalistin Sanne scheint es nur noch in eine Richtung zu gehen: abwärts. Die interessanten Jobs landen einfach nicht mehr auf ihrem Schreibtisch. Längst hat die 50jährige die innerliche Kündigung vollzogen und lässt sich nur aus dem letzten Hauch Pflichtbewusstsein in die tiefste Provinz schicken, um eine Artikel-Serie über Kraftorte zu schreiben. Mitten im Fichtelgebirge verliert sie ihren Job tatsächlich und findet ein magisches Buch. Wo wird die Reise zu den Kraftorten sie nun hinführen?

Ebenfalls aus der Reihe der magischen Kraftortromane:

Alexandra H.Meier: „Von Drachen, Ariadne und dem Fluss des Lebens"(BoD)

"Weißt du, liebe Katharina, die Wahrheit ist: Du bist bereits frei." Die 50jahrige Schulbuch-Verlagsassistentin Katharina hat sich die Kerkermauern ihres Lebens schön geschmückt. An den sterilen Wänden prangen die Insignien des Erfolgs im Job, sowie die Medaillen der Unterwürfigkeit in der Ehe, um Missbrauch zu vermeiden. Doch dann gräbt sich die lebendige Natur durch die schützenden Mauern ihres Labyrinths und beginnt, sie zu sprengen. Jeder Schritt hin zum Zentrum ihres gut verborgenen Selbst zeigt Katharina, dass sie bereits genug ist, gesehen und wertgeschätzt wird. So wird sie, was sie bereits ist: Eine freie und autarke Frau.

Und der **Preisträger des Thalia Storyteller-Awards 2025**:

Alexandra H. Meier und Bine Voigt (Fotos): „Näher ans Wasser kommst du nicht" (story one)
Die 50jährige Jane strandet auf ihrer Radtour in Hamburg. Doch statt des obligatorischen Sightseeings wird sie wie von unsichtbarer Hand an Orte der Kraft am Wasser geführt. Mit dem Wasser kommt das Gefühl. Und mit dem Gefühl ihr Ja zum Leben und zur Liebe. Magische Tour durch die Stadt am Wasser, verwoben mit den wunder-vollen Bildern von Bine Voigt, die das Übersehene, das Besondere, das Magische festhält. »Sowas hab ich lange nicht gelesen. Spröde, hart anmutend, drunter so feinsinnig. Eine ganze Lebensgeschichte entfaltet sich. So eine geniale Stadtführung hab ich zum ersten Mal erlebt, die mich mit mir selbst vertraut macht.«

Für alle die, die's funtastisch mögen, gibt's **AlexAndresk**:

Alex Andresk: „Geena und der Mückenschiss" (BoD)
Die kleine Heldin Geena fährt nichtsahnend mit ihren drei seltsam-magischen Omas in die Sommerfrische. Doch aus den entspannten Ferien in der Sonne wird nichts. Stattdessen lässt Donar, der pubertierende Sohn eines nordischen Gottes, die Welt förmlich im Regen ersaufen. Wird es Geena gelingen, ihm zu zeigen, wo der Dosenöffner hängt? Hm, dafür müsste sie erstmal ihre Ängste überwinden und die Omas müssten endlich anständige Zauber kochen…

Ebenfalls aus der Reihe der nährenden Funtasyromane:
Alex Andresk: „Geena und die Wand der Schädel" (BoD)
"Ich committe mich echt mit jeder Scheiße, aber irgendwann ist gut." Wenn einer eine Reise tut, dann liegt er meistens bequem im Liegestuhl am Oberdeck. Nur wenn Geena, angehende Königin von Heldenland diese Reise antritt, noch dazu über den weiten Ozean, dann steckt da wieder eine schurkische Gemeinheit dahinter, die die Welt bedroht. Wird es ihr gelingen, diesmal tief zu tauchen, ihre Grenzen zu wahren und auf ihrem Ja! zu sich zu vertrauen?

Und falls du was suchst, um bunt und schlontzig zu kochen, habe ich noch ein Schmankerl:

Alex Andresk: „Mangiare è Amore" (story one)

Little Pastaly im trostlosen Metropolis irgendwann jetzt. Der Clan-Boss Panna (Sahne) ist dabei, die Ristorante-Welt mit seiner fetten Brühe zu überschwemmen. Wäre da nicht die crosse Polpettina, die zusammen mit Capitano Gulasch, ihrer Nichte Tomata und deren Ehemann und vor allen Dingen mit viel italienischem Temperament alles daran setzt, das Leben wieder bunt und liebenswert zu machen. Wird es ihr gelingen? Funtastische Kochstasy mit jede Menge Spaß, Spannung und drei original Sahne-freien Gerichten, direkt aus Süditalien. Weil Essen eben Liebe ist - und damit pasta!

Lass uns in Verbindung bleiben:

alexandresk.de

Insta: alexandresk_comicfantasy

LinkedIn: Alexandra H. Meier

P.S. Du bist genug 😉

.